北京政法职业学院学术著作出版资金资助

城市轨道交通车站应急管理研究

赵薇 著

化学工业出版社
·北京·

内容简介

本书在阐明城市轨道交通车站应急管理体系主要内容的基础上，结合轨道交通的特点，重点介绍了如何建立基于多方复杂因素的人员应急疏散仿真模型，深入论述了引导者和指示标志在应急管控中的设置方式和有效性。书中以典型大型城市轨道交通站为例，详细介绍了综合考虑建筑物内部结构、人员密集程度、逃生人员心理、人流控制等因素建立的地铁站三维仿真模型，针对不同线路特点、火源位置、火灾发展情况及客流分布等影响因素，提出了一整套应急管理优化设计方案，以期为轨道交通车站应急管理预案提供优化的方案和建议，为城市轨道交通的安全运营提供理论支撑。

本书可供轨道交通安全管理、监督、运维人员阅读，也可供轨道交通等相关专业师生参考。

图书在版编目（CIP）数据

城市轨道交通车站应急管理研究 / 赵薇著. -- 北京：化学工业出版社，2025.3（2025.6重印）. -- ISBN 978-7-122-47258-8

Ⅰ. U239.5

中国国家版本馆 CIP 数据核字第 2025V2P819 号

责任编辑：刘丽宏　　　　　　　文字编辑：袁　宁
责任校对：边　涛　　　　　　　装帧设计：王晓宇

出版发行：化学工业出版社
　　　　（北京市东城区青年湖南街 13 号　邮政编码 100011）
印　　装：北京印刷集团有限责任公司
710mm×1000mm　1/16　印张 16¾　字数 298 千字
2025 年 6 月北京第 1 版第 2 次印刷

购书咨询：010-64518888　　　　售后服务：010-64518899
网　　址：http://www.cip.com.cn
凡购买本书，如有缺损质量问题，本社销售中心负责调换。

定　　价：89.00 元　　　　　　　版权所有　违者必究

第6章，模拟北京西站地铁站各站台中部或站厅中部发生火灾，模拟出烟气扩散过程，全面考虑火灾的燃烧过程及烟气辐射作用，并模拟出烟气中各种有害物的成分及浓度，从而能全面地了解火灾的危险性，分析判断危险来临时间 ASET (Available Safe Egress Time)，并分析烟气对疏散的影响。

第7章，通过实地调查及模拟分析，对北京西站地铁站这一地铁换乘站与国铁站台相结合的特殊车站进行设计优化，提出建筑优化设计及安全管理建议，使其更加完善。

第8章，建立引导者应急疏散客流交互模型。将地铁中疏散人员进行分类，在应急疏散过程中设定引导者进行疏散引导管控，确定路径决策和期望速度决策模型，并对引导者在紧急疏散过程中所发挥的作用进行模拟研究。

第9章，在逃生人员的感知等要素基础上，探索出智能疏散指示标志的最佳设置方法。把应急疏散的首要原则、标志设施的安置方位、建筑环境构造，还有常见火灾事故联系在一起，综合考虑路径长度、出口宽度、人员密度以及疏散人群分布等因素，对智能疏散指示标志进行改进。借助动态贝叶斯网络，探索出群体分布修正模型，把逃生人员活动规律、疏散最佳路径以及指挥管理模式集中到同一个体系中。

第10章，对宋家庄地铁站进行深入实地调研。综合考虑地铁运营特点，确定疏散分析主要方法。获取各设施设备有效宽度及人流量，通过对站内的人流和结构进行分析，确定高峰客流时期各区域疏散人员数量。对宋家庄地铁站目前的应急指示系统做出具体的考察研究，并就其缺陷进行分析。

第11章，以宋家庄地铁站为例，建立三维仿真模型，通过不同火灾工况下的烟气及疏散模拟，给出现有疏散指引方案的调整改进和乘客引导对策意见，从逃生时间、疏散设施性能等角度做比较，给宋家庄地铁站如何在火灾场景下科学合理地进行疏散引导这一问题提供优化方案。

第12章，考虑到轨道交通应急管理的实际生产需求，引入分布式协同理论，对现有的轨道交通应急组织和处理流程进行优化和重组。以确保轨道交通运营企业在面对突发事件时能够实现及时响应、正确处理、多点联动和协同作业的目标，从而为解决网络化运营条件下的城市轨道交通安全管理和应急处置问题提供有力的支持。

本书的出版承蒙北京政法职业学院学术著作出版资金资助，在此谨向学校及相关部门致以诚挚的感谢。研究过程中，中国建筑科学研究院建筑防火研究所的专家团队为本书提供了专业的技术支持与理论指导，其严谨的学术态度和前沿的行业洞察力为本书的深度与科学性奠定了重要基础。最后，向所有为本书创作提供帮助的师长、同仁致以衷心的谢意！由于时间仓促，书中不足之处难免，恳请广大读者批评指正。

著者

前言
PREFACE

　　随着城市化的快速推进,城市轨道交通已成为城市公共交通的重要组成部分,对于保障市民的日常出行、缓解城市交通压力具有重要意义。然而,由于城市轨道交通系统的复杂性和高度自动化程度,一旦发生安全事故,其后果往往不可估量。因此,如何实现城市轨道交通车站大客流专业、高效的应急管理,将是城市重点站区规划设计和实际运营中的重点和难点。城市轨道交通车站应急管理对于保障人民生命财产安全、维持城市交通稳定、推动城市发展具有不可忽视的意义。

　　本书结合轨道交通的特点,参照相关安全法规、标准与要求,以典型城市轨道交通车站为案例,在阐明城市轨道交通车站应急管理体系主要内容的基础上,深入分析轨道交通车站的建筑特点、人员密集程度、逃生人员心理、人流控制等因素,建立了地铁站三维仿真模型,针对不同线路特点、火源位置、火灾发展情况及客流分布等影响因素,提出了一整套应急管理优化设计方案;同时,给出了相对合理的应急管理措施,可以为轨道交通安全管理、监督、运维人员提供参考。

　　本书的章节安排如下:

　　第1章,概述人群应急疏散建模与仿真的研究背景和意义,介绍国内外人群疏散方面的研究现状及取得的成果。

　　第2章,从人员的生理、心理方面分析突发状况下城市轨道交通疏散人员的行为特征,并对控制人群运动特征的关键因素及控制方法进行分析,为模型中逃生人员相关数据的设定提供依据。

　　第3章,构建应急疏散模型。该模型采用改进的元胞自动机微观离散建模技术,引入出口宽度、过道吸引因素、温度场等相关参数。基于影响人员疏散行为的主要因素,利用描述个体微观行为特征以及个体与个体之间的相互作用来反映群体的疏散特征,以此得出人员选择逃生路径的更新规则。

　　第4章,以北京西站地铁站为例,对其基本情况进行介绍,针对北京西站地铁站作为集地铁和国铁换乘的大型枢纽,分析其如何将站台及站厅的消防设计与运营管理模式有机结合并取得最佳效果,提出北京西站地铁站应急管理方案。

　　第5章,建立疏散分析模型,采用改进的元胞自动机微观离散建模技术模拟北京西站地铁站处于高峰期时的应急疏散过程,得出不同工况下换乘站的必需安全疏散时间 RSET (Required Egress Time),在对模拟仿真过程的研究中,找出其薄弱环节,提出相应的应急管理解决方案。

目录 CONTENTS

第1章 城市轨道交通车站应急管理体系及研究概述 001
1.1 研究背景及意义 002
- 1.1.1 研究背景 002
- 1.1.2 研究意义 004
1.2 国内外研究现状 005
- 1.2.1 疏散模型参数 005
- 1.2.2 应急条件下的疏散行为分析 006
- 1.2.3 理论建模 008
- 1.2.4 疏散仿真模型 010
- 1.2.5 应急协同技术研究 012
- 1.2.6 国内外研究现状分析 012
1.3 研究内容 013

第2章 城市轨道交通车站行人特征与控制方法 016
2.1 城市轨道交通车站人员疏散行为分析 017
- 2.1.1 人员生理因素 017
- 2.1.2 人员心理因素 018
- 2.1.3 对疏散环境的熟悉程度 019
- 2.1.4 人员所处状态及位置 019
- 2.1.5 突发状况下人员行为特征 019
2.2 城市轨道交通车站疏散设施 020
- 2.2.1 扶（楼）梯与水平通道 020
- 2.2.2 闸机 021
- 2.2.3 出入口 021
2.3 控制人群运动特征的关键因素 021

- 2.3.1 疏散安全影响因素 ... 021
- 2.3.2 群体行为的控制干预 ... 022

2.4 应急疏散引导策略分析 ... 024
- 2.4.1 应急疏散客流引导策略 ... 024
- 2.4.2 引导点选取 ... 025
- 2.4.3 设施设备状态 ... 025
- 2.4.4 城市轨道交通站内通道疏散能力评估 ... 026

第3章 基于多主体的元胞自动机疏散模型研究 ... 028

3.1 基于元胞自动机的环境模型 ... 029
- 3.1.1 元胞自动机的构成 ... 029
- 3.1.2 车站环境模化 ... 032

3.2 基于多主体的行人模型 ... 035
- 3.2.1 Multi-Agent 理论 ... 036
- 3.2.2 Multi-Agent 疏散计算框架 ... 037

3.3 基于多主体的元胞自动机模型的改进 ... 038
- 3.3.1 基本疏散模型 ... 038
- 3.3.2 地面场疏散模型 ... 039
- 3.3.3 基于多主体的元胞自动机模型的改进 ... 040

3.4 基于多主体的元胞自动机模型疏散模拟 ... 042
- 3.4.1 仿真平台的搭建 ... 042
- 3.4.2 仿真分析 ... 043

第4章 城市地铁站应急管理设计与方案 ... 047

4.1 建筑简介 ... 048
4.2 外部的交通组织 ... 050
4.3 地铁站主要问题 ... 052
4.4 模拟指标 ... 053
4.5 应急管理方案 ... 053
- 4.5.1 建筑消防应急管理方案 ... 053
- 4.5.2 消防系统应急管理方案 ... 054

4.6　安全评估计算内容　054
　　　4.7　地铁站建筑设计　055
　　　4.8　火灾场景应急管理设计　056
　　　　　4.8.1　火灾危险性分析　056
　　　　　4.8.2　火灾规模的确定　057
　　　4.9　火灾场景应急管理方案　057

第5章　城市地铁站人员疏散应急管理

　　　5.1　人员疏散安全性判定方法　060
　　　5.2　内部交通组织　061
　　　5.3　疏散应急管理设计　062
　　　　　5.3.1　规范要求　062
　　　　　5.3.2　疏散宽度统计　063
　　　5.4　疏散分析模型　065
　　　　　5.4.1　建筑模型　065
　　　　　5.4.2　人员类型　066
　　　　　5.4.3　人员行走速度及人流量　067
　　　　　5.4.4　疏散人数确定　070
　　　5.5　人员疏散时间分析　073
　　　　　5.5.1　疏散开始时间　073
　　　　　5.5.2　疏散策略　074
　　　　　5.5.3　疏散模拟场景设置　075
　　　　　5.5.4　模拟计算结果　076
　　　　　5.5.5　疏散时间　082
　　　5.6　疏散应急管理建议　082

第6章　城市地铁站烟气蔓延数值模拟

　　　6.1　各个火灾场景的排烟、补风设计　085
　　　　　6.1.1　站厅层排烟系统设置现状　085
　　　　　6.1.2　站台层排烟系统设置现状　085
　　　　　6.1.3　各火灾场景下排烟补风设计　086

6.2 计算软件简介 086
6.3 CFD模拟基本参数及假设 087
6.4 模型建立 088
6.5 地铁站排烟模拟结果分析 088
  6.5.1 火灾场景1——站厅层行李火灾（封闭吊顶） 088
  6.5.2 火灾场景2——站厅层行李火灾（格栅吊顶） 091
  6.5.3 火灾场景3——站台层7号线列车火灾（不加隔墙） 094
  6.5.4 火灾场景4——站台层7号线列车火灾（加隔墙） 097
  6.5.5 火灾场景5——站台层公共区火灾（不加隔墙） 100
  6.5.6 火灾场景6——站台层公共区火灾（加隔墙） 102
6.6 烟气模拟结果分析总结 105

第7章 城市地铁站应急管理优化及建议 107

7.1 现有建筑优化设计 108
7.2 消防系统优化设计 109
7.3 应急管理建议 109

第8章 基于多主体的疏散引导者研究 110

8.1 引导者应急疏散客流交互模型 112
  8.1.1 基于多主体系统的人员交互感知模型 112
  8.1.2 疏散路径决策模型 114
  8.1.3 期望速度决策模型 116
  8.1.4 密度控制疏散模型 116
8.2 引入引导者的仿真结果与分析 118
  8.2.1 引导者信息素参数与疏散时间的关系 120
  8.2.2 引导者扩散影响因子分析 121
  8.2.3 引导者数量与疏散时间的关系 123
  8.2.4 疏散引导者最优数量分析 124
8.3 疏散人员心理承受值分析 127
  8.3.1 心理承受值感知模型 127
  8.3.2 心理承受临界度 129

8.4 引入引导者的仿真案例分析 … 131
8.4.1 案例站台简介 … 131
8.4.2 设置引导者的站台疏散仿真研究 … 131

第9章 智能疏散指示标志优化设计 … 136
9.1 应急疏散指示系统概述 … 137
9.2 智能疏散指示系统指向设计方式 … 138
9.2.1 智能疏散指示系统主要特点 … 138
9.2.2 根据出口宽度指示人员疏散 … 138
9.2.3 人员疏散与人员密度的关系 … 139
9.2.4 扩展后的疏散模型 … 140
9.3 智能疏散指示标志设置方式研究 … 141
9.3.1 智能疏散指示标志设置区域研究 … 142
9.3.2 出口指示标志布点设置规划 … 143
9.3.3 边界指示标志和地面指示标志疏散效果研究 … 148
9.4 智能疏散指示标志的人流控制 … 152
9.4.1 贝叶斯网络的理论基础 … 152
9.4.2 基于贝叶斯网络的人流控制 … 154
9.5 智能疏散指示标志指向设置原则 … 157

第10章 城市地铁站应急管理条件分析 … 162
10.1 车站工程概况 … 163
10.2 火灾状况下城市轨道交通车站人员应急疏散分析方法 … 164
10.2.1 疏散分析主要方法 … 164
10.2.2 疏散时间（RSET）预测 … 164
10.2.3 危险来临时间（ASET） … 164
10.3 城市轨道交通车站火灾规模的确定 … 165
10.4 疏散宽度 … 165
10.4.1 疏散路径有效宽度确定 … 165
10.4.2 地铁站疏散宽度 … 166
10.5 疏散分析参数确定 … 171

10.5.1	人员类型与步行速度	171
10.5.2	疏散通道流量	172
10.5.3	疏散人数分布	172

10.6 地铁站应急疏散指示标志现存问题分析　178

第11章　火灾下地铁站应急管理设计方案　182

11.1 地铁换乘线的防火分隔　183
11.2 突发事件应急场景分析（一）　184
11.3 突发事件应急场景分析（二）　204
11.4 突发事件下城市轨道-地面公交应急协同接运组织　222
  11.4.1 地面公交应急协同接运组织的核心职责与功能　223
  11.4.2 地面公交协同接运组织的主要步骤　224

第12章　基于协同机制的轨道交通应急管理研究　228

12.1 协同理论应用在应急决策中的必要性　229
12.2 应急处置分布式协同作业　230
12.3 应急管理协同实现的条件　232
12.4 基于协同机制的双层规划应急决策模型　234
  12.4.1 双层规划应急决策优化方案　234
  12.4.2 建立双层规划应急决策优化模型　235
12.5 多主体多阶段城市轨道交通车站应急协同决策方法　237
12.6 基于协同机制的轨道交通车站应急管理方法研究　238
  12.6.1 基于协同机制的应急管理特征　238
  12.6.2 基于协同机制的应急管理方法　240
  12.6.3 基于协同机制的应急管理信息保障　241
  12.6.4 建立系统化应急联动管理机制，加强应急协同能力　242

参考文献　245

第 1 章

城市轨道交通车站 应急管理体系 及研究概述

1.1　研究背景及意义

1.1.1　研究背景

由于社会经济的不断进步，城市化的持续推进，以地铁为核心的城市地下环境开始层出不穷地在国内多个一、二线城市出现，其可以说是城市交通体系的关键构成部分。城市轨道交通属于一个包含专门路权、限定交通线路、能够按列通行的输送体系，具有运量大、干扰小、速度快等优势，成为缓解交通压力的重要手段，为城市的可持续发展做出了极其重大的贡献。

近年来，我国城市轨道交通呈现大规模、高速度的发展趋势，运营线路规模连续多年居全球第一，达到世界领先水平。截至 2023 年 12 月，31 个省（自治区、直辖市）和新疆生产建设兵团共有 55 个城市开通运营城市轨道交通线路 306 条，运营里程 10165.7 公里。

而随着城市轨道交通的迅猛发展，危险性事件层出不穷，表 1-1 即呈现了过去二十几年的地铁重大紧急事件。诸多事故表明，地铁内危险事故不仅会导致不良的社会影响，而且可能造成乘客生命威胁和财产损失。发生突发事件时，安全快速地引领乘客疏散到安全位置，是城市轨道交通应急救援工作的重要课题。

表 1-1　过去二十几年地铁重大紧急事件

时间	地区	事件	后果
2003 年 2 月 18 日	韩国大邱	有人在地铁内故意纵火	共 198 人身亡，147 人受伤
2003 年 8 月 28 日	英国伦敦	由于紧急停电，大部分地铁暂停运行	约 25 万人受困于地铁站内
2004 年 2 月 6 日	俄罗斯莫斯科	列车猛然引爆	约 40 人死亡
2006 年 7 月 11 日	美国芝加哥	地铁出轨，导致烟雾弥漫车厢	约百名乘客由于呼吸困难被送到医院救治
2010 年 3 月 29 日	俄罗斯莫斯科	地铁中连续出现连环爆炸	约 40 人遇难
2011 年 7 月 5 日	中国北京	动物园站 A 口电梯出现问题	1 人死亡，30 人受伤
2012 年 3 月 15 日	新加坡	东北线数座车站因电力故障停运将近 11 小时	上千人被困，地铁瘫痪数小时

续表

时间	地区	事件	后果
2013年5月5日	俄罗斯莫斯科	地铁7号线电缆短路，产生大量浓烟	紧急疏散300多人
2015年12月5日	英国伦敦	莱顿斯通地铁站发生一起持刀捅人事件	1人重伤、2人轻伤
2017年4月3日	俄罗斯圣彼得堡	圣彼得堡地铁2号线列车发生爆炸	16人死亡，50多人受伤
2018年4月3日	德国杜伊斯堡市	杜伊斯堡市梅迪奇地区两列地铁相撞	35人受伤，其中2人严重受伤
2019年2月8日	墨西哥墨西哥城	墨西哥城地铁9号线扶梯故障	拥挤踩踏，2人受伤
2021年8月2日	美国波士顿	两辆绿线e分线的地铁相撞	25人受伤
2024年1月4日	美国纽约	曼哈顿一列1号线地铁列车与正在施工的工作列车相撞	24人受伤

陈菁菁对近四十年全球城市轨道交通产生的紧急事件做了深入的研究与计算，根据事故属性，将事件分成了五种：列车故障、火灾、恐怖袭击、自然灾害以及系统水灾。

各类事故发生的频次如图1-1所示。就图内信息能够发现，火灾与列车故障是事故产生的主要原因。在地铁站内发生突发故障之后，地铁的运行服务水平也会在很大程度上受到影响，在乘客过于密集的情况下，容易发生相互挤压，一定程度的扰动就能引起人群间的不稳定状态。倘若现场没能进行快速和有效的管控，极易发生群死群伤、踩踏等危险性事故。所以，我们一定要从事故中积累经验，最大程度上缓解事故产生的负面影响，就轨道交通建设的具体情况，设计科学有效的紧急应对方案，并给出相关的引导管控对策，以最快的速度让地铁站内的乘客安全撤离事故现场，控制事故的不良后果，得到社会的共同关注。不少专家学者依靠实地考察、调查研究以及虚拟技术等手段，从地铁站的站点规划、紧急分散口、乘客情绪、引导指挥员、应急中心、应急方案等各个角度进行了探究，进而可以在出现紧急事件的情况下，更好地疏散人群，将灾难危害降至最小。

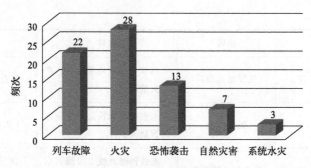

图 1-1　各类事故发生频次

1.1.2　研究意义

2020年11月3日,党的十九届五中全会审议通过的《中共中央关于制定国民经济和社会发展第十四个五年规划和二〇三五年远景目标的建议》(简称《建议》),首次提出建设"韧性城市"。《建议》提出:推进以人为核心的新型城镇化。强化历史文化保护、塑造城市风貌,加强城镇老旧小区改造和社区建设,增强城市防洪排涝能力,建设海绵城市、韧性城市。提高城市治理水平,加强特大城市治理中的风险防控。其中,韧性城市指城市能够凭自身的能力抵御灾害,减轻灾害损失,并合理地调配资源以从灾害中快速恢复过来。长远来讲,城市能够从过往的灾害事故中学习,提升对灾害的适应能力。

关于地铁站密集人群应急疏散的有关分析,一般采用的方法有问卷调查、访谈调查、实地演习等。上述方法需要大量的劳动力,此外分析并不直观,置信度低。实地演习有以下缺点:

① 难以汇集到一定数量的人于地铁站内开展实地演习,而且不可以追踪全部人的行走路线与有关特征;

② 在演习的过程中,模拟情景很难与实际情况相同,所以就乘客在各类真实情景中能够出现的问题也无法得到完整的研究;

③ 逃生人员的行为并无特定的规律可言,同一个人在同一个情景中,他的行为也可能是不一样的,所以必须要进行多次测验,才可得出具有普遍价值的结论。

依靠软件虚拟的办法,我们可以方便地获得丰富的信息,且更加直观,还能够再次利用。除了能够进行可视化的仿真,给出直观的评估依据,而且能够得出部分不能预测的如在具体火灾情景下人们的活动,给最佳疏散方案的设计与防火设备完善提供了较为可靠的信息。此外,设计更接近实际情况的演习情景,能够让人们有身临其境的感觉,也会有更真实的反应。消防单位也能够借助虚拟应用就不同构建方式的建筑物进行疏散策略评估，加强消防训练。所以，疏散模拟仿真就人员应急疏散的分析而言意义重大。

国内外城市轨道交通应急管理经验证明，在发生紧急事件后，科学合理的应急管理方案可以有效避免二次伤害的发生，提高疏散效率，从而保障乘客的生命安全、减少财产损失。结合轨道交通车站日常运营组织工作的特点以及站内建筑结构，分析乘客的生理、心理特征和运动规律，研究疏散引导方案和疏散指示标志技术手段，据此提出安全有效的疏散路径、疏散客流分配方法，提供紧急情况下地铁站中人员疏散的管理与引导方式，增强疏散引导水平；为改进与修正地铁站紧急应对方案奠定了理论基础，给人员紧急情况下的疏散引导设计了最佳方案，进而也增强了密集人群应急疏散情况下工作人员与设施的管理控制能力；针对具体车站制定的应急管理策略可作为相关工作人员培训和管理的参考资料。

结合我国城市发展的实际社会环境特征，应用城市轨道交通车站突发事件应急指挥协同模式研究所涉及的相关理论，在城市轨道交通车站发生突发事件，应急指挥决策者面临复杂多变的决策情境时，为其提供应急决策辅助支持，通过优化设计，建立基于协同的城市轨道交通突发事件应急指挥组织结构，从而提供优化轨道交通车站突发事件应急指挥与处置的新思路与新方法。

1.2　国内外研究现状

1.2.1　疏散模型参数

针对在人群疏散过程中所产生的相关联运动参数展开研究，其运动都会与建筑环境相互联系，一般研究的方式不外乎利用观察以及试验方法，来对突发事件中人群所作出的运动展开研究，以及通过特定的模拟情景对人群在疏散活动中产生的各种运动情况展开观察，从中获得各个运动参数对人群运动造成的影响。Fruin 对各类人群在不同的环境中的运动行为展开一系列分析，并设定建筑环境中有楼梯、走廊以及人行道等。Daamen W 等人通过对预先设定好环境数据的人群运动展开分析，从中收集人群密度、运动速度、运动方向等数据，将数据引用到图像处理技术中，并对有利信息进行提取。Pauls 通过分析人群在建筑环境内所产生的疏散运动，从中得出了出口设置、楼梯宽度等参数对人群疏散活动造成的影响。Wu 等人通过一系列分析，研究出了城市轨道交通站台安全门安装成功后，其对乘客的整体候车行为产生了巨大的影响，主要体现为空间环境上的变化，进而构建候车区域面积与候车乘客流量的对数模型。然而，人们在模拟的人群疏散测试中做出的反应难以与实际突发事件中人群疏散反应相一致，真实并有利用价值的数据当下少之又少，并且获取起来十分困难。对此，大部分的研究学者都从自然界中的动物行为中，探索人群在应对突发事件疏散时所产生的行为，如 Saloma C 等人和 Couzin I D 等人的研究。直到今天，针对人群疏散参数相关性的研究有着各种各样的研究成果，并成为世界各国建筑设计领域中不可缺少的设计参数之一，如 Fruin 的著作 *Pedestrian Planning and Design*，为疏散建模奠定了重要的理论基础。

1.2.2 应急条件下的疏散行为分析

（1）研究方法　人的运动行为一向较为复杂，在众多研究学者的长期研究下，总结出以下三种研究方式。

第一，对已经发生的事件展开深入调查，进一步获取有利于研究的数据，获取数据的重要方式有问卷调查方式、访谈方式、资料分析方式等。美国的 Bryan 对经历过火灾的人员进行了问卷调查和访谈，得到了火灾中人员的行为反应特征数据。Bryan 针对 1956 年马里兰州布鲁克林所发生的 Arundel Park Hall 火灾事件，对涉事人员的行为展开全面的分析。1972 年，Wood 出版了《火灾中人们的行为》，并对将近 1000 场火灾突发事件中涉事人群所作出的行为运动展开全面分析。Bryan 分析了美国普通家庭的一场突发火灾事件中人们所作出的行为反应，并对不同性别的人所作出的行为运动各自展开分析，与此同时，针对美国人与英国人面对突发事件所作出的行为运动展开分析，并进行对比。随着视频采集技术、计算机技术等科学手段的大力发展，学者们开始对特定环境下的行人流进行实验，并且对行人流在代表性场景下的特性进行细致研究。Helbing 等人通过麦加朝圣事件的大规模人群录像获取相关资料，并引入数据图像进行处理以及分析，进而了解到人群应对突发事件的运动会从"自由流"逐渐转变为"走走停停"再到"湍流运动"的相变。若在突发事件当中，人群形成一种湍流运动状态，内部压力会突然释放，因此可能会导致行人跌倒而最终形成踩踏事件。在"9·11"事件当中，美国国家标准与技术研究院与其他国家联合开展了史上规模最大、内容最全面的研究分析，针对"9·11"事件中人群所作出的行为反应，以及在整个疏散过程中的行为运动，获取到了较为全面的一手数据资料。Yang 等人通过分析 2008 年发生的汶川地震突发事件的录像，获取到了人群在疏散过程中产生的行为运动，相比于模拟环境下的人群疏散，从中可以了解到，位于出口处的人群疏散情况与疏散的时间呈非线性关系。Konnecke 等在微观模型中对原有视频资料中的数据进行应用，并根据原有数据对仿真结果进行验证，并在对突发情况下的疏散群体交互行为等研究中应用该仿真模型。

第二，开展科学、合理的实验，在模拟实验中，尽量将模拟场景真实化，以达到最佳的实验效果。实验主要是对人群疏散行为运动进行分析，通过分析进一步对人群疏散基本动力学原理展开探索。日本的研究学者 Togawa、苏联的研究学者 Predtechenskii 和 Milinskii、美国的研究学者 Fruin、加拿大研究学者 Pauls 等人，根据疏散演习以及日常监测中获取的相关数据，进一步对人群在应对突发火灾事件时所做出的疏散运动展开分析，当中需要分析的数据有人群疏散事件、出口的通行能力以及人群流量密度与速度之间的规律等。Togawa 于 1955 年提出了突发事件中人群疏散时间计算公式，Predtechenskii 和 Milinskii 于 1978 年出版了《建筑物中步行疏散的设计》。Fruin 出版了《步行者的分布与设计》，当中主要描述群体运动。在 1972 年到 1982 年期间，加拿大 NRCC 的 Pauls 等研究学者，通过对现场进行观测等试验，对大型人员聚集建筑环境下以及大型活动环境下人群应对突发事件所产生的运动展开分析。自 1990 年以来，针对性能化方面的设计实现了进一步发展，随之，人群疏散研究也踏上了快速发展阶段。大家都逐渐意识到，人群疏散所产生的一系列行为所形成的过程称为疏散运动，也会产生一定的行为反应，两者之间将会相互影响。仅仅对运动展开研究分析，是对最理想状况下的预测，能够预测出实现人群疏散的最短时间，但在进行人群疏散之前，人们会对灾害有所察觉，并会作出相对应的准备，最终导致疏散时间延长，而且由于具体的疏散过程中过多的非人为因素的影响，导致疏散运动时间远远超出预测时间。对此，国外的研究学者也开始调查，目的是更进一步地获取更为精准的数据。Shields 和 Boyce 通过分析四家不同的零售商店模拟突发事件下人群疏散情况，并通过录像记录整个过程，待疏散活动结束之后，再通过问卷调查方式，进一步获取人们在心理上的行为数据。Proulx 设计了突发事件疏散演习，主要是在四座居民楼环境下，对人群疏散的时间以及其作出的行为展开分析，在突发事件前并没有对任何涉事者进行通告，并通过摄像机将人群应对突发事件的行为活动以及疏散所需时间记录下来。待演习过后，通过问卷调查的形式进行相关数据的收集。Yung 和 Proulx 等采用风险评估模型对高层建筑火灾中人群的反应和疏散过程进行模拟。Ashe 和 Shields 应用 SIMULEX 软件对文献 [27] 中的两个商店疏散过程进行分析，通过将模拟实验下获取的人群疏散时间以及具体的实验下人群应对突发事件的疏散时间相对比，提出针对 SIMULEX 模型的优化建议。刘轩、田伟、史贺旺在我国开展了瓶颈疏散实验，通过引入数字图像处理方式，进一步对疏散人群的运动特征等数据进行处理。卢春霞通过分析桑枣中学的突发事件演习活动以及汶川地震突发事件的疏散效率，了解到，只有在真正危急的情况下，人们才会将疏散效率发挥到最高。房志明等人在建筑大楼的楼梯间进行人群疏散演习，并通过录像机将全过程记录下来，最终在录像中提取所需数据，进一步对数据展开分析。Yang 等人在某大学教学楼内进行可控疏散实验，针对在疏散过程中，中小群体所表现出来的行为规律和其对整个群体疏散情况造成的影响展开全面分析。

第三，对自然界中动物群体应对突发事件的行为活动展开研究分析，并进一步通过结果的推演预测出人群在突发事件中的行为活动。如 Ballerini 等研究学者通过在野外长期对鸟群的运动规律进行观测，最终发现，鸟群的个体间的距离能够起到减少群体干扰，形成高度凝聚力的作用。Saloma 等人通过一系列的研究发现，在突发事件中，个体行为往往会引导出从众行为，最终导致拥挤现象。Deneubourg 等人通过研究指出，内部相互作用的群居生物所表现出来的特征会存在一定的一致性。

(2) 典型现象及理论　通过对实际疏散下的数据展开分析，Helbing 等人指出，人群疏散活动中，总会出现以下行为：

① 一般情况下，个人都会选择自认为比较快的捷径。

② 个人一般情况下都不愿意改变自身运动速度。人群的运动速度呈正态分布。

③ 个人一般情况下都会期望周围的事物与自己保持一定的距离。

④ 若人群内相互熟悉，必然会成群结队地展开运动。

通过实验以及模拟对人群运动的组织情况展开分析，研究学者 Johansson 等人了解到，人流的组织性一般都会呈现规则性。动物群体中先得到信息的个体决定了其它动物的运动路线和方向，成为它们之中的引导者，而为数不多的引导者就可以提高整个动物群体的运动速度。Boids 模型和 Vicsek 模型奠定了群集动物（如羊群、鸟群等）研究的里程碑。其有效地描述了生物群体间的交流互动机制，研究成果在安全领域及控制领域都有应用。例如基于"Multi-Agent"的"Leader-follower"模型被应用于智能控制系统，如机器人、无人机等，探究其干扰误差、延时、控制算法等问题。

1.2.3　理论建模

针对城市轨道交通车站乘客集散情况的这类研究，理论建模被公认为最好的方式，通过将乘客的集散行为作为基础数据引入到数据模型中，进一步得出相应数据并作出评价。典型的理论建模研究有：排队模型、行人模型、流体动力学模型等。

1.2.3.1　排队模型

从数学理论的角度分析，排队论在人群疏散过程中的应用比较频繁，并且对于各种场景下的疏散活动，都能体现出排队运动的特性。排队论基于这样的假设：人群形成的过程，是根据概率将个人分布到各个地区并根据某种排队规则接受服务并离开。一般都会引用负指数分布的方式来对个人的到来进行描述，并且会通过先来先服务以及后来后服务的方式来对排队规则进行补充。在具体排队论的基础上，进一步实现数据建模。由于城市轨道交通车站的设施以及布局上的问题，一般集散乘客都会在楼道以及扶梯上出现拥堵现象。将排队楼道、扶梯等通道描述为多个服务台，当乘客在使用设施时表明其正在接受服务；而乘客等待进入设施便视为排队。通过引入 M/G/c/c 排队模型，进一步实现网络排队数据模型，并对乘客的行为展开分析。当前该模型被多个领域的学者广泛使用，当中包括 Cruz 和 Smith 等。在网络排队数据模型下，对个人以及车辆的交通服务和配置问题展开研究。Osorio 等研究学者实现了有限排队网络模型，能够进一步利用排队论解决人群疏散拥堵问题。陈绍宽等基于 M/G/c/c 方法针对地铁站疏散问题，构建了人群运动特征和建筑空间结构的拥堵分析模型。

应用排队模型能够更好地收集人群在正常状态下的行为，也可以对排队系统中出现的问题展开模拟计算。但该模型无法刻画人员在突发状态下的行为变化，缺乏对人员智能性的描述。

1.2.3.2 行人模型

行人模型可以对乘客的行为运动进行模拟，并将其特征刻画出来，主要用于城市轨道交通车站乘客集散理论的研究。Lam 及其团队针对香港的轨道交通乘客行为运动展开分析，主要针对其行为特征、电梯的选择行为特征、环境设施服务水平评价等一系列问题展开研究，并将乘客设施划分为九个部分，根据分布矩阵以及步行设施所需时间展开规划，并将数据引入仿真数据模型。Kang 通过不断分析，进一步构建出了乘客应对突发事件的疏散数据模型，并在蒙特卡罗模拟技术的基础上，构建乘客疏散数据模型 MCEVAC。Sourd 通过对观测数据展开分析，进一步得出乘客应对突发事件所做出的行为运动和建筑环境下人群应对突发事件所做出的行为运动之间的差异，并进一步指出了行为分类的升降链条。史聪灵等通过分析轨道交通车站突发事件中乘客所产生的疏散行为，并通过精细网格对行人动力学仿真模型展开进一步的分析。Gwynne 等利用 BuildingEXODUS 进行一系列的分析，构建了站台乘客疏散运动的数据仿真模型。Ma 等针对乘客疏散运动下所导致的拥堵现象，进一步引入相关数据构成基于空间理论和密度分配的行为组合数据模型，建立基于启发式行人规则的微观模型，针对乘客碰撞现象的数据进行模拟。Ma 等通过双层栅格网格来进一步反映出轨道交通环境下，乘客所做出的行为运动，进一步构建出 Agent 运动空间分析数据模型。Dai 等通过不断研究，并将轨道交通环境下乘客疏散行为运动作为基础，进一步构建出运动方向选择数据模型，并考虑 Leader-follower 规则下的速度选择模型。

1.2.3.3　流体动力学模型

流体动力学模型属于一种反映人体疏散运动数据的宏观模型，最先是由 Henderson 所提出。其主要是将人群疏散运动行为类比于气体或者流体，将人群作为一种可以持续流动的介质，并对人群进行疏散的一种动力学理论。其中，人群的运动特征可以通过人群的密度、平均速度等相关参数来展开描述，对人群中存在的个体差异展开区分，并针对个人的运动目的对群体所造成的影响展开分析。在 Henderson 的人群流动数据模型基础上，Hughes R L 将其引入交通流数据模型中，并展开更深入的分析，应用数学方程来进一步计算得出人群运动方程式，并对外公布了连续人群流动理论，得到了广大研究学者的认可。在 Hughes 的研究基础之上，有学者研究了突发的人群拥挤现象以及踩踏现象等，并进一步深化了该数据模型。

1.2.3.4　其他数据模型

除了上述几种数据模型，还有另外一些数据模型，当中包括 Domencich 等人通过相关研究所实现的效益最大化数据模型，其能够对突发事件中人群疏散运动行为进行了解；Coleman 等人通过不断研究构建出了传播数据模型，其主要通过数学公式来反映人群在应对突发事件中所传播的信息。

1.2.4　疏散仿真模型

行人流运动数据模型和仿真学科属于交叉性学科，当中包含的学科领域十分广泛，主要有生物学科领域、心理学科领域、物理学科领域、计算机学科领域、行为学科领域以及安全学科领域等。

随着计算机仿真技术的快速发展，大量的研究学者开始从仿真的角度出发，进一步对人群应对突发事件的疏散运动行为展开全面分析，最初的分析方向如下：在宏观数据模型的静态分析下，进一步采用交通仿真软件实现数据仿真，建立数据模型，通过元胞自动机等对分布式仿真软件进行数据仿真。随着近年来计算机领域的不断发展，也实现了多种层次下的数据模型，相关研究学者将人群应对突发事件的疏散行为以及相关规律数据引入模型中，从数据模型的角度展开分类。

（1）宏观模型　宏观模型主要是全面分析人群在应对交通系统时的行为特征，并把个人的运动特征相对于人群的差异问题进行忽略，在数据模型中，对于微观上的机理刻画相对比较简单。宏观疏散仿真下,对于交通系统中的各个细节要素以及相关数据的描述都较为粗糙,因此需要从宏观角度分析人群疏散的具体状况下的交通系统并展开进一步的分析。该试验主要以经验公式作为基础,并以节点和连接作为单位对路网建立较为粗略的网络数据模型。在此环境下,仿真数据模型的复杂程度将会进一步降低,并且计算复杂性也会相应降低。其主要适用于道路网络上的某一类交通状况的研究,并不适用于整体交通状况的研究。在网络数据模型的基础上,宏观疏散数据模型作为典型的研究方式可以称之为优化法,能够在人群应对突发事件疏散路径的选择上择优。但其特点就是无法对其中的细节展开全面的描述,计算的结果也无法达到十分精确,存在一定的偏差性。

宏观疏散数据模型作为一个典型的模型,主要是在 GIS 技术以及 SIMULEX、CEMPS、REMS 等专业宏观交通软件的基础上,引入特殊的环境数据才能实现数据分析。从 1973 年开始,就已经有研究学者开始针对城市网络交通情况通过仿真数据模型展开分析。Okada 和 Ando 建立了疏散向量场宏观连续模型,模型借鉴典型群集动力学 Boids 模型描述群体运动,个体对引导者所指引的速度进行规则性匹配,实现方向趋同性。

(2) 微观模型 微观模型主要的对象为个人,一般都是通过随机或者设定的方式选择个体特征,行人的运动主要受其特征以及周围环境的影响,主要分析移动频率和速度、个体属性、空间需求等基本参数特性,研究密集人群在疏散过程中的心理和行为特性等影响因素,和个体行为中的速度改变、视野区域、绕开障碍物等动力学特性。根据物理空间相关理论可以将微观模型划分为两种类型,分别为连续型数据模型以及离散型数据模型两种。在微观模型下,个人被看作粒子,当中还包括元胞自动机模型、格子气模型、社会力模型等。由于数据建模十分简便,并且计算效率较高,因此在特定更新规则下的 CA 数据模型得到了多个领域的广泛应用。

随着最近几年来国内外在智能领域的不断发展,研究学者们进一步将应急条件下的研究重点放在了智能体上,并将其引入疏散仿真数据模型进行分析。多主体模型在分析疏散人员个体行为的基础上模拟人员疏散,场景中的独立个体都是疏散行为的主体,由个体行为的描述及群体间的交互作用来体现真实的疏散行为。在该类型的数据模型下,无须对人群的行为规律进行设定,主要将建模的落脚点放在个体上。Fridman 指出,社会比较理论主要对个人的行为运动展开描述,并在松散耦合群体下,通过引入相关数据实现行为的认知数据模型。针对人的视觉感官基础,Moussaïd 和 Helbing 等实现了行为微观模型,主要在认知启发式的规则下构成。Degond 在 Moussaïd 所实现的数据模型基础上,进一步实现了通过动力学数据来分析疏散行为的演变规则,建立了行人动力学模型。

1.2.5　应急协同技术研究

目前,多主体协同协作理论已成为应急模拟仿真、人工智能领域研究的重要工具,国外学者主要是从协同机制和过程的角度研究多主体协同技术(Multi-Agent,MA)。应急协同技术的应用主要是面向多应急平台的指挥决策人员,它主要研究多主体协同通过合作、交互、协商、竞争等智能行为在分布式开放的动态环境下,完成复杂的任务求解。

近年来协商已经成为多主体协同研究中的一个重要的分支,主要研究多主体之间达成对各自都有利的协同机制。许多学者提出了相关理论和方法,如Rosenschein 等人提出的基于对策论的理性协商理论,Kraus 等人的最佳平衡协商理论,R. Smith 提出的合同网理论,Sandholm 等人的多 Agent 结盟理论,Jennings 基于协商中思维状态变迁的联合承诺理论,以及 Sycara 的以劳资谈判为背景的协商理论,等等。这些理论对多主体协商框架进行了多维度研究,包括研究协商主体数目、交互方式、时间限制、协商议题数目、效用评价机制、环境限制等。

1.2.6　国内外研究现状分析

就目前的探究情况能够发现,应急疏散经过长时间的研究,拥有了不少探究成果,且有了相对清晰的探究角度。全球的探究工作者就理论研究至虚拟仿真应用的研发,均根据紧急疏散问题展开。这之中,就建筑物中的疏散研究已取得一定的成绩,具体涵盖了疏散方面的理论研究至结构的设计,以及联系建筑物框架的疏散虚拟应用的研发。但其理论分析基本都是从管控与引导的宏观层面切入的,因为函数模型的限制,不能全面描述人类逃生过程,导致模型和实际情况存在偏差。而多数微观仿真模型对疏散的研究,都是建立在元胞自动机的原理之上,没有就个体活动以及互相影响进行深入分析。

大体而言,当前关于应急疏散的分析有这些共同点:

① 多学科交叉综合研究。疏散方式研究与逃生群体流动分析与许多学科有关,包括心理学、建筑学、工程学、设计学、计算机科学等,表现出了多学科融合的趋势。

② 模型针对性不强。大部分疏散研究是针对人类行为规律进行仿真,而未就特殊建筑框架、环境特征等因素进行研究,尽管模型具有一定的适用性,可是并无太强的针对性。

③ 仿真模型参数标定复杂。因为各国、各地、各种情况下人类的生理、心理都是各不相同的，所以必须要通过多次重复采样增强可靠性，以获取不同情景、不同年龄段、不同学历、不同性别等因素对人类行为影响的有关信息，最后明确建模参数。

逃生人员行为规律的分析与虚拟建模基本是围绕人类的生理与心理等特点而展开的，就个体行为在特殊情景下的刻画，还有与特殊建筑框架的联系部分的研究和应用较少，因此，不足之处在于：

① 特殊情景的实验数据贫乏。因为应急疏散情景的相关资料相对缺乏，很可能造成模拟信息偏离现实状况，进而使得探究陷入困境。

② 就城市轨道交通领域特征的逃生人员行为规律分析不多。尤其是就地铁站等相对特殊的人群密集地点，就各时段群体的构成与活动规律的分析相对缺乏，造成应急疏散与仿真研究无法与地铁站的现实状况匹配。

③ 关于城市轨道交通领域特征的建模方法和运用相对缺乏。普遍适用的建模方法尽管可以指导地铁站的紧急逃生，可是因为并没有联系地铁站的具体建设情况和群体构成情况等问题，可行性不强。

④ 在理论与应用层面上，对于城市突发事件指挥的研究主要是以具体突发事件的应急管理为切入点，重点研究多部门、多主体的应急协同与应急指挥问题。在研究过程中，注重案例研究与实证分析，但研究手段较为单一，主要是定性分析，缺乏定量分析。

1.3 研究内容

随着我国韧性城市建设与韧性交通系统的发展，系统、科学的应急管理能力成为韧性交通系统建设的重点。如何实现城市轨道交通车站大客流专业、高效的应急管理，将是城市地铁站规划设计和实际运营中的重点和难点。党中央、国务院高度重视城市轨道交通网络的运营安全问题，党中央、国务院以及交通运输部从宏观战略层面出台的一系列政策文件中都特别强调交通网络的安全问题。《交通强国建设纲要》明确提出"安全保障完善可靠、反应快速"是交通强国建设的重要任务，城市轨道交通系统作为城市交通基础设施的重要组成部分，提升城市轨道交通网络的安全防护能力、完善轨道交通网络安全保障体系是提升交通基础设施安全水平的主要途径。《国家综合立体交通网规划纲要》将"推进安全发展"作为主要任务之一，特别强调"提升交通网络系统韧性和安全性，强化重点交通基础设施建设、运行安全风险防控，全面改善交通设施安全水平"。《"十四五"现代综合交通运输体系发展规划》明确提出"提高交通网络抗风险能力,强化安全应急保障",特别强调"强化交通基础设施安全风险评估和分级分类管控,加强重大风险源识别和全过程动态监测分析、预测预警;建设城市轨道交通应急演练中心"。《现代综合交通枢纽体系"十四五"发展规划》明确提出"提高综合客运枢纽安全应急管理水平",特别强调"加强安全风险辨识评估,重点关注日常客流监测、高峰客流预警、高风险领域运行"。本书基于现有的研究成果与局限性,联系我国城市轨道交通的具体情况,依靠地铁车站的内部构造、乘客特点等的研究结论,探索相应的应急疏散仿真模型,设计最佳疏散引导策略,就突发情况下的管理模式加以进一步分析,就乘客在不同场景下的应急逃生加以虚拟演练,给应急疏散预案的设置与完善提供帮助。研究问题主要涉及以下几点:

(1) 城市轨道交通人类行为规律和管理模式分析 从城市轨道交通紧急事件应对特点、地铁站建筑体系以及地铁站应急疏散研究模式等角度研究了乘客紧急逃生环境。在此基础上,还联系乘客的生理、心理、行为等,研究了他们在遇到紧急情况时的行为规律,进而构建出更加可靠的模型。分析了应急疏散中控制和影响人群运动特征的关键因素,为下一步的疏散引导研究提供理论支持。

(2) 城市轨道交通乘客应急疏散模型探索 借助已有的典型疏散模型,以及地铁站的环境构造特征与群体构成情况,联系多主体模型与元胞自动机模型在研究人员疏散问题方面的优势,建立混合应急疏散模型。就地铁站构造的具体情况,构建元胞自动机的行走环境。就逃生群体中人与人、人与环境的互相影响加以研究,联系仿真程序编写,完成地铁乘客应急疏散模拟系统的构建。探索模拟系统的地面场中静态场、动态场、温度场等关键计算方法,优化逃生线路并予以验证。

(3) 城市轨道交通车站应急管理仿真模拟应用研究 借助模拟仿真系统,就北京西站、宋家庄地铁站应急管理策略加以研究。利用模拟软件对各线路在不同火灾工况下的烟气状况进行仿真,针对特殊火灾工况下的疏散特点,对地铁站的乘客数量、模型系数等加以确定。研究现有疏散设施的优势与不足,针对不同线路特点、火源位置、火灾发展情况及客流分布提出一整套应急管理优化设计方案。

(4) 进一步探究突发事件中的应急指导管理模式 分别针对突发事件中引导者和智能疏散指示标志两种应急管理引导方式,分析疏散引导在应急管理中对人流的管理控制作用,通过建立具有实际特点的场景模型,从安全疏散的原则出发,对疏散引导的方式方法进行深入研究,结合现有应急管理引导方式的问题和局限,找出合理可行的应急管理引导优化方法。

(5) 基于协同机制的轨道交通应急管理研究　构建了基于动态决策的突发灾害事件的多主体多阶段应急协同模型，引入了分布式协同理论，对现有的轨道交通应急组织和处理流程进行了优化和重组。这种方法不仅确保了应急救援过程中决策的协同性和动态性，还综合考虑了不同部门和阶段之间决策方案的相互影响，从而体现了应急决策过程中的系统性思维，为解决网络化运营条件下的城市轨道交通安全管理和应急处置问题提供有力的支持。

第 2 章

城市轨道交通车站
行人特征与控制方法

第 2 章 城市轨道交通车站行人特征与控制方法

上一章重点对人员疏散的国内及国外研究文献进行了汇总与分析，本章在此成果之上，进行有关城市轨道交通车站内人员疏散理论的介绍，同时对管理控制城市轨道交通应急疏散的方式有所探究。

2.1 城市轨道交通车站人员疏散行为分析

城市轨道交通车站的人员构成是较为繁杂的，应急疏散情况下个体的诸多方面皆存在区别，例如心理因素、对于环境的熟悉度以及生理因素等，这也造成了应急疏散流程中乘客自身行为的差异。

2.1.1 人员生理因素

（1）年龄　众所周知，在城市轨道交通车站之中，乘客间年龄差异化较大，不同年龄段人群所感知到的危险程度、疏散速度以及反应能力各不相同：青壮年人员在危险感知方面能力更强，对紧急状况可及时做出反应，相对来说，儿童及老年人在面对紧急状况时则反应较慢。对于疏散速度的分析见表 2-1。

表 2-1　各年龄段人群平均速度（m/s）

年龄段	常规步行	急行	下行楼梯	上行楼梯
成年男性	1.33	2.65	0.96	0.78
成年女性	1.23	2.41	0.82	0.69
儿童	1.26	2.46	0.84	0.71
老人	1.07	1.96	0.70	0.53

（2）性别　研究证实：在应急情况中，男性和女性的反应是存在一定差异的。若是发生事故，例如火灾等，女性由于自身感性因素影响，会选择先求助或者通知他人，从而等待援助；男性则倾向于自主灭灾，同时对其他受灾人进行营救。美国学者 Bryan 通过调研对此观点进行了论证，研究结果见表 2-2。

表 2-2　火灾发生时美国人第一反应的性别区别

第一反应	男性/%	女性/%	百分比差/%	标准误差
寻找火源	14.90	6.30	8.60	2.51
寻找灭火器材	6.90	2.80	4.10	1.70
报警	6.10	11.40	5.30	2.41

续表

第一反应	男性/%	女性/%	百分比差/%	标准误差
撤离现场	4.20	10.40	6.20	2.22
帮助他人	3.40	11.00	7.60	2.22

(3) 身体状况　除了上述要素之外，人员自身身体状况与疏散行为也存在着较大关联性，尤其体现在人员头脑清醒度以及身体健康情况两方面。

2.1.2　人员心理因素

地铁车站属于特殊地区，若是出现应急事故，车站人员必然会产生多元化的心理反应，像是惊慌、恐惧、从众以及侥幸心理等。

(1) 恐惧及惊慌心理　地铁车站在发生火灾等事故时，车站结构封闭、站内呈现高温状态、烟雾弥漫等问题会造成人员的恐慌心理。对于车站人员来说，大多存在着缺乏火灾安全培训的问题，因此在出现灾难时，必然手足无措，绝望心理也会随之产生，从而放弃求生，应急救援受到影响。学者 Fruin 在对疏散行为的研究流程中，进行了人员惊慌参数理论的添加，以此实现疏散工作者惊慌程度的凸显。研究发现：惊慌参数与人员速度、密度间都是存在着极大关联性的，前者能够直接影响到后者。在人员速度被密度影响之后，惊慌参数数值最小。

(2) 冲动侥幸及排他心理　人员多、繁杂，是地铁车站的特征之一，且存在着入口条件约束的因素，因此一旦人员进行疏散，必然会发生拥挤、拥堵事件，从而造成疏散速度的下降，此时，人员侥幸及冲动等心理也会随之产生，甚至出现过激行为，这些都会在一定程度上提升伤亡概率。除此之外，一些人员为了能够尽快逃离灾难现场，发生争先恐后的现象，排他心理由此产生。

(3) 从众心理　受到群体及其他压力影响，个体人员对自身意见进行放弃，并投入到公众意见的行为，就称为从众，也可以说是"随大流"。一旦出现突发灾难或者事故，人员恐慌心理随之产生，从而令自身认知判断力降低，自身主见随之消失，再加上对于现场环境的迷茫，必然会产生寄托于公众的心态，从众心理较为明显。

(4) 亲情心理　在发生事故之时，亲情心理也是极易产生的一种心态，一旦遇上慌乱，人员必然会想到自己的亲人及家庭，并尽可能与之相聚，在这之后才是集体疏散的开始，偶尔也存在着"折返"的情况。从疏散时间角度来看，该现象必然会产生相应的消极影响，同时威胁到他人疏散的安全度，在整体秩序被打破的同时，人员疏散效率随之降低。

2.1.3 对疏散环境的熟悉程度

就安全疏散效率来说，人员对于环境的感知以及熟悉程度是占据较大影响力的。相关研究证实：假设人员较为熟悉周边环境，就可以在最短时间内构建出明确的地图，从而帮助自己以及他人寻找到最佳逃生道路。人员对环境的熟悉度高，逃生信心必然随之提升，灭火等自救行为产生概率较高。熟悉程度的影响因素有：个人体验、环境繁杂度以及站内空间格局等。对于个人体验而言，则能够进行两大类别划分：其一是间接体验；其二则为直接体验。间接体验更多来源于各类宣传册、语言及标志；直接体验则源于人员对空间的直接感受。人们利用自身感官对环境进行的感知与了解，以及对于事物间关系的认知能力，就是空间能力，其受到多方面影响，例如文化、个性特征、经验以及年龄等。事故发生之后，人员寻找逃脱路径的流程，属于空间能力的使用范围。

2.1.4 人员所处状态及位置

突发事故或者灾难出现之时，人员所使用的疏散行为是与自身所处位置有着极大关联性的，且各不相同。若事故发生时人员处于车站事故层，则会受到危险因素的直接影响，因此对于该层人员来说，逃生行动的立即开展是首选；若人员所处位置并非事故层，那么其感知到危险的速度也就相对缓慢，从而产生多样化疏散行为，像是立即疏散、通知亲人朋友以及整理自身物品等。

2.1.5 突发状况下人员行为特征

假设地铁车站出现突发事件，人员必然会立即进入到紧急状态之中。人们的行为除了会被时间约束之外，还会受到灾难的影响与威胁，由此产生的行为较之正常条件下的行为来说，是存在着较大区别的。就地铁车站人员来说，大致能够进行两大类别的划分：一类是工作人员，另一类就是乘客。人员类别不同，在事故发生时表现出的行为也存在着相应的差异，值得提及的是，无论是工作人员还是乘客，两者间都是有所关联的，且不可完全分割。工作人员指的是地铁中的各项工作者，例如保安、管理人员以及营业员等。工作人员对于地铁站之内的环境较为熟悉，且明确消防设备与安全出口的位置，甚至存在参与过灭火等突发事件培训的人员。除工作人员外，地铁车站中人数最多的就是乘客，他们与工作人员情况不同，并不了解安全出口位置、内部环境及消防设施的摆放点，参与过突发事故培训的可能性也很小。其主要的行为特征有：

（1）趋熟行为 通常来说，无论是人类还是动物，一旦感知到危险，势必会习惯性沿着来时的道路前进，也可以称之为本能反应。趋熟行为指的是依据自身心理取向，沿着熟悉环境而产生的行为，多受到日常习性影响。在出现突发事故之时，若熟悉的道路出现阻碍，势必会产生恐慌心理。

（2）向地行为　地铁车站属于地下空间建筑，若是出现事故，人们第一反应必然是逃离，尽可能回到地面之上，这种就是向地行为，对于人类来说，大地有着与生俱来的强大依赖感及安全性。

（3）奔光行为　地铁站位于地下较深区域，若是出现突发事故，例如火灾、水灾等，多会影响到电力供应，因此乘客在看到光线之时，就会误以为是疏散口，并且奔跑过去，从而造成拥堵现象。

（4）退避行为　火灾事故之中，一些乘客会由于无法忍受烟雾及高温影响，而出现躲避至暂未被威胁的地区之中，期盼以此逃生。

（5）从众行为　个体是与集体有着必然关系的，且无法相脱离，从众目标就是通过改变自身想法及行为的方式，更多依赖于大众或是人群。当行人受到环境灯光、烟气的影响时，很难观测到环境信息，此时极易表现出从众行为。盲目的从众行为使得疏散人员集中跑向某一出口，致使疏散设施使用不均衡，过于密集的人群还可能发生踩踏事故。

2.2　城市轨道交通车站疏散设施

对于人员来说，疏散流程势必会受到一些设施的影响，例如出入口数目、通道长度、闸机能力以及扶梯等。

2.2.1　扶（楼）梯与水平通道

在发生紧急疏散之时，出于对二次伤害及其余因素的考量，车站会进行自动扶梯的紧急关闭，乘客需要通过楼梯出站。此时，自动扶梯也可作为楼梯来疏散人流。结合国外学者的调研结果来看，自动扶梯与楼梯疏散能力是能够通过下列公式进行运算的，具体为：

$$C_{楼} = N_{楼} \sum (B_{楼} - b_{楼}) t_{疏散} \tag{2-1}$$

式中　$N_{楼}$——人员上楼梯及下楼梯的平均流量，人/(m·s)；

　　　$B_{楼}$——楼梯的宽度，m；

　　　$b_{楼}$——楼梯扶手与墙的边界的宽度，m；

　　　$t_{疏散}$——人流疏散时间，s。

$$C_{通} = N_{通} \sum (B_{通} - b_{通}) t_{疏散} \tag{2-2}$$

式中　$N_{通}$——乘客在通道中的平均流量，人/(m·s)；

$B_通 - b_通$——通道的有效宽度，m；

$t_{疏散}$——人流疏散时间，s。

2.2.2 闸机

结合美国 NFPA 130 轨道交通规范中的内容来看，闸机疏散能力公式为：

$$C_闸 = \frac{n \cdot F \cdot t_{疏散}}{60} \tag{2-3}$$

式中　n——出站闸机总数量；

　　　F——乘客出闸机的流率，人/min。

2.2.3 出入口

对于疏散人员来说，有效宽度及出入口数量皆与人员疏散存在着关联性，根据 Lee D 的研究结果，出入口的疏散能力为：

$$C_出 = N_出 (B_出 - b_出) t_{疏散} \tag{2-4}$$

式中　$N_出$——疏散流程中，出入口平均人流量，人/(m·s)；

　　　$B_出$——出入口的宽度，m；

　　　$b_出$——出入口的边界宽度，m。

2.3 控制人群运动特征的关键因素

2.3.1 疏散安全影响因素

影响乘客应急疏散安全的因素主要有三类：一是客观因素，二是主观因素，三是密度因素。客观因素包含车站建筑结构和外界引导性信息；主观因素包括乘客个体属性、乘客对外界信息的认知和转化程度；密度因素是应急疏散场景中局部区域人员密集程度。

(1) 客观因素　不被乘客影响，存在于乘客以外，可以实现乘客思维及感官认知，并在此基础上进行的突发事件情况判定因素，就称为客观因素，属于外界范畴。

① 车站环境信息。就车站环境信息来说，是多样化及多元性的，其涵盖多方面信息，例如个体周边乘客信息、车站物理环境信息以及突发事件信息等。另外，突发事故自身属性也会对乘客恐慌程度以及避开危险的选择方式产生影响，对于后者而言，是有着决定性作用的。有学者提出，乘客对于车站环境的了解及熟悉程度，是与人群行动能力有着极大关系的，具体见表 2-3。

表 2-3 不同乘客的行动能力

人员特点	人群的行动能力			
	平均步行速度/(m/s)		平均流动系数/[人/(m·s)]	
	水平疏散	楼梯疏散	水平疏散	楼梯疏散
对环境及疏散路线不熟悉	1	0.5	1.5	1.3
对环境及疏散路线较熟悉	1.2	0.6	1.6	1.4
疏散时需要帮助	0.8	0.4	1.3	1.1

② 引导指示信息。引导指示信息主要是为乘客指明逃生路径、出口位置等的信息，依据其设置方式分为静态引导指示信息以及动态引导指示信息。引导指示信息的设置位置、密度及影响范围大小都对逃生者的行为选择及心理状态构成影响。有效的疏散引导可避免疏散过程中人群的慌乱和绕行，提高疏散效率。静态引导指示信息包含站内固定设置的应急疏散标志，可引导乘客快速找寻出口，缓解恐慌情绪。动态引导指示信息包含警报、指挥人员等，可实时根据现场突发状况及密度的变化调整引导策略，更加灵活科学。

(2) 主观因素　主观因素是乘客自身条件属性和对外界信息的认知转化能力，由以下两部分组成。

① 接收信息。对于乘客来说，在处理完客观因素后，是可以接收到相应信息的，此信息的完善情况，就称为接收信息，其建立于两部分之上：一是即时接收信息；二则为历史接收信息。在发生紧急事件时，乘客在现场获得的信息为即时接收信息。而乘客对于车站内部结构和先前活动信息的获取情况，等同于历史接收信息，其同时也是过往经验的总结。乘客所具有的历史信息量越大，越能在紧急事件中保持冷静。

② 乘客属性。乘客因自身心理和生理特性的差异而表现出不同的乘客属性。其中乘客的体力、反应速度、对压力的承受能力等生理特性因身高、体重、年龄、性别等差异而不同。而在应急疏散过程中的表现，如报警、帮扶他人逃生、指挥现场等行为由乘客的社会地位、受教育程度、职业等社会属性决定。

2.3.2 群体行为的控制干预

人类大脑、感官、运动部分（例如眼睛、耳朵以及腿等）的行为执行实现了对个体运动的控制。就个体行走效用来说，建立在自身观测信息及对逃生策略的假设之上，利用最大化的希望收益来进行行动及决策的确立。值得提及的是，群体控制和个体控制问题是存在着极大差异的，前者对后者的协调问题有所涉及与涵盖。若发生紧急事故，人员多会由于对环境的不熟悉而无法寻找到适合的逃生办法，甚至存在着与群体共同盲目逃生的行为。针对这一现象，就人群行为作出有效引导以及干预，是能够对疏散个体的安全性进行提升，从而降低损伤风险的。本质上来说，干预控制的方式是能够进行两大类别划分的：其一是行为干预；其二则为物理干预。前者涵盖对逃生者逃生道路方向的影响、人流量及人群密度控制等多个部分；后者则主要在空间建筑的结构规划及设计方面有所体现，例如走道方向的改变、出口宽度增加以及障碍墙设置等。

（1）设备的干预作用　在对应急疏散设备干预作用的研究中，学者本着基于群体行为的规律性来分析设置干预的方式，以此来提高疏散效率。通过建模仿真及真人实验来探索设备干预对人的运动过程和感官的影响。而对于地铁站这一大客流量和密闭地下空间的典型环境，其固定设备的设置对疏散效率和乘客运动的干预尤为重要，研究重点为自动验票闸机、站台屏蔽门、楼梯或台阶及隔栏等。

（2）流量控制　对于疏散流的控制问题来说，其多产生在大尺度及中尺度疏散环境之中，疏散道路被建筑格局所约束，以此形成网络形式，且对网络流优化配置问题有所涵盖。进行疏散道路及疏散流分配方案的研发与设计，就是本研究的最终目标，希望能够为实际疏散预案、计划等提供相应依据。Church 和 Cova 提出了网络分区模型，其能够对道路通行能力及人群密度所产生的潜在风险程度作出划分。Cova 和 Johnson 研究了因冲突问题导致的十字路口的疏散拥堵，根据通行能力模拟出最佳人群分布。Hoogendoorn 和 Bovy 进行了疏散流配置动态模型的创建，并在此基础上对人流时间及空间分布情况进行了预测，具备一定的连续性特征。学者 Chen 和 Xiao 在进行了相关研究之后，实现了疏散模型的构建，该模型基于疏散路线构建算法与交通流分配算法，能够对逃生者快速逃生的安全方向做出指引。在此之后，学者 Cruz、Smith 和 Queiroz 与 Stepanov 和 Smith 通过 M/G/c/c 状态依赖排队网络，对网络之上的最佳配置实行了目标函数的设计与运算。Chen 和 Feng 提供的是一种流量控制算法，认为可以通过该算法实现最佳逃生路径的运算，且疏散时间相对较短。

出于对拥堵及疏散失败等现象进行避免的考量，应急机构应当进行合理措施的制定与组织，以此对各路段上的人群情况作出监控，尽可能给予网络中人群正确流动方向的引导，尽可能实现对期望状态的靠拢，如此，网络畅通状态也能够得到保障。学者 Liu 等利用自适应控制系统，进行了局部地区最佳人群分布情况以及状态间差异的最小化处理。学者李进等人则提出了一种新优化算法，该算法建立在路段及路口综合控制基础之上，且能够对逃生者分布情况作出调整与优化，以此解决拥堵问题。

(3) 密度控制　较多事实证明,若大量群体共同聚集在一处,尤其是存在紧急情况时,人群运动必然存在着相应的风险。就不协调运动的人群来说,是有着危险行为发生概率的,例如挤压、推扰及干扰等。在此现象下,个体很难对自身运动进行掌控,人群之中产生的波动会直接带动个体向人流方向前进,并形成不可控制的趋势。若疏散行为发生场所是人流量较大的区域,例如庙会或是商场等,则该特征更为显著与关键。由此我们能够得出,大规模疏散人群时,合理的指导是有着极大作用的。迄今为止已有许多代表性的研究可见报道。学者 Smith R A 就单项运动人群的各方面因素关系进行了研究与概述,像是人群密度、流量以及运动速度等,结果表明,对于控制人流运动特征而言,最为重要的就是人群密度这一要素。学者 Fang 等人认为,人群运动是与前方及后方人员有着一定关联性的,运动速度则对应前方与后方人员间的关系。学者 Zhen 等人在对 2004 年发生的密云踩踏事件进行调研之后提出,此次事故之所以会造成多人死亡就在于人群密度大,因为是旅游胜地,游览人数较多,且密度高,才导致了踩踏事件的发生。所以,在这类地区或者是赛事场景中,人群密度的管制是极其关键的,其能够直接对危险事故的伤亡风险产生影响。学者 Canetti 提出,人们在进行群聚时,个体行为都会被人群整体行为所感染,并由此产生从众心理。就密度较低的人群来说,运动是能够被看作自由流动现象的,且不容易出现拥挤事件,高密度人群则与之完全相反,再加上从众心理的影响,就会产生大规模的人群行为及事件。

(4) 信息传递　从行为干预角度来看,城市轨道交通当前急需进行的就是疏散管理机构功能的集中,尤其体现在干预模式方面,此模式建立于信息传递基础之上,应急标志以及引导者的调整与优化等,皆属于该模式范畴。在突发事故出现之时,乘客与工作人员必然会产生恐慌心理,从而造成理智判断分析问题能力及水平的缩减。在此环境下,假设车站能够对乘客进行引导信息的提供与疏导,必然能够起到安抚乘客心绪的作用,以此实现疏散时间的降低。有关逃生路线的调研结果表明,至少一半的人员得以成功逃生,都要归功于工作人员、标识及广播的引导。学者王卉等人在进行了应急广播系统、疏散标识与疏散时间关联性的研究之后提出:前两者的正常运行是能够对乘客的正确判断起到积极性影响与帮助作用的,可令之采取果断的行动,明显减少整体疏散时间。

2.4　应急疏散引导策略分析

2.4.1　应急疏散客流引导策略

对于应急疏散来说,客流是主要对象,其建立于乘客个体基础之上,如期望逃生过程合理有序进行，就需要通过工作人员和指示设施引导乘客遵循预设的方案进行逃生。通常情况下，人们的行走速度是和客流密度存在着直接关联性的，由于疏散进程的不断加快，相同设施或地区的行走速度必然会出现改变，且时间并不稳固，因此在客流分配流程中，必然要对客流密度的变化情况作出考量，同时与运筹学动态规划思想相结合，以此实现各阶段的划分，同时需要重视三大原则，具体为：

① 若客流源点较多，且需要对源点客流量进行对比时，则首先需要进行的是客流量大源点的合理分配与划分。

② 出于对疏散流程特殊性的考量，尽快将全体人员向安全地区引导就是疏散的根本原则所在。除此之外，拥挤度也是会对行走速度产生相应影响的，并左右到路径时间，所以在容易出现拥挤的地区，需安排工作人员合理引导及疏导，并以此实现路径行走时间的保障。

③ 出于对所有乘客均涌向最佳路径，而造成路径设施水平下降这一现象产生的考量，应当在每次分配中，通过智能疏散指示标志和工作人员引导等疏散手段将其按比例分配到所有有效疏散路径上。

2.4.2 引导点选取

（1）路径决策点　应急疏散流程中，乘客需要借助于自身了解的信息及经验累积来对出入口方向进行判定，并向该方向做出运动。若前方仅存在一条道路，乘客必然会受到惯性的影响而直接前进；若前方道路不止一条的话，此时乘客就会有所考量与选择，存在受周围人群影响而前进的可能性。所以在路径决策点所产生的客流分叉区域，也就称为关键节点，抑或是路径决策点。

（2）路径聚合点　路径聚合点与路径决策点存在着较大差异，其实际上就是乘客通过多条道路到达的区域，在道路的前方路径仅存在一条，所有乘客均在此相会，因此该点也容易造成拥挤现象的产生，并对乘客秩序产生影响。

（3）疏散能力突变点　由于疏散能力不匹配，人员在上阶段疏散能力较之下阶段能力高出许多，从而令乘客拥堵在设施接点地区的交汇之处，这个交汇之处就是疏散能力突变点。若无工作人员对拥堵现象进行疏通与管制，必然会造成客流密度过高现象的产生。在此流程中，疏散能力突变点占据重要地位，相当于"瓶颈"，因此十分关键。

2.4.3 设施设备状态

假设城市轨道交通车站出现火灾等事故，则站台安全门、进出站通道、工作人员通道以及扶梯等皆成为乘客疏散设施。应急疏散流程中，这些疏散设备的运行情况较之正常情况必然是存在着一定差异的，前者定义如下所示：

① 安全门开放方案：对于应急疏散流程，出于对乘客快速疏散的考量，无论是站台上的安全门，还是其余门都是需要打开的。在少数情况下，也存在着一定的不利现象，例如列车还未完全停靠在正确位置，以及站台安全门与列车门并未完全对齐等，在此前提下，就应当对应急疏散门进行开启，从而实现乘客从危险区域的撤离。

② 扶梯的运行方案：就扶梯运行方案来说，其和车站乘客行走过程中所碰到的扶梯属性是存在着极大关联性的。若是发生紧急事故需要撤离，则应当对站厅各层间的出口与入口状态进行保持，下行扶梯则可以进行停止，以此实现扶梯控制系统的合理调整与优化。另外，出于对疏散安全性的考量，我国地铁设计要求中还规定，设计者需要对一部上行扶梯出现故障的可能性做出考虑，并事先设定好备选方案，从而实现突发事故的应对。

③ 换乘通道应用方案：在应急疏散流程中，换乘通道是极其重要的资源之一，其可以实现乘客堵塞及拥挤情况的规避，且需要根据火灾等事故的实际情况来确立人群正确运行方向。若是在火灾前提下，换乘通道中的人群应当尽可能选择远离火灾的流向，例如地面或者站台等。

④ 闸机方案：在应急疏散时，车站所有出口及入口闸机都应当保持开启状态。

⑤ 出入口通道方案：假设火灾发生在出入口扶梯或者进出口通道之间，则这些设施均无法作为疏散通道进行应用。若是火灾发生于其余地区，则需要对出入口的进站阻碍设备进行快速拆除，同时对乘客撤离做出提醒。

2.4.4 城市轨道交通站内通道疏散能力评估

疏散流程中，基于设施特征及行人特征的站内通道疏散能力评估，需要在不同设施条件下，针对应急状态作出针对性分析与评价。一般来说，疏散能力指标是具备一定多元化特征的，涵盖内容较多，例如设施服务水平、设施饱和度以及疏散能力等。在本研究中，选择评估指标为疏散能力，且结合行人密度对设施服务水平进行了划分，具体见表2-4。

表2-4 轨道交通地下车站服务水平及质量要求

设施	单位	A	B	C	D	E	F
通道	人/m²	≤0.31	0.31~0.42	0.42~0.70	0.70~1.08	1.08~2.10	>2.10
楼梯	人/m²	≤0.60	0.60~1.10	0.90~1.10	1.10~1.60	1.60~2.40	>2.40

第 2 章　城市轨道交通车站行人特征与控制方法

　　本章重点对城市轨道交通行人特征以及控制方式进行了研究与探索。在城市轨道交通车站突发情况特征基础之上，针对生理、心理等多方面特殊行为开展了疏散人员行为特征分析，同时归纳了城市轨道交通车站疏散设施在紧急疏散中的人流量计算方法。对应急疏散过程中站内乘客的安全行为影响因素进行归纳，分析了各因素的作用机理，提出控制人群运动特征的关键因素及干预方法。除此之外，还对应急疏散引导策略有所研究和制定，可以为后续研究奠定理论基础并提供支持。

第 3 章

基于多主体的元胞自动机疏散模型研究

本书主要围绕地下交通枢纽站内部紧急状况下如何组织客流等相关问题展开研究，期待在针对仿真数据模型的研究中，进一步为在火灾等突发事件中确保人员快速疏散、保证人员安全提供科学、合理的方案支撑，并根据相关要求展开深入分析。以前所做的疏散研究，主要还是对元胞自动机下人群疏散行为数据模型所针对的特定部分行为所开展的研究，通用性相对欠缺，而且对于个体中存在的差异性以及空间离散化对疏散行为造成的影响的考虑比较欠缺。所得出的仿真数据准确性也相对较低，缺乏一定的真实感。通过 Agent 技术所形成的数据模型，存在较大的计算量，并且实现过程相对复杂困难，尤其是在疏散人数较多的情况下，仿真的效率相对不高。针对上述问题，本章提出了一种由环境模型（ESM）和行人模型（PSM）组成的疏散混合仿真模型。

3.1 基于元胞自动机的环境模型

城市轨道交通人群的疏散行为是在交通建筑环境中产生，该建筑结构比较复杂，快速构建人群疏散环境实现人群疏散，是人群疏散仿真的前提条件。本节应用元胞自动机方法建立疏散环境模型，描述了环境的空间结构和模型的火灾扩散过程。

3.1.1 元胞自动机的构成

冯·诺依曼（John von Neumann）作为计算机的创始人，最早提出了元胞自动机的思想，但是在 20 世纪中叶计算机的运算能力还不足以支撑元胞自动机，这一观点并没有引起学者们的注意。直到 1970 年，Conway 发现在一个方形的二维网格内，即使是极其简单的规则也可以演化出非常复杂的行为（生命游戏机理论），元胞才逐渐成为研究的热点。到了 20 世纪 80 年代，元胞自动机的研究已经积累了一定的成果，其中比较具有代表性的是 Wolfram 的研究成果，这为元胞自动机未来的研究打下了扎实的基础。Wolfram 在 2002 年再次出版了一本名为"一种新科学"的元胞自动机理论专著，他采用元胞自动机理论模拟了生物细胞生长、雪花形成、股票价格波动等多个自然界和社会中的复杂现象，再一次证明了元胞自动机理论的跨学科跨领域的适用性。

Kirchner 等人分别建立了适用于人流密集情况的元胞自动机模型，充分考虑了人群中可能发生的摩擦和选择问题。其后，Kirchner 等人又在 Burstedde 等提出的 FF 模型的基础上引入人流密集选择问题的应用。Varas 等应用元胞自动机对多重障碍物环境下的疏散行为进行模拟。Nishinari 等人改进了动态场模型，模拟了密集状态下人群的疏散过程。Yanagisawa 等人基于平均场理论，分析了建筑物出口附近在疏散过程中的流体性。Huang 等利用路径选择模式，模拟了具有多出口的疏散逃生过程。Ezaki 等建立了场域模型，探索行人在逃生过程中的所需空间问题。Kretz 基于 FF 理论建立了 F.A.S.T 模型，并融入多速度等因素。赵宜宾等基于人员获取决策信息时的模糊性，构建了模糊元胞自动机多出口人员疏散模型。通过决策和方向因子对选择可能性的修正，该模型对疏散过程的描述更为合理。张兴强等基于混合交通流特性，建立了交叉口混合交通流元胞自动机模型（NS-BCA），研究了交叉口混合交通流的干扰机理。胡俊等结合阶梯因素，提出了三维元胞自动机模型，通过定义演化规则确定疏散策略，研究平均速度、出口流率及行人密度间的关系。尹宇浩围绕蚁群优化算法和人工势能场在元胞自动机疏散模型中的应用展开了研究，设计了改进的基于蚁群算法的元胞自动机模型以及势能场疏散模型。张丽娟等结合元胞自动机对信息表达的优势，采用模块化结构建立了基于元胞自动机的决策模型，通过各个模块组合实现对复杂行为的描述。

元胞自动机主要由四个核心部分组成，即元胞部分、元胞空间部分、邻居部分、演化规则部分。其中，整个元胞自动机的主要部分就是演化规则部分，该部分可以说是整个元胞自动机的灵魂所在。关于元胞自动机的科学定义，可以采用如下数学方式进行描述：

$$A = (L_d, S, N, f) \tag{3-1}$$

在上式中，A 所代表的是元胞自动机系统，L_d 所代表的是元胞空间，d 所代表的是空间维数，S 所代表的是元胞离散状态转化系数，N 所代表的是邻域内所包含的元胞组成，而 f 所代表的是演化规则。

（1）元胞　在查阅文献资料的过程中，了解到部分文献资料将元胞定义为细胞，而元胞分布于离散的一维或者是多维空间晶格上。就其中的不同研究问题，元胞的状态描述形式可以有所不同。例如：可以采用 {0, 1}、{正, 负} 等形式，也可以采用有限集合 S 来指代各种可能的值。

（2）元胞空间　元胞空间可以理解为处于不同空间网格点上的元胞实现集合，从理论层面上可以将元胞空间理解为可通过多个维数的欧几里得空间规划实现。当下元胞自动机的维数一般都是一维和二维两种。例如：Nagel 和 Schreckenberg 在 1992 年，通过不断研究得出了相应的 NS 数据模型，该模型属于一维元胞的自动机数据模型，而 Biham、Middleton 与 Levine 所提出的 BML 数据模型模拟的则是城市交通网络，是一种二维元胞自动机数据模型，两者之间存在较大的不同。而在所有元胞网格类型中，正四边形属于最常用的一种，其尺寸参数为 0.4m×0.4m，可以用于一个行人占据空间的具体模拟与描述。

图 3-1 主要描述拥有不同速度大小以及方向的六边形网格。

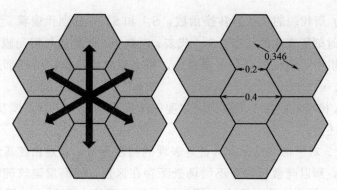

图 3-1 正六边形及其邻域

（3）邻居　在元胞自动机数据模型中，各个元胞都是根据时步采取并行的方式进行更新。每一个元胞状态处于更新过程中，由于邻元胞能够对元胞进行影响，因此还需要考虑邻元胞的状态，邻元胞也因此而被称为元胞邻居。从理论层面上分析，元胞邻居有些代表着相邻的元胞，而有些代表着非相邻元胞。相对于一维元胞自动机，其相邻元胞主要通过半径确认，只要在元胞半径距离之内的元胞，均可以将其定义为该元胞的邻居。但是如以二维元胞自动机为对象进行分析，其邻居定义与描述则又不同，其定义形式较为丰富，主要为 Moore 即摩尔型、扩展摩尔型与 von Neumann 即冯·诺依曼型，图 3-2 描述了其邻居形式具体信息。

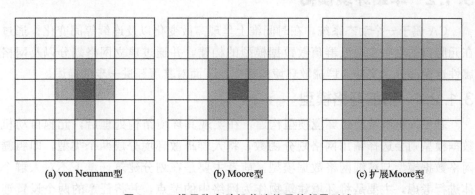

(a) von Neumann型　　　(b) Moore型　　　(c) 扩展Moore型

图 3-2 二维元胞自动机普遍使用的邻居形式

（4）演化规则　演化规则可以理解为一种局部规则的演化，因此也被称为局部演化规则，主要是以元胞与邻居元胞为对象，对其当前状态进行描述，为下一刻元胞状态确定提供依据，其规则表达是通过状态转换函数来实现的，具体函数信息如下：

$$f: S_i^{t+1} = f(S_i^t, S_N^t) \tag{3-2}$$

其中，f 所代表的是状态转换函数，S_i^t 和 S_i^{t+1} 分别代表着 i 元胞当前时刻以及下一时刻所表现的状态，S_N^t 代表 t 时刻下 i 元胞的邻居元胞状态。在整个元胞自动机中，演化规则是主要核心，整个系统中的演化特征都通过演化规则体现出来。

（5）CA 模型的应用　疏散研究主要以地面场模型为工具，涉及多方因素，具体可以表述为：

① 场景。对于物理设施所具备与表现的特性而言，其是由建筑结构和空间尺度所决定，所以疏散过程在不同场景下存在区别，如高层建筑疏散、山区疏散等。其中以高层建筑为重点，其包括多数典型的空间特点，例如房间出口（对称性和分布、瓶颈、宽度）、电梯楼梯以及转弯的走廊等。还包含多源的人流分流或汇聚在丁字路口的运动过程，相关研究重点分析了引起瓶颈问题的内在原因，以解决该瓶颈问题为出发点，提出基于密度-速度两个因素的动力学规律。

② 环境。危险物具备差异性属性特征，这也导致其对个体行为影响的不同，同时需要相应的疏散措施。比如毒气影响个体速度、体能和移动方向，火和烟雾影响个体可视范围。

③ 个体因素。例如突发状态下的情感因素、惯性效应。

④ 个体间的相互影响。例如群体行为、作用力等。

3.1.2　车站环境模化

CA 属于一个动态系统，在时间维上呈现离散变化以及连续等间变化。通过在元胞自动机中实现人群疏散数据模型的构建，并通过建立网格划分以及网格属性这两部分来实现人群疏散环境的建立，下面对其展开进一步的描述。

3.1.2.1　精细网格模型

基于人群疏散建筑环境模型构建，在实现其环境结构处理后，元胞自动机数据模型则会选择调用网格划分函数，将人群疏散环境分成两个类型，即粗糙网格数据模型与精细网格数据模型。前者主要是在划分建筑环境下不对人群个体进行考虑，主要是将环境建筑物作为网络中的节点，并将任意的两个设置连接起来形成弧。在数据模型中并没有具体界定与说明环境范围内相关建筑物的形状与面积等属性信息，只重点保存了网络结构，以网络节点移动的方式来表示与描述人群移动信息。精细网格类型主要是将建筑环境划分为多规则多边形，一般都会划分为四边形网格或者六边形网格，对于不同的网格建筑物设置不同的网格属性，一般一个网格代表着一个人群个体，当人群个体移动到另一个网格时则代表网格的占据或者是网格的空缺，依托数据模型，可以展示出人与环境、人与人的相互影响及作用关系，可以完成人群运动的精准模拟。

考虑到系统运行质量与效率问题，为实现建筑环境内部人群分布的实际状况与运动信息等精准描述，在本设计中，建模方式选定为精细结构数据，调用网格划分函数，对城市轨道交通枢纽建筑环境进行细化处理，并将环境内的疏散情况通过网格的形式体现出来，此时，网格本质上就属于模型元胞空间。在进行网格划分时，其大小参数设定则需要由空间情况来决定，国际上并没有形成统一的认识。在1988年，我国以成年人人体尺寸调查为依据，编制了相关标准。在具体的标准数据中成年男性的最小胸厚为0.174m，最大胸厚为0.260m，最大肩宽最小值为0.385m，最大肩宽最大值为0.484m；成年女性的最小胸厚为0.158m，最大胸厚为0.260m，最大肩宽最小值为0.345m，最大肩宽最大值为0.459m。天津市的消防研究所通过查阅大量资料，进一步对我国人体尺寸展开测量，并引入测量数据，针对人体平均投影面积参数进行求解，求解后参数具体为$0.145m^2$，如选择矩形计算方式，则其参数为$0.197m^2$。

本节主要通过0.4m×0.4m规格的网格来描述个体空间，个体需求也得到了较为真实的反映。具体如图3-3所反映。

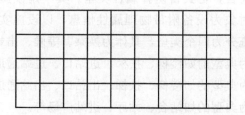

图3-3 模型采用的精细网格

3.1.2.2 网格属性分类

以地铁车站为对象，从结构层面来执行划分操作，可以将其具体细分为三个部分，即区间、站厅层与站台层；以内部设施功能属性为依据来划分，则可将其具体细分为车辆、区间、出入口、站台、站厅、楼梯等。当区域实现网格化之后，区域将会划分为离散的网格，其大小为0.4m×0.4m，也被称为元胞空间，其也是元胞基本单元，站台、楼梯等环境设施也会占据一定的基本单元。具体设施在进行空间分割处理时，要求以其结构为依据，部分可以被个体占用或应用，部分则属于人群容纳空间，这些信息都可以通过网格属性的具体描述来反映。

任意网格单元都具备一定的属性信息，而基础的属性信息则可以描述为：网格是否存在障碍、是否有人、网格具体坐标信息与网格到出口的距离等。以生存周期为依据进行类型划分，则可将属性分为静态与动态两种。对前者而言，其在整个仿真作业中，属性信息不发生改变，而后者是随着突发事件的动态变化而变化的一种属性。根据其内容进行分类，可以划分为网格属性、设施属性两种。

（1）网格属性　该属性主要是对元胞占据网格型号信息与坐标信息进行描述。考虑到网格类型设定参数存在着一定差异，可进一步细分车站环境网格，设置障碍物、边界与目的地等单元格。边界单元格主要是对车站环境边界情况展开描述，其也属于仿真环境下的边界。而障碍物单元格则是表示无法行走的空间环境，例如墙体、柱子等。目的地单元格则定义为疏散的目标信息，可代表通道、站台、出口等。

（2）设施属性　设施属性可以理解为城市轨道交通车站环境下的设施设备对乘客造成的各种影响。由于设备设施的布局以及结构不同，其对个体移动与疏散活动所带来的影响也存在差异。通常情况下设置的交通通道等设施，多可以在应急条件下转变为疏散通道，其设施性质是安排与设计乘客群体疏散的现实依据。

基于设施属性而言，可具备两种属性类型。其一是设施类型属性，该部分属性具体所描述的对象为设备附带物理属性信息，以设施实际用途与功能为基点，可以将该类设施分为四个类型，具体为换乘、等候、出站与进站设施。

进站设施：较为典型的如楼梯、扶梯、进站口、进站通道等。

出站设施：较为典型的如楼梯、扶梯、出站口、出站通道等。

等候设施：较为典型的如站台、站厅、进站广场等。

换乘设施：较为典型的如换乘通道、换乘楼梯、分流栏杆等。

其二是设施速度属性，该属性关注的是乘客群体主体，是对该主体的行走速度及影响的具体描述。考虑到不同区域所配置的设施不同，因此行人在行走过程中难免会因此类型设施受到一定的约束，其运动速度也会因此而受到影响，例如乘客群体在通过电梯时，其行走速度将会由电梯运转速度控制，当通过楼梯时，乘客群体将会受到楼梯的宽度影响，进而影响到行人的速度。以上效应均可以通过以下两种方式具体描述：

设施限速率：对乘客群体在通行过程中的速度造成一定影响，乘客群体可以在此设施环境下，得出其速度与设施自身速度的比值。

设施自身速度：可以理解为由于受到设施自身速度的影响，乘客群体通过该设施时，其速度将会与设施的移动速度一致，例如在自动扶梯上，行人行走的速度将会与设施的运转速度一致。

3.2 基于多主体的行人模型

突发状况下的疏散过程中,群体间的相互作用体现在个体间以及个体与环境间的相互作用等。而个体不同的心理、生理、职业等属性也致使疏散过程表现出繁复的群体行为和个体特性。通过使用 Multi-Agent 疏散仿真计算框架可以很好地计算整个疏散过程人员的状况,其中包含模拟数据计算下的人群个体行为以及社会行为。

每个 Agent 都有一组静态特征(如性别、年龄和耐性)和动态特征(如当前的压力水平和速度)。如 Pan 等所述人群行为可分为两个层面:(a)个人层面,人的行为是个人决策制定过程的结果;(b)个体之间的交互水平,个人的社会行为是由社会结构通过社会身份而形成。同时,Pan 等人指出,在群体中,我们可以找出许多影响人群行为的重要因素。这些因素包括:人群密度、环境约束以及由组群中其他人员给予的精神压力。在突发事件中,人群个体所作出的行为举动很可能出乎意料。一个典型的情况是随着不确定性或危险事件的发生,个体行为会发生从个体到与集体行为相结合的改变。决策制定过程是由当前的行为和环境决定的。

建立模型的核心问题是:
① 探究对个体疏散行为造成影响的因素并建立个体行为模型。
② 人群中多个个体行为综合起来称为群体行为。

行人模型建立的原则可用图 3-4 表示。

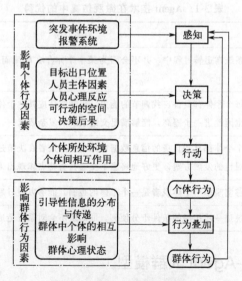

图 3-4 行人模型建立原则

3.2.1 Multi-Agent 理论

3.2.1.1 Agent 的优势

随着国家信息技术的快速发展，人工智能以及计算机领域都得到了快速发展，Agent 数据建模技术一直都被认为能够在传感感知环境下，进一步通过执行元件使用并用于环境中的实体。由于该技术具备一定的灵活性，因此其理论能够为仿真研究提供更多的数据依据以及更为广泛的视角：一方面，通过 Agent 技术，将人群个体行为数据引入数据模型中，并进一步结合多个学科领域中的知识，将从感知到动作的映射作为依据进行数据建模。对此，与社会力数据模型以及 CA 数据模型相比，Agent 数据建模技术能够更好地在行人环境感知机理下得出数据实现建模。另一方面，在根据人群个体行为物理属性以及引入空间数据进行建模的过程中，通过引入 Agent 技术，能够更好地控制数据建模带来的影响，并且能够将模拟场景更逼真地反映出来。最后，在经过多次的研究后，在多种技术领域中，研究学者可以通过引入人群个体数据模型参数以及参数寻优技术，更好地对数据建模以及其性能展开更为深入的研究。

在 Agent 数据建模技术下，对其的研究方式主要是自下而上，在虚拟数据环境中，进一步对人群个体应对突发事件的行为特性以及个体之间的相互作用展开分析，更好地了解系统存在的特性。此数据建模的研究思路与交通系统中种种方式相一致。对此，Agent 数据建模技术具备一定的优势，具体通过表 3-1 所反映。

表 3-1 Agent 技术在微观仿真中的优势

优势	具体说明
具备较高的可靠性	系统在运转过程中，并不会因为某个个体存在故障而造成其他个体无法正常运行
具备较高的实用性	每个个体都具备自我调节的能力，也能够适应其他个体的变化，系统的应变能力也因此进一步提高，能够满足交通系统的复杂要求
针对性较强	每个个体都具备自身的信息数据，进而让决策者在决策过程中，更好地提出具有针对性的发展方案，更好地将当下交通自身特点体现出来
具备较高的灵活性	能够实现多个个体或者是一个个体的控制，能够方便日后做出紧急处理
具备扩展特性	系统进一步扩展的条件十分便利，同时也不会对系统造成任何伤害

3.2.1.2 Multi-Agent 人群模型

Multi-Agent System 的英文简称为 MAS，在多分布人工智能领域中，它是一个十分重要的研究领域，在 MAS 当中的每一个 Agent 都有着独立自治特性，能够对自身的内部意识态度进行合理的掌控，也可描述与控制其行动及影响，从而实现操作目标。从本质上看，多智能体系统是一种构建数据模型的方式，构成的 Agent 也被称为智能体。基于此可以得知，Agent 具备相互独立的属性特征，且可以相互协调来完成共同目标。在协调操作过程中，Agent 之间的具体活动会相互影响，也可以理解为其存在的系统能够为其提供相应条件。

Multi-Agent 可以实现以复杂体系结构与代理间相互关联为对象的具体分析，同时可针对大量单元所表现出的复杂性展开研究分析，需要引入相关数据构建较为复杂的模型。设计与研究人员在探究时，就十分关注 Multi-Agent 代理于社会层面的行为及知识问题。在 MAS 中，并不存在目标共享、全局控制这一说法，对此，Agent 之间必然会存在一定的竞争行为，最终引起相关矛盾。Franklin 与 Graesser 针对 Agent 作出了具体定义，表述为：在环境中植入自主系统。其为了实现最终目的，对感知的环境信息做出相应的反应，并能够通过反应做出相应的预测，其所实施的行为将会对其产生极大的影响。多智能体仿真的基本思想是：通过相关程序将一系列行为展现出来，并对此行为在内部机制下展开描述。Multi-Agent 会为其提供相应的平台，主要适应于大量个体的行为场合。而这些模拟的构成分子则是这些 Agent 群体。如可以借助疏散人员 Agent 构成疏散系统。

通过上述对 Multi-Agent 的全面分析可以了解到，在应对突发事件过程中，疏散人群的个体都被当作是一个 Agent，各个成员之间的行为通过 Agent 相互联系。另外，Agent 拥有一定的智能性，能够对环境迅速适应，并且在不断学习，可以实现其自身能力发展。引入 Agent 有利于实现逻辑与属性数据的封装，通过网格实现移动，进而对疏散情况通过 Agent 展开计算，通过分析网格的数据变化情况进一步对 Agent 行为作出相关判断。

3.2.2 Multi-Agent 疏散计算框架

在本章中，提出基于 Multi-Agent 的数据仿真模型，并综合 Multi-Agent 具体理论与方法，进一步实现更为复杂的仿真模拟。一般针对人群疏散数据模型展开计算时，都会对建筑环境加以考虑，并对建筑存在的特性展开分析。由于疏散人群中不同个体所表现的行为不同，因此并没有形成一个相对较好的模型框架，对此，一般在数据模型的构建中，通过定义的方式实现。

根据 Multi-Agent 的具体框架，在不同的 Agent 行为当中，会有不同的规则。而任何一个 Agent 都需要根据不同的行为规则来对个人的属性展开描述，其中：

(1) 疏散人员产生　Multi-Agent 生成时，其自身就携带有一定的位置信息与属性信息。任意 Agent 均存在两种属性，分别为 Physical 与 Mental。其中，Physical 所描述的具体信息主要为性别、年龄与速度等内容，而 Mental 关注的是个体环境熟悉度及冷静程度等信息。当个体 Agent 生成时，其分布空间具备显著的随意性，且两个个体间不存在占据相同位置的定义。

(2) 疏散环境感知　依托模型势能图，进一步更好地对环境信息进行了解，通过分析图 3-5 得到各元胞位置与出口的距离。

2	1	0	0	1
$1+\sqrt{2}$	$0+\sqrt{2}$	1	1	$0+\sqrt{2}$
$0+2\times\sqrt{2}$	$1+\sqrt{2}$	2	2	$1+\sqrt{2}$
$1+2\times\sqrt{2}$	$2+\sqrt{2}$	3	3	$2+\sqrt{2}$

图 3-5　疏散环境势能图

(3) 行为触发器　行为触发器可以理解为根据疏散人群个体的属性并结合当下环境，进一步对人群个体的行为动作展开分析，从而计算出运动的速度大小以及方向。

(4) 可视化观察器　主要通过引用二维疏散环境图以及精细网格数据，进一步将应用程序中的动态数据引入并实现逃生者行为能力可视化。

(5) 个人运动行为　个人运动行为可以理解为在优化后的元胞自动机计算方式下，进一步计算出个体运动目标，即描述个体移动行为具体信息。

3.3　基于多主体的元胞自动机模型的改进

3.3.1　基本疏散模型

引用元胞自动机数据模型，进一步将人群应对突发事件的疏散情况以矩阵的方式反映出来。在数据模型当中，每一个个体都在运转。在构建数据模型环境时，可以将简单的类型结合起来；但对于较为复杂的疏散特征则难以通过转化的方式来实现最终目的。对此，将疏散人群个体作为基础数据，并将该数据作为建模基础，进一步实现元胞自动机数据模型，该模型的状态更新都是通过粒子实现，而粒子在相邻元胞中移动则依据偏好矩阵进行，如图3-6所示。通过分析以往研究结论可以了解到，该类型模型早已普遍被当作元胞自动机数据模型，另外，该模型本身的特点以及要素在模型中也能够体现出来，对此，针对元胞中粒子运动的疏散数据模型展开的全面研究与分析，也可以被当作元胞自动机数据模型的研究与分析。

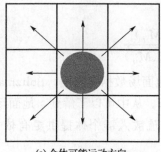

(a) 个体可能运动方向　　　　　　(b) CA模型的偏好矩阵标示

图3-6　元胞更新状态

3.3.2　地面场疏散模型

在针对突发事件中人群疏散情况展开分析时，地面场数据模型是使用最为广泛的CA数据模型。Burstedde等人通过CA数据模型进一步计算出突发事件疏散环境下人群个体的转移概率。首先需要在CA数据模型中引入地面场参数，并在数据模型中，计算出疏散环境下人群个体的转移概率。经过一系列的研究，基本的研究框架得以落实，并最终选择费米子来将行人的运动反映出来，通过玻色子来反映行人的转移路线信息。在随后的研究中，大量的研究学者开始在原有的数据模型基础上，进一步深入研究并作出相应扩展，并添加摩擦因素、惯性因素、拥挤力因素、障碍物因素、多路径出口因素、多元胞因素等，虽然在随后的发展中实现了进一步的扩展，但地面场因具备直观性以及便利性仍然得到多个领域的认可以及广泛应用。

将地面场模型进行分类，可以将其划分为静态场以及动态场两大类型。静态场可以理解为通过个体感知来对物理环境信息进行收集，并通过静态场信息的传播人员，进一步了解到当下所处位置具体出口的最短路径。而一般静态场S_{ij}表示通过计算出口距离，进一步得出在不同疏散环境下疏散人群所选择的位置对个体的吸引程度；而动态场D_{ij}主要是通过分析疏散人群个体的行走线路信息，进一步计算出疏散人群行走路线产生的从众作用对疏散人群个体的影响。

具体的行人动力学中的转移概率通过以下公式得出：

$$p_{ij} = N\xi_{ij}(1-n_{ij})\exp(k_S S_{ij})\exp(k_D D_{ij}) \qquad (3-3)$$

其中，k_S、k_D 分别为静态场参数与动态场参数，k_S 所代表的是对空间环境的了解程度，也可以理解为疏散人群中个体的逃生速度，k_D 所代表的是疏散人群中个体对逃生路径的掌握以及认知。

在公式中，$p_{ij} \propto \exp(k_S S_{ij} + k_D D_{ij}) = \exp(M_{ij})$，$M_{ij}$ 代表的是已编辑好的矩阵有效数值，因此也形成 $M_{ij} = k_S S_{ij} + k_D D_{ij}$（具体如图3-6所反映）。因此式(3-3)可以写为：

$$p_{ij} = \frac{\exp(M_{ij})}{\sum \exp(M_{ij})} \qquad (3-4)$$

从以上公式中可以了解到，在具体的地面场数据模型中，Boltzmann 形式的转移概率能够促进对 Logit 数据模型的选择。从中可以了解到，地面场数据模型实质上是一个个体决策数据模型，能够为疏散人群个体提供更有依据的选择，让人群个体采取更为理性的选择。

3.3.3 基于多主体的元胞自动机模型的改进

本章在 CA 模型地面场的基础上对算法进行改进。

（1）距出口的相对位置 S_1　本章主要通过引入曼哈顿距离，进一步对以往的人群疏散模型展开修改。本模型中设定 S_1 为元胞 (i,j) 到出口距离 L_{ij} 与路径最小宽度 $\min w$ 的比值，基于坐标差值法重新定义了距出口相对位置的计算方法。

$$S_{1(i,j)} = \frac{|x_{e_k} - i| + |y_{e_k} - j|}{\min w} \qquad (3-5)$$

（2）过道因素吸引值 S_2　考虑到轨道交通车站中，乘客在紧急状况下更倾向于贴着墙壁行走的特点，设定 S_2 为元胞 (i,j) 过道因素吸引值。在障碍物较多的车站环境下，外侧过道对疏散人群起到一定的吸引作用，大部分人都是通过外侧过道移动。假设过道宽度小于 5 个格点，此时其连接的尽头存在出口。过道因素吸引值 S_2 计算过程如下：

① 通过分析元胞 (i,j) 的类型，进一步规范道路相关标准及其坐标数值。

② 对过道具体类型进行判断。如元胞信息为 (i,j)，其左侧 $[(i-n,j), n=1,2,3,4,5]$，或其右侧 $[(i+n,j), n=1,2,3,4,5]$，5 个格点均属于过道，此时需要将其定义为横向过道；若元胞的上侧 $[(i,j+n), n=1,2,3,4,5]$，或下侧 $[(i,j-n), n=1,2,3,4,5]$，5 个格点均属于过道，此时需要将其定义为纵向过道。

③ 对迭代计算的最初位置进行标定，并标定距离出口最远的初始位置，通过横纵向坐标来进一步对初始位置进行核算。

④ 自初始位置，进一步对格点的吸引值展开分析并进行计算，从中获得过道因素吸引场。

在后面的章节中，我们会对 S_2 定义两种过道吸引模式。

（3）个体间的排斥作用 R　R 所代表的是人群个体之间的排斥作用，在人群疏散过程中，人们往往会寻找最近的出口，并希望选择人数较少的路径，以上都可以通过人群密度来说明。人群的密度场主要通过个体之间的密度场累积而成，在不同的网格中，人群个体的密度场通过 ρ_{ij} 表示。

$$\rho_{ij} = e^{-(r_{ij} - r_{\text{Density}})/v} \tag{3-6}$$

式中　ρ_{ij}——个体在元胞 (i, j) 中生成的排斥作用下的密度场；

r_{ij}——元胞 (i, j) 到人员所在元胞的距离；

r_{Density}——行人的影响距离，当元胞与行人的距离大于该值时，密度场值为0；

v——人员行进的期望速度。

（4）从众吸引作用 D　D 代表人群移动的吸引作用。个体在疏散中由于从众心理，会偏向朝大多数人聚集，该行为即是人员在逃生中朝着人群密集的方向移动。仿真时通过计算当前全部人员位置 (x, y) 总和，取平均值即表示密集人群位置。但是在逃生过程中，并不是所有人员都会按照此规律移动，因此，引入从众因子 C，疏散人员以概率 C 产生从众行为。计算公式如下：

$$C(i, j) = \frac{N(i, j)}{\sum_{k=1}^{m} C_k} \tag{3-7}$$

其中，$C(i, j)$ 是元胞 (i, j) 的从众行为概率，$N(i, j)$ 是当下经过元胞 (i, j) 的人数，C_k 表示此刻前经过相邻元胞中第 k 个元胞的人数，$\sum_{k=1}^{m} C_k$ 表示此刻前经过所有相邻元胞的人数。为更精准地描述从众吸引力，计算经过元胞的人数时需同时考虑人员的运动方向。

（5）火灾因素排斥作用 T　T 表征火灾中温度对人的排斥作用。温度影响因素为：

$$T_{ij} = \frac{T}{T_0} \tag{3-8}$$

$T_0 = 20$℃ 代表环境温度。

在此环境下，能够进一步计算出元胞 (i, j) 的吸引值，确认转移概率矩阵上的内容并实现个体下一时刻的目标。每个主体选择一个相邻元胞的概率计算如下：

$$p_{ij} = \frac{N_{ij}}{\sum N_{ij}} \cdot (1 - n_{ij}) w_{ij} \tag{3-9}$$

$$N_{ij} = \exp(k_{s1} \times S_1 + k_{s2} \times S_2 + k_r \times R + k_d \times D + k_t \times T \cdots) \tag{3-10}$$

其中，p_{ij} 为个体下一时刻向元胞 (i, j) 移动的概率；N_{ij} 为元胞 (i, j) 的吸引值；$\sum N_{ij}$ 所代表的是归一化因子，其能够确保个体转移概率之和等于 1；n_{ij} 为元胞 (i, j) 的状态信息，若元胞被其他个体占据，则 $n_{ij}=1$，否则 $n_{ij}=0$；w_{ij} 代表的是元胞 (i, j) 的类别，若在该类别属于不可进入的障碍物，那么 $w_{ij}=0$，若该类别属于可通过类型则 $w_{ij}=1$。

(6) 更新时序　CA 模型的局部规则更新时，涉及更新时序的问题。更新时序分为两种：一为同步更新，二是异步更新。本章选取同步更新方式，每个个体各自进行交互，所有个体完成后，状态同时更新。体现的是时间上的同步一致性。可用下式表示：

$$S_i^{t+1} = f_i(s_1^t, s_2^t, \cdots, s_N^t), \quad i = 1, 2, \cdots, N \tag{3-11}$$

这种方式要考虑冲突问题，当多人同时选择同一目标时，依据竞争力判定。

3.4　基于多主体的元胞自动机模型疏散模拟

3.4.1　仿真平台的搭建

通过采用 NetLogo 编程软件实现仿真平台的建立，主要的建立工作如下：
① 构建疏散区域仿真空间；
② 实现行人初始化以及行人函数关系；
③ 构建行人走行模型；
④ 结果输出。

图 3-7 是采用 NetLogo 平台开发的人群个体行为仿真平台操作界面。平台主要由四大功能模块组成，分别为行人参数设置功能模块、过程控制功能模块、结果输出功能模块、观察仿真过程功能模块。在 NetLogo 仿真平台下，进一步实现了轨道交通车站环境参数的建立、仿真数据的分析以及评价指标的建立等过程。

(1) 行人参数设置功能模块　对不同区域内的人群特征参数进行设置。

(2) 过程控制功能模块　对行人行为进行控制，遵循多主体建模的理论基础，设置行人对路径的熟悉程度、对周围人和物的影响以及对温度的感知。

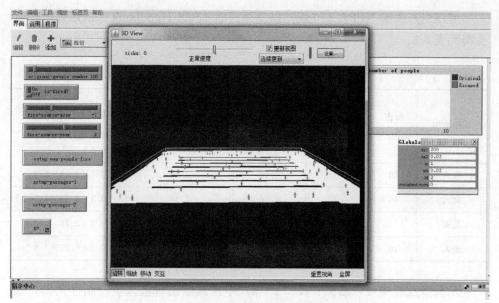

图 3-7 仿真平台操作界面

(3) 结果输出功能模块 仿真过程中，疏散过程开始时计时开始，至最后一个人离开设定区域计时结束。得到疏散逃生结果。还可开发拓展所需区域的疏散时间、疏散人数等数据。

(4) 观察仿真过程功能模块 为细致观测疏散过程中人员的行为特征，程序运行速度可进行调节。

3.4.2 仿真分析

本章依据人群拥挤的环境中人员个体平均所占空间，将单元格尺寸划分成 0.4m×0.4m。每一个单元格均可以留空，可以被人员个体所占，也可以被公共设施所占。在系统中，人员个体的行为平均一个时间步长刷新一遍，进一步实现仿真过程。为说明问题，设置模型中房间的大小为 60m × 60m，其离散成 150cells × 150cells，中间设有隔断过道，共 4 个出口，左上、左下、右上出口宽度均为 5m，分别标号为 1、2、3 出口，右下出口宽度为 10m，标号为 4 出口。房间平面示意图如图 3-8 所示。

图 3-8 房间平面示意图

通过引入美国 NFPA 130 规范以及英国的 SFPE Handbook 上的建议，进一步得到表 3-2。

表 3-2 人员速度和形体特性

个体类型	所占比例/%	步行速度/(m/s)		休息室、水平走廊、出入口	形体尺寸/(肩宽 m× 背厚 m× 身高 m)
		看台走道、坡道、楼梯			
		上行	下行		
男人	40	0.65	0.78	1.30	0.4×0.30×1.7
女人	40	0.55	0.66	1.10	0.4×0.28×1.6
儿童	10	0.50	0.54	0.90	0.3×0.25×1.3
老人	10	0.50	0.50	0.80	0.5×0.25×1.6

从疏散过程中可以看到：图 3-9（a）中椭圆圈出疏散人员已结伴而行，表现为 Agent 的从众行为。从众状态的逃生者在寻找目标时，会衡量各个目标被其他逃生人员选择的概率。最终选择人气最高的目标。假设某紧急疏散区域包含多个出口，从众行为可能引领逃生人员快速撤离现场，也可能由于没有合理利用全面出口而导致个别出口极度拥堵。图 3-9（b）在出口附近显示了 Agent 的排队行为。排队是一个有秩序的状态。每个逃生人员在疏散至出口附近位置后，若没有感受到严重的威胁时会找到队列队尾，并跟随前面的人员进行通往出口的移动，直到走出出口。图 3-9（c）中在离出口较远处，疏散人员选择贴墙行进，表现出过道对 Agent 的吸引作用，同时贴墙行进也使 Agent 感知更为安全。

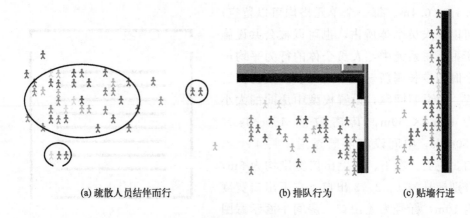

(a) 疏散人员结伴而行　　(b) 排队行为　　(c) 贴墙行进

图 3-9　仿真中人的行为

在无火源场景下，疏散人数 100 人，均匀分布在房间内，改进后的元胞模型与传统模型疏散方式的数据对比见表 3-3、图 3-10、图 3-11。

表 3-3　疏散模拟结果

疏散方式	传统模型	改进后的元胞模型
通过 1 出口的人数	24	21
通过 2 出口的人数	23	18
通过 3 出口的人数	24	22
通过 4 出口的人数	29	39

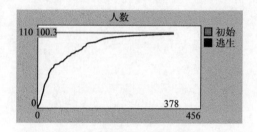

图 3-10　传统模型疏散结果

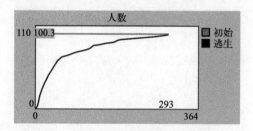

图 3-11　改进后的元胞模型疏散结果

由模拟结果可以看到，改进后的元胞模型使得疏散过程中人员选择路线更为优化，出口的利用更为合理，因为考虑了出口距离和宽度，以及人员密度等多重影响因素，避免了人群集中选择离自己最近的出口而形成的拥堵现象，有效地缩短了疏散时间。

本章主要诠释数据建模的方式以及建模基础的思想，并对元胞自动机以及多主体理论在人群疏散仿真数据研究中的优势以及起到的实际作用展开全面的分析。提出了一种由环境模型（ESM）和行人模型（PSM）组成的疏散混合仿真模型。环境模型基于元胞自动机理论，描述了地下交通枢纽站空间环境的配置（几何空间、闸机出口、内部障碍等）和模型中烟和火的扩散过程。行人模型基于多主体系统，在该模型当中，个体主要由封装了的个体行为 Agent 所构成，整个系统主要由多个 Agent 所构成。通过采用该种数据建模方式，实现了对车站中的人群进行抽象化的行为刻画，最终将个人的行为倾向清晰地反映出来，与此同时，也能够通过引入车站中个人与个人之间的作用，进一步实现交通枢纽站内部的客流组织数据模型。在该模型基础上对元胞自动机算法进行改进，引入出口宽度、过道吸引因素、温度场等相关参数。针对仿真平台上的各个功能模块展开全面的描述，并进一步引入数据构建能够正常运行的人员疏散仿真模型。仿真结果表明，基于多主体的行人模型将个体视为具有自主性的 Agent，充分体现出智能体的差异性和智能性，行为刻画更为真实。而改进后的算法使得疏散路线更优化，疏散时间更短，进一步提高了模型对实践的指导意义。

第 4 章

城市地铁站
应急管理设计与方案

本章以北京西站地铁站为例介绍相关应急管理设计与方案等内容。

4.1 建筑简介

北京西站(图 4-1)位于北京市丰台区莲花池东路，北京西站曾经是亚洲最大规模的现代化铁路客运站。到达北京西站的主要途径有乘坐公交车、乘坐出租车、乘坐地铁、乘坐私家车和步行。

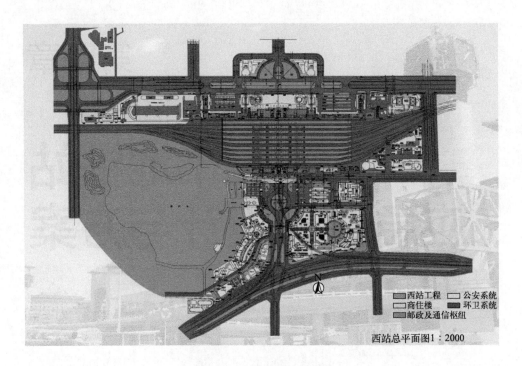

图 4-1 北京西站总平面图

地面一层为现有国铁站台层，地下一层为国铁与地铁出站及换乘大厅，地下二层为 7 号线与 9 号线地铁站台层。

M9、M7 线地铁站台层位于北京西站地下二层，属于平层换乘，乘客通过地下一层换乘大厅买票进站上车。

相关图纸见图 4-2～图 4-4。

第 4 章 城市地铁站应急管理设计与方案

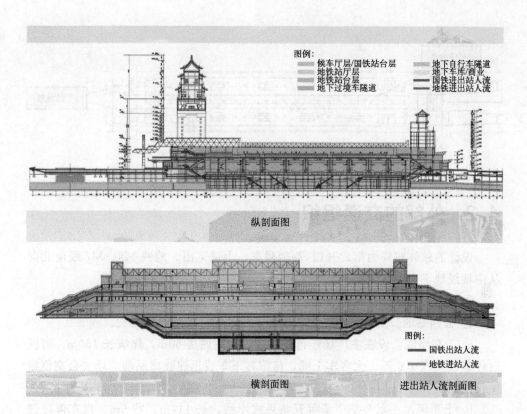

图 4-2 进出站人流剖面图

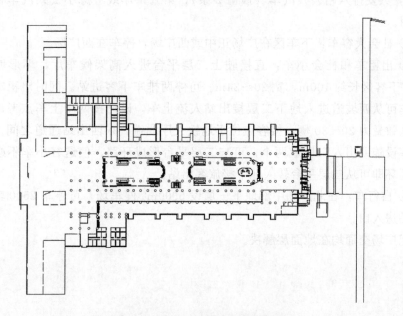

图 4-3 地下一层换乘大厅平面图

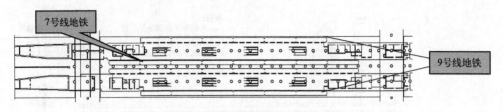

图 4-4 地下二层站台层平面图

4.2 外部的交通组织

设计的总体布局为南北开口，高架候车，上进下出。地铁 M9、M7 线南北向从中轴线地下穿过。见图 4-5。

① 过境车从地下 410m 长隧道通过北广场，不干扰车站地面交通。

② 去西站的公交及小汽车等在地面层沿站前环岛逆时针行驶。

a. 下车岸线：设在主广场步行广场前，距主站房 60m，岸线长 160m。可同时停靠公共汽车 6 部、大客车 1 部，待旅客下车后迅速驶离站前广场去公交枢纽站接出站旅客。

b. 上车区：在东公交广场有五条岛式岸线，长 117m，宽 5m，汽车停靠通道 9m，共安排八路公共汽车（预留 2 条），第五条岸线考虑小公共汽车和出租车使用。

③ 社会大客车：下车区在广场正中或西广场，停车在西广场。

④ 出租车和社会小车：直接驶上二层平台进入高架候车厅，环形坡道宽 10m。下客区长约 100m，宽 20~24m。可停两排车下客进站。同时出租车和社会小车可从西坡道进入地下二层接出站人流上车，设计按两个上车点考虑，停车排队数量为 20~30 辆，接客点位于地铁大厅北端，东西出站通道之间。中部停车库设辅助出入口坡道两个，可与二层平台形成环路，使送客小车不必转广场大循环即可从二层平台转入地下接旅客出站。

⑤ 自行车：在北广场中部地下一层设 5000m² 停车场，可停车 2500 辆，接近主站房入口。

南广场交通均在地面层解决。

第4章 城市地铁站应急管理设计与方案

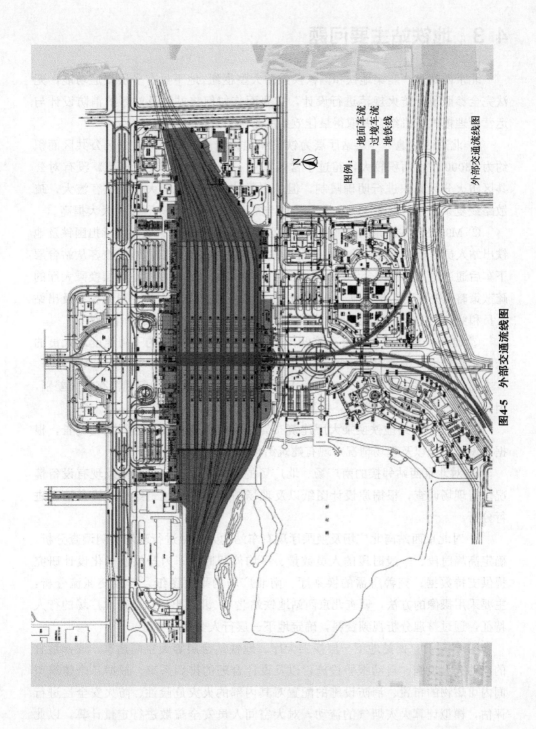

图4-5 外部交通流线图

4.3 地铁站主要问题

北京西站是一座集地铁和国铁换乘的大型枢纽,地下具有多层交通功能,无法完全参照现行防火规范进行设计,主要面临如何将站台及站厅的消防设计与运营管理模式有机结合并取得最佳效果的难题。具体问题如下:

① 北京西站地下一层站厅层为铁路和地铁合用,第一防火分区公共区面积约为 $23000m^2$,面积较大,超过了常规车站。虽然《地铁设计规范》没有对公共区防火分区面积进行明确限制,但是由于防火分区面积大,疏散客流大,疏散路线复杂,一旦发生火灾,人员疏散与常规车站相比复杂程度将大大提高。

② M9、M7 线北京西站地铁站通车以后,地下一层换乘大厅将承担国铁及地铁出站人员的疏散及换乘任务,并且地铁没有独立的出入口,地铁旅客从站台层下车后通过地下一层综合大厅——铁路的南北出站口出站,地下一层换乘大厅的疏散策略至关重要。此外地下一层人员由地铁换乘及出站人员、国铁换乘及出站人员和穿行人员等组成,如何确定换乘大厅的人数是疏散分析的一个难点。

③ 地下一层换乘大厅层高较低,一旦发生火灾,烟气的下降速度对人员的疏散影响较大,需要对其吊顶形式提出相关要求。

④ 北京西站是既有车站,其投入使用时的设计标准与现行规范有较大差别,因此需要针对车站开展调查,主要调查内容如下:

a. 对北京西站地铁换乘大厅建筑布局、使用功能及设备进行现场调查,根据原设计图纸以及现场情况对现有建筑结构及设备情况进行分析。

b. 对北京西站邻接的南广场、北广场的建筑布局、使用功能及现有设备情况进行现场调查,根据原设计图纸以及现场情况对现有建筑结构及设备情况进行分析。

c. 对北京西站南北广场及换乘厅现有车站的人流量进行现场实测调查分析,确定高峰时段、一般时段的人员数量、平均停留时间,为开展性能化设计研究提供支持数据。完善所需的换乘厅、南北广场的平面图纸。行人交通流分析:主要采用摄像的方法,调查北京西站地铁站北 1、北 2 出口以及南北广场的行人特征,通过整理分析视频资料,确定地下一层行人交通流特性。

⑤ 针对北京西站地下一层换乘大厅、地铁站台层等大空间建筑,选择适宜的自动灭火设施、自动报警设施,以及设计合理的排烟系统。根据各个建筑空间内可燃物的布置、消防设施的配置对其内部的火灾危险性、防火安全性进行评估,模拟计算火灾烟气的流动,对大空间人员安全疏散进行定量计算,以此对该建筑的安全性进行评估。

上述具体问题的核心是：
① 如何保证人员在车站中的疏散管理和灭火救援不受火灾烟气影响；
② 地铁车站站台站厅排烟系统运行设计方案如何确定；
③ 地铁车站站台、换乘站厅疏散管控方案的确定；
④ 火灾工况下运营管理模式的确定；
⑤ 地铁与西站南北站厅的防火分隔方案。

4.4 模拟指标

为了保证人员安全疏散，在本研究中将采用以下性能指标：
① 如果烟层下降到距离人员活动地面高度 2m 以下，烟层的温度不应超过 60℃；
② 距离人员活动地面高度 2m 以下的烟气能见度不小于 10.0m。
清晰高度确定原则：
① 空间净空高度大于 6m 的大空间场所，清晰高度按以下公式计算：

$$z = 1.6 + 0.1H$$

② 空间净空高度小于或等于 6m 的场所，其清晰高度不应小于 2m。

4.5 应急管理方案

4.5.1 建筑消防应急管理方案

由于北京西站地铁站为现有站房改造工程，在满足消防安全的前提下，应尽可能利用现有消防设施，以尽量节省建设投资并降低对车站现有运营的影响。

（1）地下一层　地下一层换乘大厅与南北广场相通，由现场勘查可知，换乘厅与南广场设置了防火卷帘分隔，换乘厅与北广场未设置防火分隔。由于北广场内部功能繁杂且设有出租车车站、商铺等火灾危险性较大的功能区域，因此应将换乘大厅与北广场进行分隔，如图 4-6 所示。

（2）地下二层
① 地下二层设置 M7、M9 两条地铁线路，在中部 M7 相邻两线间设有结构柱，为了减少火灾影响范围，建议在图 4-7 中所示位置增加耐火极限大于 2.0h 的纵隔墙，将站台层分为两个相对独立的部分。
② 西站地下一层换乘大厅的吊顶为封闭吊顶且高度较低，并且其东侧有若干商铺。由于换乘大厅承担着地下二层地铁乘客、国铁出站、接站人员，南北广场穿行人员的疏散功能，因此必须消除潜在的火灾隐患。

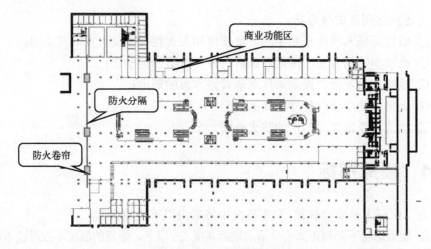

图 4-6 地下一层换乘大厅

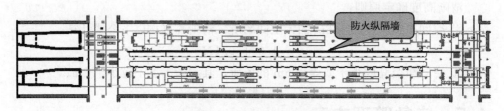

图 4-7 站台层平面布置

4.5.2 消防系统应急管理方案

地铁车站应按照规范要求设置火灾自动报警系统。西站换乘大厅设置了火灾自动报警系统及自动喷水灭火系统，由于地下二层 M7、M9 地铁建筑设计没有独立的对外安全疏散出口，为了保证西站交通枢纽的安全水平，地下二层站台公共区也应设置自动喷水灭火系统。

4.6 安全评估计算内容

本研究设计的范围主要为北京西站换乘层、地铁站台层。对于其中与规范不一致的地方，选取具有代表性的火灾场景，采用性能化设计方法进行安全评估。根据计算结果对建筑整体的消防安全水平进行评估，并提出相应的建议。性能化消防设计范围以外的消防设计应严格按照国家现行相关规范执行。

针对北京西站工程中存在的消防设计问题，计算分析内容如下：

（1）地下一层换乘大厅　地下一层换乘大厅排烟系统性能化设计评估；

根据火灾发生的位置，如商业服务用房、公共人流区域，对该层的排烟系统进行 CFD 计算机模拟计算，根据火灾烟气发展蔓延的特点对站台排烟系统进行计算及管理优化。结合建筑形式划分防烟分区。

地下一层换乘大厅人员安全疏散计算：

根据烟气模拟场景、相应的人员疏散场景，对人员疏散时间进行计算。考虑火灾封闭安全出口的情况。地下一层的人员安全疏散计算应考虑地下二层地铁乘客的疏散要求。

(2) 站台层　地下二层站台层考虑列车火灾及公共区行李火灾的情况，建立相应的模型对烟气的运动进行模拟计算。

对地下二层地铁站台层的人员安全疏散进行模拟计算。

4.7　地铁站建筑设计

北京西站地下一层换乘大厅面积约为23000m²，东侧主要为车站的控制用房和商铺，占地面积约为2500m²，大厅西侧为国铁出站通道，该大厅的层高5.8m，为封闭吊顶，吊顶距离地面高度为3.2m。需要指出的是，西站地下一层换乘大厅的吊顶为封闭吊顶，且高度较低，而其东侧有许多商铺，潜藏着一定的火灾隐患。

地下二层为地铁站台层，站台层的层高为 6.5m，总面积约为 9000m²。地铁 7 号线和 9 号线总共 4 条轨道线路通过，其中 7 号线位于站台层的中部，9 号线的两条轨线位于站台层的南北两侧，将整个站台层划分为两个区域。

西站的具体建筑设计如图 4-8、图 4-9 所示。

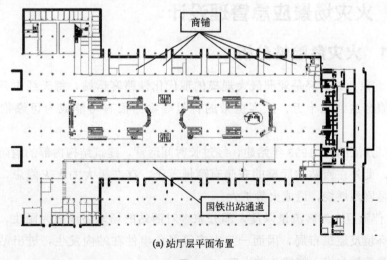

(a) 站厅层平面布置

图 4-8

(b) 站厅层主要断面剖面图设计

图 4-8　站厅层建筑设计

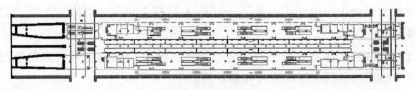

(a) 站台层平面布置

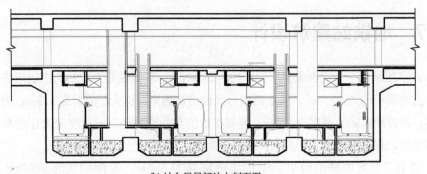

(b) 站台层局部放大剖面图

图 4-9　站台层建筑设计

4.8　火灾场景应急管理设计

4.8.1　火灾危险性分析

① 北京西站曾经是亚洲最大规模的现代化铁路客运站，每天经由西站进出北京的旅客达到几十万，旅客携带的背包等物品很有可能成为可燃物而引起火灾。

② 北京西站于1993年始建，经过长时间运营，建筑结构内部的消防设施日趋老化。此外在西站站厅层的东侧有商铺若干，存在极大的火灾隐患，一旦失火，容易剧烈燃烧，造成火势扩大。

③ 伴随巨大的客流量以及大部分旅客对西站的场地路线极为陌生，也不熟悉周围环境及建筑布局，因而一旦火灾等紧急事件在站内发生，进出站的大量旅客容易惊慌失措，堵塞疏散出口。

4.8.2 火灾规模的确定
4.8.2.1 确定火灾规模方法
火灾发生的规模应在综合考虑建筑内消防设施的安全水平、火灾荷载的布置及种类、建筑空间大小，以及成熟可信的统计资料、试验结果等后确定。

4.8.2.2 火灾规模的确定
(1) 站厅层行李火灾　当站厅层发生火灾时，周围的旅客迅速携带各自的行李离开，因此候车区内的火灾最大规模由最初参与燃烧的行李决定。假设1个行李包同时引燃周围放置的4个行李包。根据试验可知，单个11kg重行李包的最大热释放规模为250kW；一个行李包引燃相邻包的时间在57~127s。以单个11kg行李包火灾热释放规模曲线为基础，假定延迟57s同时引燃周围4个行李包，可叠加出热释放规模曲线。考虑一定的安全系数，本研究最终确定行李火灾的最大热释放规模为2MW。

(2) 站台层列车火灾　列车内发生火灾概率较大的是乘客的行李，进而引起车厢内材料的局部燃烧。假设列车在刚刚出站后就发生了火灾，当列车经过2~3min到达车站后，火灾的发展速度为快速火，列车到站后的火灾规模约为1MW，此时火灾继续发展，再考虑2~3min站台工作人员准备灭火的时间，此时火灾的发展规模约为5MW，火灾规模受到控制。为了评价站台的排烟安全水平，采用CFD软件模拟计算，火灾规模达到5MW峰值后将保持不变，直至专业消防队员进入现场后最终灭火。

(3) 站台层公共区火灾　此处发生的火灾可与站厅层发生的行李火灾基于同样的考虑，同样可以取其最大热释放规模为2MW。

4.9　火灾场景应急管理方案

对站厅层火灾场景进行设计时，考虑到该层吊顶的净高较低，并且为封闭式，在进行烟气模拟时烟气会很快向下沉降，因此考虑将站厅封闭吊顶改为格栅吊顶，相应地增大蓄烟空间。因此计算时将站厅层分为封闭吊顶情况下的行李火灾和格栅吊顶情况下的行李火灾两种情况进行考虑，以此验证格栅吊顶使用的合理性。

对站台层进行火灾场景设计时，将7号线两条轨道之间按不加隔墙与加隔墙分别考虑。当不加隔墙时，站台层8台风机全部启动排烟；加隔墙时，由于将站台层分隔为两个完全独立的防火分区，因此只需在发生火灾的一侧启动全部4台风机排烟即可。

本研究对北京西站站厅层行李区、站台层的列车车厢及公共区等不同区域的火灾进行了数值模拟分析，各区域设计火灾场景总结如表 4-1、图 4-10、图 4-11。

表 4-1　北京西站设计火灾场景

火灾区域	火灾场景	场景描述	火灾规模/MW	火灾类型	分析目标
站厅层	场景 1	行李火灾（封闭吊顶）	2	快速火	机械排烟分析（CFD 计算）
	场景 2	行李火灾（格栅吊顶）	2	快速火	机械排烟分析（CFD 计算）
站台层	场景 3	7 号线列车火灾（不加隔墙）	5	快速火	机械排烟分析（CFD 计算）
	场景 4	7 号线列车火灾（加隔墙）	5	快速火	机械排烟分析（CFD 计算）
	场景 5	公共区火灾（不加隔墙）	2	快速火	机械排烟分析（CFD 计算）
	场景 6	公共区火灾（加隔墙）	2	快速火	机械排烟分析（CFD 计算）

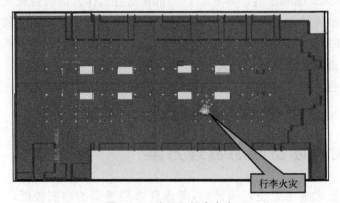

图 4-10　站厅层行李火灾

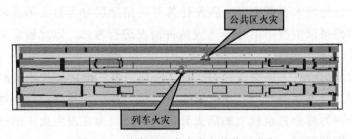

图 4-11　站台层列车火灾和公共区火灾

第 5 章

城市地铁站人员
疏散应急管理

5.1 人员疏散安全性判定方法

若人员疏散到安全地点所需要的时间（RSET）小于通过判断火场人员疏散耐受条件得出的危险来临时间（ASET），还要考虑一定的安全余量，便能够认为人员疏散是安全的，疏散设计合理；反之则认为不安全，需要改进设计。

疏散时间（RSET）包括疏散开始时间（t_{start}）和疏散行动时间（t_{action}）两部分，疏散时间预测将采用以下方法：

$$\text{RSET} = t_{start} + t_{action} \tag{5-1}$$

① 疏散开始时间（t_{start}）：是从起火时间至开始疏散时间，疏散开始时间是与若干因素相关的，如报警系统、火灾探测系统、人员相对位置、起火场所、建筑物形状及管理状况、疏散人员状态等，疏散开始时间（t_{start}）可分为探测时间（t_d）、报警时间（t_a）和人员的疏散预动时间（t_{pre}）。

$$t_{start} = t_d + t_a + t_{pre} \tag{5-2}$$

公式中：

探测时间（t_d）：当火灾发生时，由报警装置与火灾探测装置产生报警信号而使人们意识到有异常情况发生的时间。

报警时间（t_a）：从报警开始或探测器动作直到警报系统启动的时间。

人员的疏散预动时间（t_{pre}）：人们在火灾发生时，接到警报信息后至疏散行动开始之前的这段间隔，包括识别时间（t_{rec}）和反应时间（t_{res}）。

$$t_{pre} = t_{rec} + t_{res} \tag{5-3}$$

其中：

识别时间（t_{rec}）：从信号或警报响起后至人员还未开始行动的这一时间段。

反应时间（t_{res}）：从人员听到信号或警报且开始行动至真正直接朝出口方向疏散的时间。

② 疏散行动时间（t_{action}）：从开始疏散到疏散到安全地点的时间，它由疏散动态模拟模型得到。

危险来临时间（ASET）：从火灾发生时刻至对人员构成危险的时间，由控火或灭火设备、建筑结构及其材料等方面决定，与烟气的流动及火灾的蔓延密切相关。

火灾发展与人员疏散过程关系见图5-1。

本研究中所用的安全疏散判定准则是将疏散行动时间乘以1.5倍的安全裕度系数（$S>1$）来判定人员是否可以安全疏散。即：

$$\text{ASET} > \text{RSET} = t_{start} + S \times t_{action}$$

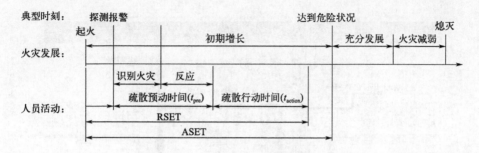

图 5-1 火灾发展与人员疏散过程关系

5.2 内部交通组织

① 进站：南北开口设首层进站大厅，北广场二层平台设二层进站大厅，首层旅客经 4 部扶梯上二层大厅，进入 18.8m 宽中央通廊进入候车室，再下到各站台乘车。

② 出站：国铁设地下东西出站通道各一条，出站通道南北开口通向南北广场公交枢纽站，向东距北广场公交枢纽站 60m 左右，在公交站台各设一部扶梯，共五部扶梯接出站旅客上到地面公交站台，向西去出租车上车点，从地下直接乘车离站，或向西去地上、地下停车场乘大巴离站，同时可经地下二层东西主通廊乘地铁离站。

③ 地铁：地铁 M9、M7 在中轴线上与火车线路垂直通过车站，站台层设在高架候车厅和线路之下，南北站房之间，站型为双岛四线（M9、M7），设计将地铁站厅与铁路出站通道和车站南北自由通道结合，形成 91m 宽、217m 长、22000m^2 的地下广场。

a. 按现在传统模式进出站时：

火车站出站旅客可从西出站口通道进入地铁大厅乘地铁离站，东通道旅客向西经东西主通道或地下联系通道到地铁大厅乘地铁离站。

地铁换乘国铁时，进站旅客从地下大厅经铁路安检区预留扶梯上到首层大厅进站。

b. 按远期在火车上检票模式进出站时：

国铁出站旅客可从火车站站台上的东西通道直接进入地铁大厅离站，乘地铁换乘国铁的旅客也可从地铁大厅经原出站台的通道直接进到各个站台。

国铁地下出站旅客流线图见图 5-2。

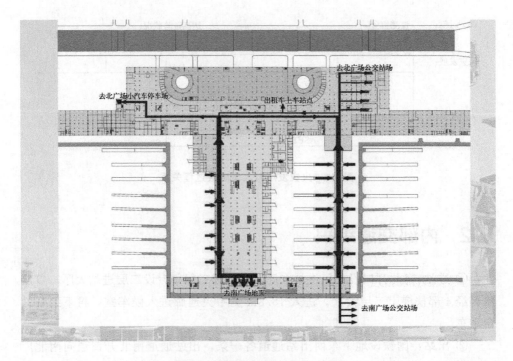

图 5-2 国铁地下出站旅客流线图

5.3 疏散应急管理设计

5.3.1 规范要求

《建筑设计防火规范》提供了安全出口、疏散走道、疏散楼梯以及房间疏散门的各自总宽度的计算方法，如下：

① 每层安全出口、疏散走道、疏散楼梯以及房间疏散门的每 100 人净宽度不应小于表 5-1 的规定；当每层人数不等时，疏散楼梯的总宽度可分层计算，地上建筑中下层楼梯的总宽度应按其上层人数最多一层的人数计算；地下建筑中上层楼梯的总宽度应按其下层人数最多一层的人数计算。

② 当人口集中的厅、房间和娱乐游艺场所设置在地下或半地下时，其安全出口、疏散走道、疏散楼梯和疏散门的各自总宽度，应按其通过人数每 100 人不小于 1m 计算确定。

③ 首层外门的总宽度应按这一层或这一层以上人数最多的一层人数计算确定，不用于楼上人员疏散的外门，可按本层人数计算确定。

表 5-1 疏散走道、安全出口、疏散楼梯和房间疏散门每 100 人的净宽度（m）

楼层位置	耐火等级		
	一、二级	三级	四级
地上一、二层	0.65	0.75	10
地上三层	0.75	10	—
地上四层及以上各层	10	1.25	—
与地面出入口的高差不超过 10m 的地下建筑	0.75	—	—
与地面出入口的高差超过 10m 的地下建筑	10	—	—

5.3.2 疏散宽度统计

扶梯分布及宽度统计见图 5-3、表 5-2、图 5-4、表 5-3。

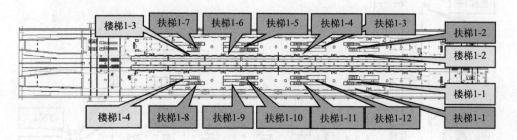

图 5-3 地铁站台层平面示意图

表 5-2 地铁站台层疏散宽度统计

功能区名称	楼梯编号	净宽/m	边界层宽度/m	有效宽度/m	备注
站台层	扶梯 1-1	1	0.3	0.7	至站厅层
	扶梯 1-2	1	0.3	0.7	
	扶梯 1-3	1	0.3	0.7	
	扶梯 1-4	1	0.3	0.7	
	扶梯 1-5	1	0.3	0.7	
	扶梯 1-6	1	0.3	0.7	
	扶梯 1-7	1	0.3	0.7	
	扶梯 1-8	1	0.3	0.7	
	扶梯 1-9	1	0.3	0.7	

续表

功能区名称	楼梯编号	净宽/m	边界层宽度/m	有效宽度/m	备注
站台层	扶梯 1-10	1	0.3	0.7	
	扶梯 1-11	1	0.3	0.7	
	扶梯 1-12	1	0.3	0.7	
	楼梯 1-1	2	0.3	1.7	至站厅层
	楼梯 1-2	1.65	0.3	1.35	
	楼梯 1-3	2	0.3	1.7	
	楼梯 1-4	1.65	0.3	1.35	
总宽度		19.3	4.8	14.5	

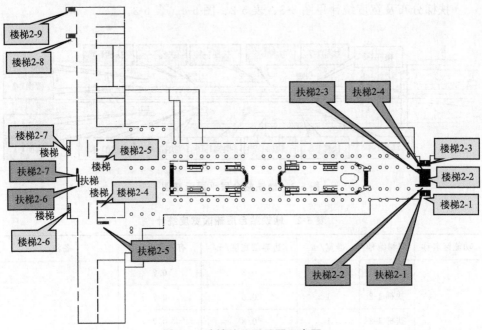

图 5-4 地铁站厅层平面示意图

表 5-3 地铁站厅层疏散宽度统计

功能区名称	楼梯编号	净宽/m	边界层宽度/m	有效宽度/m	备注
站厅层	楼梯 2-1	3	0.3	2.7	
	楼梯 2-2	10.9	0.6	10.3	通往站厅层夹层
	楼梯 2-3	3	0.3	2.7	

续表

功能区名称	楼梯编号	净宽/m	边界层宽度/m	有效宽度/m	备注
站厅层	楼梯 2-4	1.6	0.3	1.3	
	楼梯 2-5	1.6	0.3	1.3	
	楼梯 2-6	2.4	0.3	2.1	
	楼梯 2-7	2.4	0.3	2.1	
	楼梯 2-8	1.8	0.3	1.5	
	楼梯 2-9	1.8	0.3	1.5	
	扶梯 2-1	1	0.3	0.7	通往站厅层夹层
	扶梯 2-2	1	0.3	0.7	
	扶梯 2-3	1	0.3	0.7	
	扶梯 2-4	1	0.3	0.7	
	扶梯 2-5	1	0.3	0.7	
	扶梯 2-6	1	0.3	0.7	
	扶梯 2-7	1	0.3	0.7	
总宽度		35.5	4.8	30.7	

5.4 疏散分析模型

5.4.1 建筑模型

建筑本身的 CAD 图需首先转换为 DXF 形式，然后输入至计算机模型（图 5-5、图 5-6）作分析。模型中人员行走/逃生途径皆取决于此输入图。所有模型中的平面、墙壁、楼梯间和出口位置都建立在由使用者所界定的"网格系统"中。建筑中的柱子、墙壁等都被界定为障碍物，模型中人员无法通过。模型中的楼梯是以连接线表示，人员在连接线上的行走速度可依据不同地点而调整。模型中的楼梯间由多条连接线合成，而每一楼层的最后一条连接线将与楼层的水平面连接，连接线与连接线之间设有"出口"，使得模型中人员可以顺着楼梯行走。

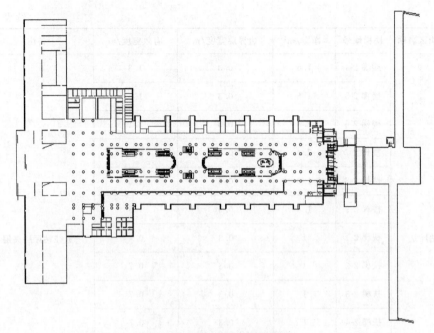

图 5-5　地铁站厅层建筑模型

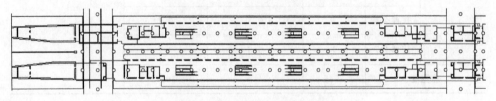

图 5-6　地铁站台层建筑模型

5.4.2　人员类型

关于人员类型，SIMULEX 疏散模型及 buildingEXODUS 中都给出了建议值，如表 5-4。

表 5-4　SIMULEX 中的人员种类及组成比例

人员类型	平均情况/%	男性/%	女性/%	儿童/%
办公室职员	30	40	30	0
往返者	30	30	30	10
商店购物者	30	20	30	20
在校儿童	10	10	10	70

续表

人员类型	平均情况/%	男性/%	女性/%	儿童/%
老年人	50	20	30	0
全为男性	100	0	0	0
全为女性	0	0	100	0
全为儿童	0	0	0	100

根据不同功能区确定人员类型组成并参照 SIMULEX 疏散模型所建议的数值，本研究中的人员类型可以简化为表 5-5。

表 5-5 人员种类及组成

类型	成年男士	成年女士	儿童	老者
站厅、站台	40%	40%	10%	10%
工作人员	60%	40%	0	0

5.4.3 人员行走速度及人流量

人员各种类的平面最高行走速度参照美国 NFPA 130 规范、英国 SFPE Handbook 及 SIMULEX 的建议，见表 5-6。

表 5-6 人员行走速度和形体特性

人员类型	行走速度/(m/s)		休息厅、水平走廊、出入口	形体尺寸/(肩宽 m × 背厚 m × 身高 m)
	看台走道、坡道、楼梯			
	上行	下行		
男人	0.65	0.78	1.30	0.4×0.3×1.7
女人	0.55	0.66	1.10	0.4×0.28×1.6
儿童	0.50	0.54	0.90	0.3×0.25×1.3
老人	0.50	0.50	0.80	0.5×0.25×1.6

设在看台走道、坡道、楼梯中的行走速度下行时为平面步行速度的 0.6 倍，上行时为平面步行速度的 0.5 倍。

至于人员在楼梯间的行走速度则是基于 Fruin 建议的安全流量取得。Fruin 建议，在有限的空间情况下，楼梯间的人员密度应设计为 $1.1 \sim 2.7$ 人/m² 以确保安全。基于图 5-7 中的人员密度及行走速度关系，计算平均楼梯间行走速度。

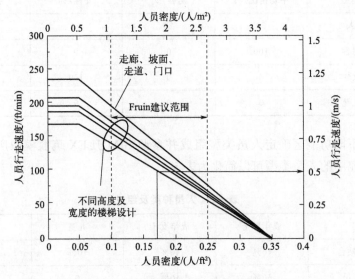

图 5-7　人员行走速度与人员密度关系图

本研究中门口走道和楼梯间的单位宽度人流量，是根据英国 SFPE Handbook 中的逃生人员流动速率及密度关系图（图 5-8），并参考 NFPA 130 和英国《体育场建筑安全设计指南》（简称《绿色指南》）给出的人员疏散速度和人流量数据（表 5-7）而得出的。

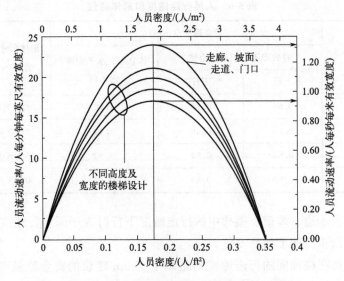

图 5-8　人员流动速率与人员密度之间关系

表 5-7 人流通行能力参考数据

位置	最大单位人流量/[人/(m·min)]		参考资料
看台走道、坡道、楼梯	73		《绿色指南》
	上行	62.6	NFPA 130
	下行	71.65	NFPA 130
休息厅、水平走廊、出入口	109		《绿色指南》
	89.37		NFPA 130

《绿色指南》提出的单位人流量为可能出现的最大人流量。在工程分析中应在此基础上进行一定的折减，本研究采用的最大单位人流量如表 5-8 所示。

表 5-8 单位宽度人流量

位置	看台走道、坡道、楼梯	休息厅、水平走廊、出入口	对室外门
最大单位人流量/[人/(m·min)]	60	80	90

注：此处取得的宽度为有效宽度。

有效宽度是出口或楼梯间的净宽度减去边界层宽度。根据消防工程学关于人员疏散的原理，在大量人流进行疏散的过程中，靠近障碍物的人员通常倾向于与障碍物之间留有一条空隙，称之为边界层。边界层的宽度可参考 SFPE Handbook 中的建议数值，见表 5-9。

表 5-9 不同出入通道的边界层宽度

出入通道	边界层宽度/cm
楼梯墙壁间	15
扶手中线间	9
音乐厅座椅、体育馆长凳	0
走廊、坡道	20
障碍物	10
广阔走廊、行人通道	46
大门、拱门	15

将单位宽度人流量值乘以各个出口及楼梯间的有效宽度得到人员疏散行动模拟中各个出口及楼梯间的疏散人流量。由此得到疏散通道上模拟的人流量。

5.4.4 疏散人数确定

北京西站人员由地下一层换乘大厅人员及地下二层地铁站台层人员构成。

以高峰时期下站台的预测旅客候车人数为基础，来确定疏散人数；设定每个主要客流区域的人员平均停留时间，并由此转换成瞬时流量，这就是旅客在该空间所停留的平均时间。结合高峰小时客流量数据的波动变化，在计算瞬时出现的最大人数时选取一个高峰波动系数，则瞬间的该区域内人员数量可以由以下公式计算：

$$候车人数 = 高峰小时客流 \times 高峰波动系数 \times 停留时间(min)/60 \quad (5-4)$$

本研究选取高峰波动系数为 1.2。

(1) 地铁站台层人数确定 地铁站台层疏散人员共考虑以下几个部分：

① 地铁车厢内人员：站台考虑两辆地铁同时进站的情况，根据设计方提供的资料，9号线六节车厢满载1460人，7号线八节车厢满载1947人。

即：列车上人数为3407人。

② 地铁车站工作人员总数为100人。

③ 站台上等车人员：设定人员在地铁站台等待的时间平均为1.5min，根据设计方提供的资料，7号线高峰时期客流量为11404人/h，9号线高峰时期客流量为15265人/h。等车人员按照高峰小时客流量换算：(11404＋15265)×1.2×1.5/60＝800人。

总计：北京西站地铁站台层高峰时期总人数约为4307人，见表5-10。

表 5-10 北京西站地铁站台层疏散人数

类型	人数/人
列车上乘客人数	3407
地铁车站工作人员人数	100
站台上等车乘客人数	800
总计	4307

(2) 北京西站地下一层换乘大厅人数确定 北京西站地下一层换乘大厅人数主要由四部分组成：北广场、南广场、换乘中心以及北二通道，如图5-9所示。各出站口客流比例见图5-10。根据北京建筑大学和中国建筑科学研究院建

筑防火研究所对北京西站北一出站口 9 个离站高峰时期的调查分析数据，得到北一出站口、北二出站口的高峰时期的出站人流量是 261 人/min，见表 5-11。

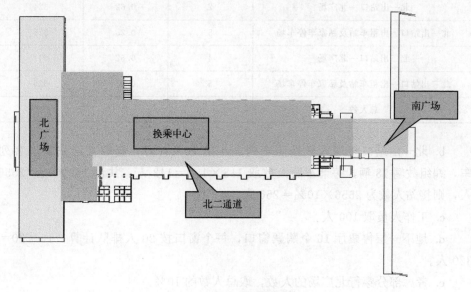

图 5-9　地下一层区域划分

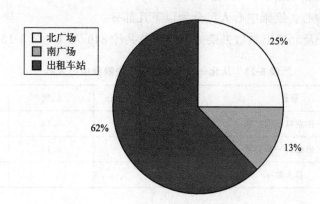

图 5-10　北京西站各出站口客流比例

表 5-11　北京西站北一出站口客流量

总人数/人	时间/min	单位时间人流量/(人/min)
23521	90	261

① 北广场：北广场上的人员分为以下几部分：

a. 从北一及北二出站口去北广场的人数共计 1623 人（见表 5-12）。

表 5-12 从北一及北二出站口去北广场人数

路径	所需时间/min	比例	人数/人
北一出站口—北广场	2	0.62	324
北一出站口—出租车站及私家车停车场	5	0.25	326
北二出站口—北广场	4	0.62	647
北二出站口—出租车站及私家车停车场	5	0.25	326
总人数			1623

b. 北一出站口接站人数按照一列火车的 10% 计算，选取普通铁路旅客列车，编组数辆 18 辆，每节车厢人数取 $118×1.2=142$ 人，共计 $142×18=2556$ 人，则接站人数为 $2556×10\%=256$ 人。

c. 工作人员取 100 人。

d. 地下一层售票厅 16 个购票窗口，每个窗口按 20 人排队计算：$16×20=320$ 人。

e. 考虑部分穿行北广场的人数，取总人数的 10%。

则北广场总人数共计 $(1623+256+100+320)×1.1=2529$。

② 换乘中心：换乘中心人员分为以下几部分：

a. 从北一及北二出站口去换乘中心人数共计 340 人（见表 5-13）。

表 5-13 从北一及北二出站口去换乘中心人数

路径	所需时间/min	比例	人数/人
北一出站口—南广场	5	0.13	170
北二出站口—南广场	5	0.13	170
总人数			340

b. 地铁人员通过换乘大厅人数：人员在换乘通道内的时间为 3.5min，根据设计方提供的资料，7 号线高峰时期客流量为 11404 人/h，9 号线高峰时期客流量为 15265 人/h。即为：$(11404+15265)×1.2×3.5/60=1867$ 人。

c. 北二出站人数与北一计算方法相同，共计 256 人。

d. 站内工作人员约为 100 人。

e. 考虑部分穿行换乘中心的人数，取总人数的 10%。

则换乘中心总人数为 $(340+1867+256+100)×1.1=2820$ 人。

③ 南广场：由于西站的构造原因，去南广场的人数较少，所以在本研究中

南广场人数选取了换乘大厅人数的10%来计算,共计2820×10%=282人。

④ 北二通道:北二通道长为170m,取人员步行速度为1m/s,则需时170s,取3min为计算时间,则北二通道内人数为261×3=783人。

综合以上几部分人员,北京西站人员总数为4307+2529+2820+282+783=10721人。

5.5 人员疏散时间分析

如前所述,安全分析中人员疏散时间(RSET)由疏散开始时间(t_{start})和疏散行动时间(t_{action})二部分构成。下面将根据设计火灾场景进行相应疏散时间计算。

5.5.1 疏散开始时间

(1) 火灾探测、报警时间　探测与报警时间:从火灾真正发生直至引发火灾探测装置并发出报警信号,让人们察觉到周边有危险状况发生,或者人员由自身的味觉、嗅觉及视觉系统警觉到火灾发生的时间。

对于安装了点式感烟探测器的房间,火灾探测时间可采用美国国家标准与技术研究院(NIST)开发的软件工具包中提供的DETECT-QS工具所预测的感温探测器动作时间,由于感温探测器通常滞后于感烟探测器动作,因此可以保守地将感温探测器动作时间等同于感烟探测器动作时间。参考英国防火设计规范Guide E,设定点式火灾探测器的RTI为$0.5^{0.5}$ms,探测器动作温差值为13℃。

地铁站的管理水平较高,人员能够及时确认火灾发展的情况,并发出警报,因此设定地铁站内的火灾探测报警时间为60s。

(2) 疏散预动时间　人员的疏散预动时间(t_{pre}):从疏散人员接到火灾警报到疏散行动开始的这段时间。人员的疏散预动时间又可分为识别时间(t_{rec})(表5-14)和反应时间(t_{res})两个阶段。

表5-14　不同用途建筑物采用不同报警系统时的人员识别时间

建筑物用途及特性	人员识别时间/min		
	报警系统类型		
	W1	W2	W3
办公楼、工业厂房、学校(居民处于清醒状态,对建筑物、报警系统和疏散措施熟悉)	<1	3	>4

续表

建筑物用途及特性	人员识别时间/min 报警系统类型		
	W1	W2	W3
商店、展览馆、博物馆、休闲中心等（居民处于清醒状态，对建筑物、报警系统和疏散措施不熟悉）	<2	3	>6

注：W1——采用声音实况广播系统；

W2——预录（非直播）声音系统和/或视觉信息警告播放系统；

W3——采用警铃、警笛或其他类似报警装置的报警系统。

本研究对于开敞空间区域疏散分析将采用上述分析方法。北京西站采用应急广播系统，人员处于清醒状态，易于确认火灾报警并找到疏散方向。尤其是站台、站厅内有条件通过严格有效的管理，及时组织人员进行疏散。因此可以设定地铁站公共活动空间人员疏散预动时间为 0.5min，即 $t_{pre}=30s$。

利用式（5-2）得到疏散开始时间为：$t_{start}=t_d+t_a+t_{pre}=60+30=90s$，即 1.5min。

5.5.2 疏散策略

5.5.2.1 地铁站台层人员疏散

当站台层发生火灾时，地铁 7、9 号线的人员通过站台上的楼梯及扶梯疏散至站厅层，根据地铁规范，考虑一部扶梯正在检修。疏散路径如图 5-11 所示。

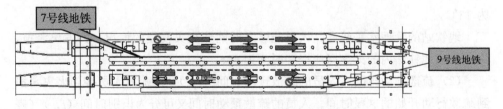

图 5-11 地铁站台层疏散路径示意图

5.5.2.2 地铁站厅层人员疏散

当地下一层站厅层发生火灾时，南北广场的防火卷帘下降，南北广场的人员可以通过各自的对外疏散出口疏散，或是使用通往夹层的疏散梯疏散至夹层再至室外。而对于换乘中心及北二通道的人来说，不能疏散至南北广场，同时地铁站台层的人也由换乘中心疏散，人员数量较多，而且由于很多人是准备乘坐火车或是刚下火车，行李包裹比较多，很容易发生混乱，仅仅通过南侧两部

第 5 章 城市地铁站人员疏散应急管理

扶梯及楼梯进行疏散是远远不够的。因此考虑将北二通道中与每个出站口对应的门打开,当发生火灾时,人员可通过北二通道进入国铁站台层进行疏散,有效地解决了换乘中心人员疏散问题。如图 5-12 所示。

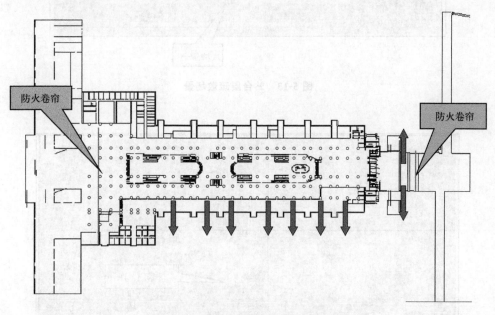

图 5-12 地铁站厅层疏散路径示意图

5.5.3 疏散模拟场景设置

疏散模拟场景设置见表 5-15、图 5-13、图 5-14。

表 5-15 疏散场景设置

疏散场景编号	火源位置	对应火灾场景	疏散描述
场景一	站台层列车火灾	场景 3、4	着火车厢门关闭
场景二	站台层公共区火灾	场景 5、6	封堵相邻的疏散楼梯
场景三	站厅层行李火灾	场景 1、2	南北广场防火卷帘下降,换乘大厅人员从北二出站口进入国铁站台层
场景四	站厅层行李火灾	场景 1、2	南北广场防火卷帘下降,封堵相邻的北二出站口

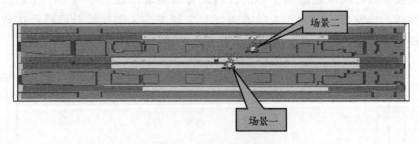

图 5-13 站台层疏散场景

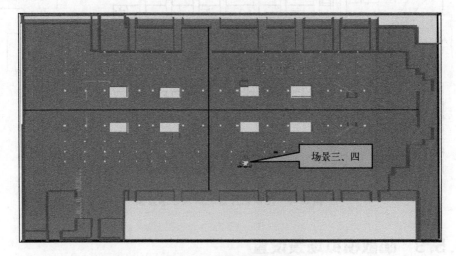

图 5-14 站厅层疏散场景

5.5.4 模拟计算结果

5.5.4.1 疏散场景一——站台层列车火灾

站台层 7 号线某车厢着火,该车厢门关闭,车厢内人员疏散至相邻车厢撤离地铁。如图 5-15～图 5-20。

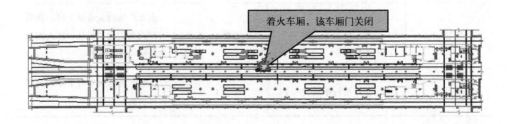

第 5 章　城市地铁站人员疏散应急管理

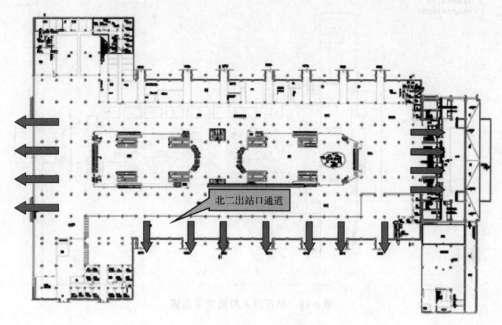

图 5-15　场景一疏散策略

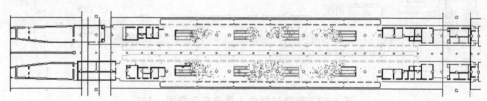

图 5-16　人员全部撤离车厢

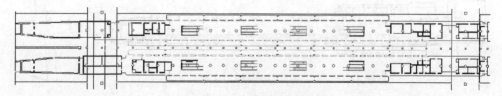

图 5-17　人员全部撤离站台层

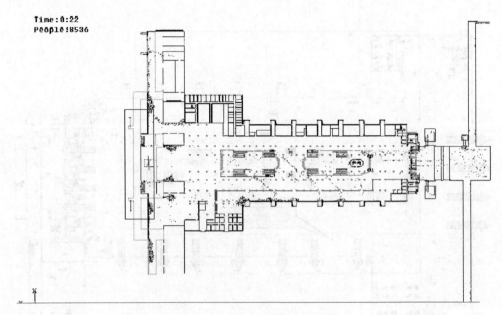

图 5-18 站厅层人员疏散示意图

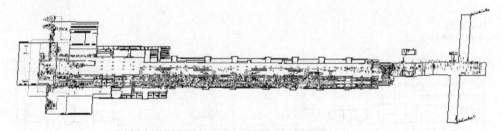

图 5-19 疏散过程中人员分布示意图（30s）

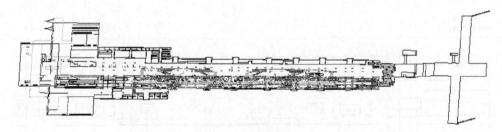

图 5-20 疏散过程中人员分布示意图（360s）

结果：人员撤离站台需时 7 分 31 秒；全部撤离站厅至室外需时 8 分 23 秒。

5.5.4.2 疏散场景二——站台层公共区火灾（封堵相应的楼梯）

站台层公共区发生火灾，如图 5-21～图 5-23 所示，封堵相邻的扶梯 1-3、1-4。

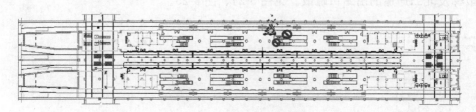

图 5-21　场景二疏散策略

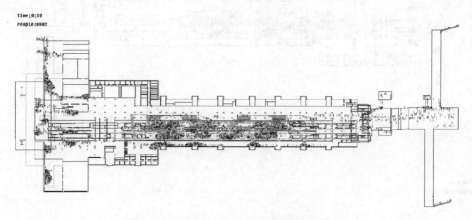

图 5-22　疏散过程中人员分布示意图（30s）

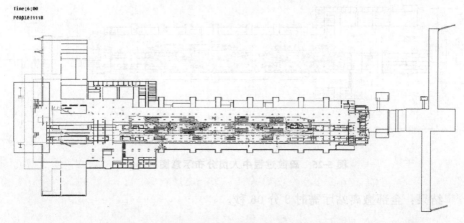

图 5-23　疏散过程中人员分布示意图（360s）

结果：撤离站台需时 9 分 09 秒；全部撤离站厅需时 10 分 11 秒。

5.5.4.3 疏散场景三——站厅层行李火灾

当地下一层站厅层发生火灾时，站厅层南北广场的防火卷帘下降，南北广场人员通过各自的疏散口疏散至室外；换乘中心及北二通道人员可通过南部疏散梯及北二通道的出站口疏散。见图 5-24、图 5-25。

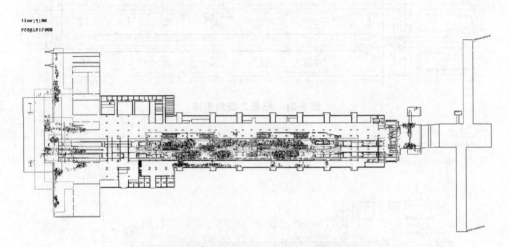

图 5-24　疏散过程中人员分布示意图（60s）

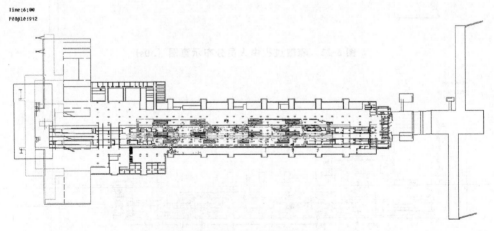

图 5-25　疏散过程中人员分布示意图（360s）

结果：全部撤离站厅需时 8 分 06 秒。

5.5.4.4 疏散场景四——站厅层行李火灾

地下一层站厅层发生火灾,站厅层南北广场的防火卷帘下降,南北广场人员通过各自的疏散口疏散至室外;换乘中心及北二通道人员可通过南部疏散梯及北二通道的出站口疏散,同时封堵与火灾邻近的北二通道口,如图 5-26~图 5-28 所示。

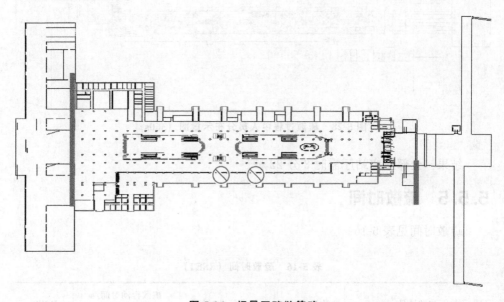

图 5-26　场景四疏散策略

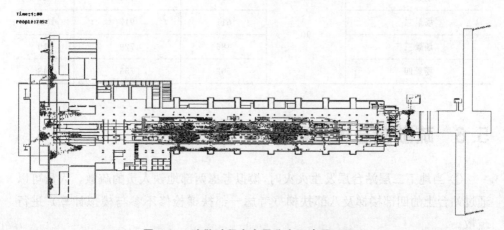

图 5-27　疏散过程中人员分布示意图(60s)

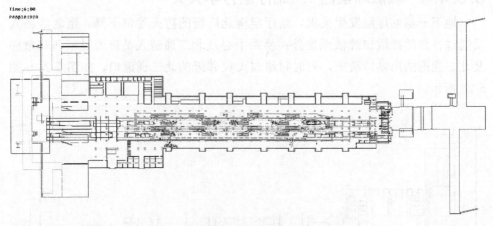

图 5-28 疏散过程中人员分布示意图（360s）

结果：全部撤离站厅需时 8 分 22 秒。

5.5.5 疏散时间

疏散时间见表 5-16。

表 5-16 疏散时间（RSET）

疏散场景	疏散开始时间/s	疏散行动时间/s	疏散行动时间/s （安全裕度 $S=1.5$）	RSET
场景一	90	503	755	845
场景二		611	917	1007
场景三		486	729	819
场景四		502	753	843

5.6 疏散应急管理建议

① 当地下二层站台层发生火灾时，模拟考虑两部地铁人员的疏散，人员可以通过站台上的四部楼梯及八部扶梯（考虑一部扶梯检修不参与模拟计算）进行疏散。

② 当地下一层站厅层发生火灾时，考虑两层的人员全部需要疏散至室外，当南北广场的防火卷帘下降以后，为了保证人员迅速安全地撤离站台层，将北

二通道的出站口作为疏散口，将人员撤离至国铁站台层。

③ 地下二层的人员需要通过楼梯及扶梯进行疏散，因此作为事故疏散用的扶梯应该严格按照《地铁设计规范》中的规定执行。

④ 在地下一层换乘大厅和地下二层站台层，除应在各个安全出口处设置疏散标志，还应在主要疏散通道上设置疏散路线指示，同时应在疏散通道上满足应急照明设计并加强电发光疏散标志设置。

⑤ 疏散时，北二通道出站口处应安排专人组织引导人员利用出站口疏散，同时正在出站的人员也应该由工作人员通知以便及时得到信息，反向疏散至国铁站台，确保工作人员能够及时有效地引导人员有序疏散，以免造成混乱。

⑥ 应明确车站工作人员的疏散职责，完善疏散计划并加强日常疏散训练，加强现场组织和中心指挥监控之间的联系，充分发挥通信设备和广播在疏散组织和引导中的作用，给疏散人员以尽量多的指导信息。

⑦ 当地下一层发生火灾，南北广场的防火卷帘下降以后，多数人员只能通过北二通道的疏散口疏散至国铁站台层，但由于是借用出口，平时并不作为出口使用，在发生火灾后，人员由于慌乱以及不熟悉疏散路径，就会在换乘大厅里出现混乱拥挤的现象。为了确保人员疏散安全，可以考虑防火卷帘采用二次下降的措施，刚发生火灾时，防火卷帘先下降一半，人员在火灾的初期可以通过南北广场疏散，当二次报警以后，防火卷帘降至地面，人员在工作人员的引导下通过北二通道出口疏散至国铁站台层。

第 6 章

城市地铁站烟气蔓延数值模拟

6.1 各个火灾场景的排烟、补风设计

6.1.1 站厅层排烟系统设置现状

根据设计图纸：

① 地下综合大厅层与地铁站台层按两个独立的系统设计，共用对外送排风竖井。

② 设备配置情况：站厅四个角的空调机房内各设置一台排风兼排烟风机，每台风机排烟量为 60000m^3/h，压头 800Pa。

③ 站厅发生火灾时，按火灾信号由总控室发出指令，关闭空调器，并联锁开启离心风机，向外排烟。

④ 站厅层排烟口位置见图 6-1。

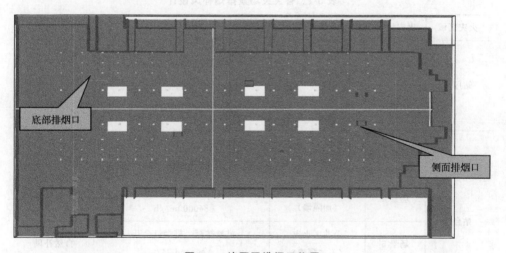

图 6-1　站厅层排烟口位置

6.1.2 站台层排烟系统设置现状

① 站台层四个角分别设置 1 对风道，每个风道内设置 1 台送风机和 1 台排风机，发生火灾时均可以排烟，每台风机风量为 210000m^3/h，压头 1000Pa。

② 站台层为同站台换乘站，沿站台纵向加防火隔墙分为 2 个防火分区，火灾时，开启相应防火分区的排风机，4 台风量为 840000m^3/h，压头 1000Pa。若不划分防火分区，同时开启 8 台排风机，风量为 1680000m^3/h，压头 1000Pa。

③ 站台层排烟口位置见图 6-2。

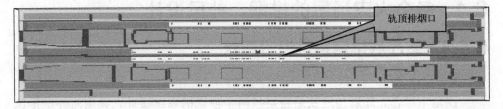

图 6-2　站台层排烟口位置

6.1.3　各火灾场景下排烟补风设计

北京西站站厅层与站台层在各个火灾场景下的排烟与补风设计具体见表 6-1。

表 6-1　各火灾场景排烟补风设计

火灾区域	火灾场景	场景描述	排烟方案	补风方案
站厅层	场景 1	行李火灾 （封闭吊顶）	机械排烟，240000m³/h	自然补风
	场景 2	行李火灾 （格栅吊顶）	机械排烟，240000m³/h	自然补风
站台层	场景 3	7 号线列车火灾 （不加隔墙）	机械排烟，排烟口全开， 1680000m³/h	自然补风
	场景 4	7 号线列车火灾 （加隔墙）	机械排烟，排烟口开启一半， 840000m³/h	自然补风
	场景 5	公共区火灾 （不加隔墙）	机械排烟，排烟口全开， 1680000m³/h	自然补风
	场景 6	公共区火灾 （加隔墙）	机械排烟，排烟口开启一半， 840000m³/h	自然补风

6.2　计算软件简介

本研究采用火灾专用模拟软件 FDS（Fire Dynamics Simulator）分析火灾中烟气与热辐射情况。FDS 是 NIST（美国国家标准与技术研究院）开发的一种模拟燃烧过程中流体流动的 CFD 模型，主要用于分析火灾中热的运动过程与烟气。

FDS 模型的输入数据包括：建筑内物品的燃烧特性类型、空间环境温度、烟气的性质、灭火系统的影响以及障碍物的影响（例如挡烟垂壁）、网格划分（计算精确度）、为搜集相关数据所用的模拟时间、所要测量的数据的位置及类型（数据采集）、设计火灾等。

NIST 曾经做过不少试验来验证 FDS 结果的准确性，如 NIST/NRC、WTC、VTT 大型中庭试验、FM/SNL 系列试验、ATF 走廊试验、UL/NFPRF 喷淋-通风-防火卷帘试验、实验室庚烷火等。通过与试验结果的比对，FDS 专门发表了一篇验证论文，即 *Fire Dynamics Simulator（Version 5）Technical Reference Guide Volume 3：Validation*，可指导用户正确合理地使用 FDS。

除了 NIST 对 FDS 做了很多研究外，很多研究机构及大学的学术研究者对 FDS 应用的合理性也开展了很多试验研究，如 Petterson 做了一些现场实验，包括 Canterbury 大学实验及美国海军实验等，其他学者对隧道火灾以及西班牙仓库火灾等也做了相关研究。

6.3 CFD 模拟基本参数及假设

建筑尺寸：实际建筑尺寸。

假设火源：采用 t^2—稳定火源。5MW 的 HRR 设置如图 6-3 所示。

初始条件：假设流场的初始状态为静止，模拟区域内温度与室外环境温度均为 20℃，压力为 1 个标准大气压。

壁面边界条件：为绝热边界条件，即认为混凝土结构的围墙所区分的两区域在墙壁处没有热交换。

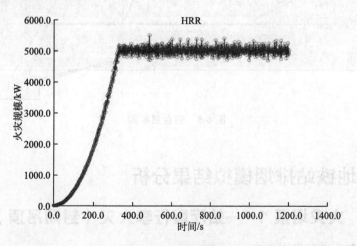

图 6-3　HRR 设置图

6.4 模型建立

依据北京西站的 CAD 图纸信息,包括建筑外立面、内部墙体及玻璃隔断、防火卷帘、挡烟垂壁、排烟补风口等位置,建立计算模型。模型的整体概况以及各层的平面布置可见图 6-4、图 6-5。

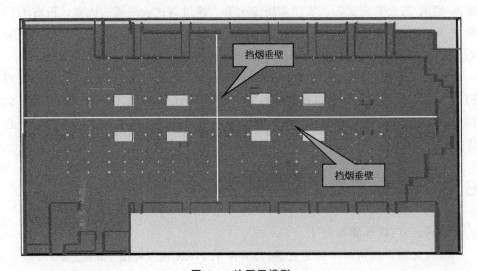

图 6-4　站厅层模型

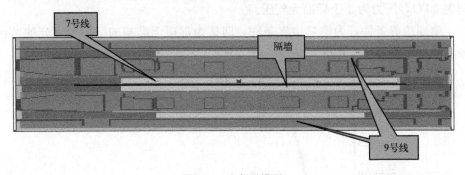

图 6-5　站台层模型

6.5 地铁站排烟模拟结果分析

6.5.1 火灾场景 1——站厅层行李火灾(封闭吊顶)

边界条件设置见表 6-2。

第 6 章 城市地铁站烟气蔓延数值模拟

表 6-2 场景 1 边界条件设置

火灾区域	火灾场景	场景描述	火灾规模/MW	火灾类型	排烟方案	补风方案
站厅层	场景 1	行李火灾（封闭吊顶）	2	快速火	机械排烟，240000m³/h	自然补风

火源位于站厅层西南侧靠近安检口处，计算区域见图 4-10。在该工况下，依照实际的建筑物构造情况——站厅层吊顶为封闭吊顶，进行模拟分析。火源功率设为 2MW，采用机械排烟，在排烟时发生火灾的防烟分区内的排烟风机开启，当烟气蔓延至其他防烟分区时再开启其它相应的排烟风机，国铁站台口及楼梯口自然补风。排烟量为 240000m³/h。在计算时间 300s、600s、900s、1200s 时的烟气蔓延状况，特征面上的温度及能见度分布状况如下。

① 烟气蔓延状况，见图 6-6。

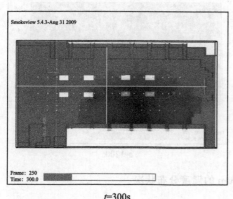
t=300s

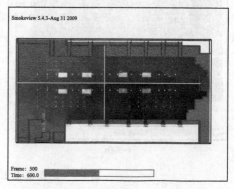
t=600s

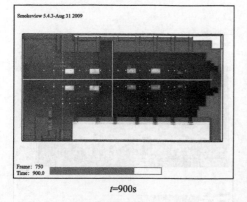
t=900s

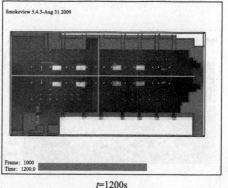
t=1200s

图 6-6 烟气蔓延状况

② 温度，见图 6-7。

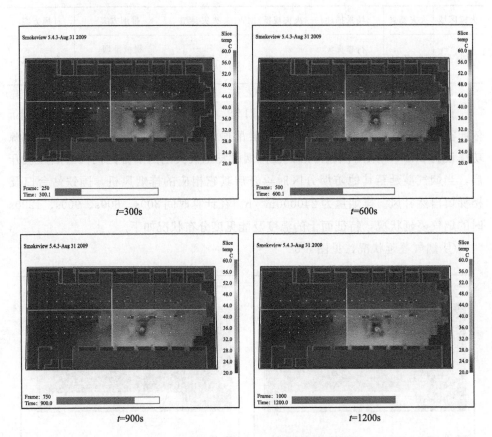

图 6-7　地面以上 2.0m 的温度分布状况

③ 能见度，见图 6-8。

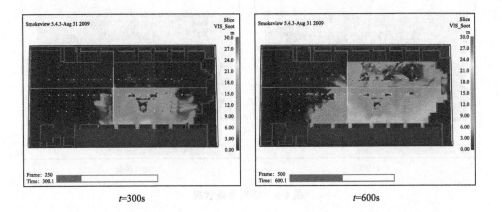

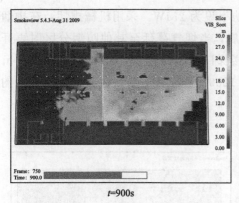 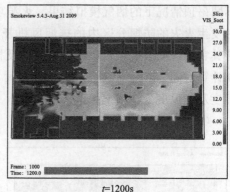

t=900s t=1200s

图 6-8 地面以上 2.0m 的能见度分布状况

结果分析:

① 在该火灾场景设定的条件下,火灾发生在站厅层的西南侧靠近安检口处,烟气在200s时由安检口处向周边的防烟分区蔓延,感烟探测器启动,从而启动这三个防烟分区的风机;300s时,整个站厅层的一半区域已经受到烟气的影响;600s时,站厅层的西侧所有出站口均受到烟气影响;1200s时,烟气已经蔓延到整个站厅层。

② 在1200s的模拟时间内,站厅层地面以上2.0m处仅在火源附近的温度较高,达到甚至超过了60℃。在站厅层的其他广大区域,离火源的距离越远,烟气层温度越低,直到与环境温度相同。

③ 在300s时,火源所在的防烟分区地面以上2.0m处的能见度由于烟气蔓延而大大降低,并且影响到该防烟分区西侧的出口;到600s时,火源所在防烟分区的出口处能见度已经低于10m;到1200s时,站厅层的大部分区域的能见度下降较为明显,相当一部分已经低于10m。

6.5.2 火灾场景2——站厅层行李火灾(格栅吊顶)

边界条件设置见表6-3。

表 6-3 场景2边界条件设置

火灾区域	火灾场景	场景描述	火灾规模/MW	火灾类型	排烟方案	补风方案
站厅层	场景2	行李火灾(格栅吊顶)	2	快速火	机械排烟,240000m^3/h	自然补风

火源位于站厅层西南侧靠近安检口处,计算区域见图4-10。在该工况下,将地下一层站厅层的封闭吊顶改为格栅吊顶,增大蓄烟空间,以此比较在两种

不同吊顶情况下的烟气模拟结果。火源功率设为 2MW，采用机械排烟，在排烟时发生火灾的防烟分区内的排烟风机开启，当烟气蔓延至其他防烟分区时再开启其它相应的排烟风机，国铁站台口及楼梯口自然补风。排烟量为 240000m³/h。在计算时间 300s、600s（580s）、900s、1200s 时的烟气蔓延状况，特征面上的温度及能见度分布状况如下。

① 烟气蔓延状况，见图 6-9。

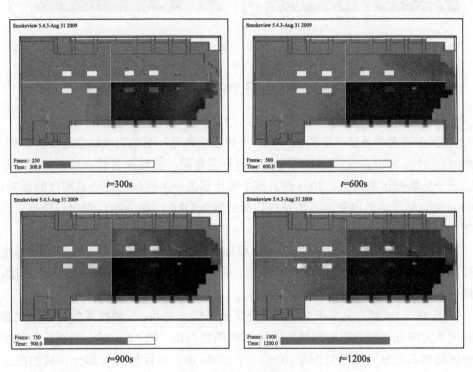

图 6-9　烟气蔓延状况

② 温度，见图 6-10。

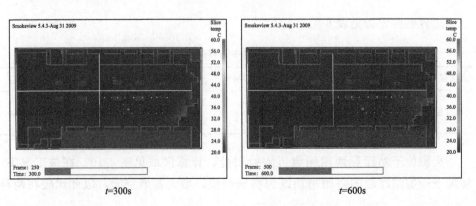

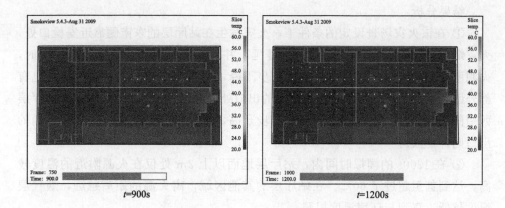

$t=900s$ $t=1200s$

图 6-10　地面以上 2.0m 的温度分布状况

③ 能见度，见图 6-11。

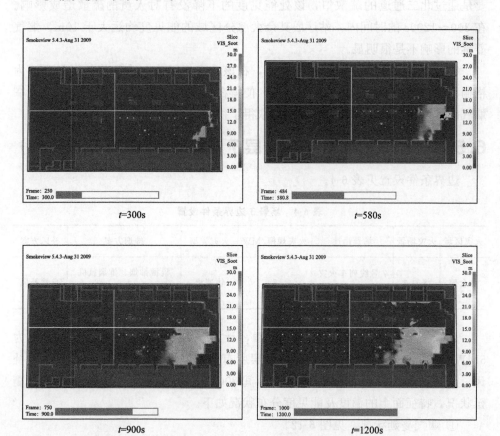

$t=300s$ $t=580s$

$t=900s$ $t=1200s$

图 6-11　地面以上 2.0m 的能见度分布状况

结果分析：

① 在该火灾场景设定的条件下，火灾发生在站厅层的东南侧靠近安检口处，火灾烟气在 300s 时仅在防烟分区内蔓延，并没有扩散到相邻的区域；600s 时，火源所在的防烟分区烟气层高度进一步下降，并且在其东侧的防烟分区内也有部分区域受到了烟气的影响，其西侧的出口处也有烟气蔓延；1200s 时，站厅层西南侧防烟分区内的烟气层浓度进一步升高，并且部分烟气通过西侧和南侧的出口向外扩散。

② 在 1200s 的模拟时间内，站厅层地面以上 2m 处仅在火源附近的温度较高，达到甚至超过了 60℃。在站厅层的其他区域，离火源的距离越远，烟气层温度越低，直到与环境温度相同。

③ 在 300s 时，火源所在防烟分区内只有西南侧的一小部分区域能见度有所下降；当达到 580s 时，在此处部分区域的能见度低于 10m，但是人员的疏散主要是通过北二通道的疏散口，该处能见度的下降没有对人员的疏散造成影响。在 300～1200s 的时间内，站厅层其余大部分区域的能见度均远大于 10m，烟气蔓延的影响不是很明显。

④ 与火灾场景 1 的模拟结果对比，在该火灾场景中，由于将封闭吊顶改为格栅吊顶，增加了站厅层的蓄烟空间，使得在模拟火灾发生的 1200s 内，无论在烟气的扩散还是站厅层能见度方面均取得了很好的效果。

6.5.3 火灾场景 3——站台层 7 号线列车火灾（不加隔墙）

边界条件设置见表 6-4。

表 6-4 场景 3 边界条件设置

火灾区域	火灾场景	场景描述	火灾规模/MW	火灾类型	排烟方案	补风方案
站台层	场景 3	7 号线列车火灾（不加隔墙）	5	快速火	机械排烟，排烟风机全开，1680000m³/h	自然补风

火源位于 7 号线列车的中部车厢，计算区域见图 4-11。火源功率设为 5MW，采用机械排烟，在排烟时站台层所有的排烟风机均开启，隧道口自然补风。排烟量为 1680000m³/h。在计算时间 300s、600s、900s、1200s 时的烟气蔓延状况，特征面上的温度及能见度分布状况如下。

① 烟气蔓延状况，见图 6-12。

第6章 城市地铁站烟气蔓延数值模拟

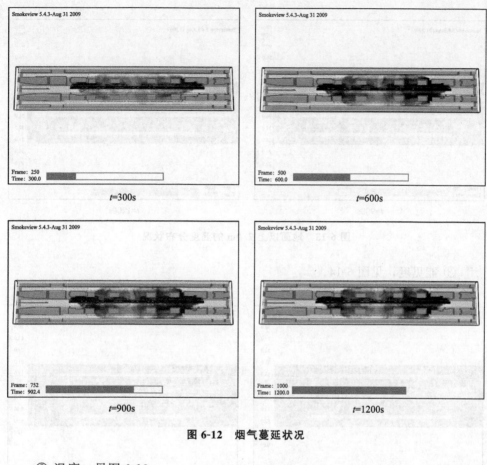

图 6-12 烟气蔓延状况

② 温度，见图 6-13。

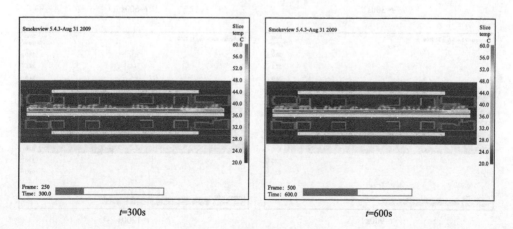

图 6-13

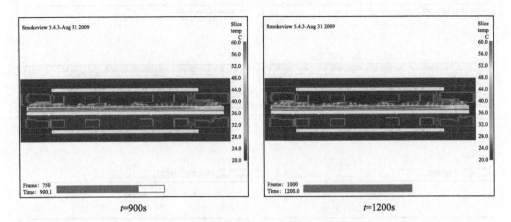

图 6-13　地面以上 2.0m 的温度分布状况

③ 能见度，见图 6-14。

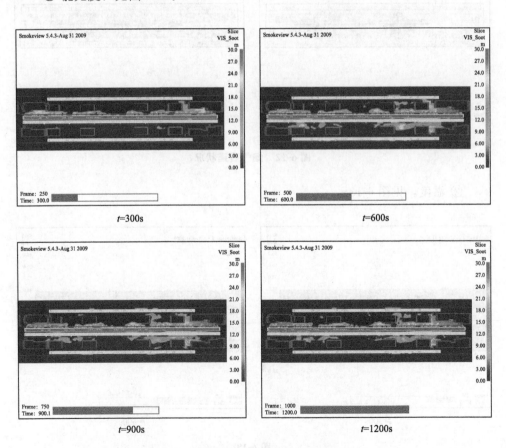

图 6-14　地面以上 2.0m 的能见度分布状况

结果分析：

① 在该火灾场景设定的条件下，300s 时，火灾烟气已经蔓延到所有的列车车厢，并且开始向周边蔓延；600s 时，着火列车的尾部附近区域烟气浓度不断增加；1200s 时，在着火列车靠近顶端区域的烟气浓度也有增加，并向相邻的区域蔓延。

② 在 300s 时，着火列车的大部分车厢内在地面以上 2.0m 处的温度就已经达到甚至超过了 60℃，而在其相邻轨道的列车并没有受到影响。在远离着火列车的区域，随着距离的增加，烟气层的温度逐渐降低，直至降至环境温度。

③ 通过图 6-14 的地面以上 2.0m 的能见度分布状况可以看到，300s 时，整个着火车厢的能见度不足 5m；600s 时，着火列车的尾部区域能见度下降较大，已经低于 10m，并且在相邻列车的站台区域也由于受到烟气蔓延的影响，出现了能见度下降的现象；1200s 时，着火列车顶部和尾部区域由于空间狭小，造成了能见度的下降。

6.5.4　火灾场景 4——站台层 7 号线列车火灾（加隔墙）

边界条件设置见表 6-5。

表 6-5　场景 4 边界条件设置

火灾区域	火灾场景	场景描述	火灾规模/MW	火灾类型	排烟方案	补风方案
站台层	场景 4	7 号线列车火灾（加隔墙）	5	快速火	机械排烟，排烟风机开启一半，840000m³/h	自然补风

火源位于 7 号线列车的中部车厢，计算区域见图 4-11。火源功率设为 5MW，采用机械排烟，在排烟时仅在隔墙一侧的排烟风机开启，隧道口自然补风。排烟量为 840000m³/h。在计算时间 300s、600s、900s、1200s 时的烟气蔓延状况，特征面上的温度及能见度分布状况如下。

① 烟气蔓延状况，见图 6-15。

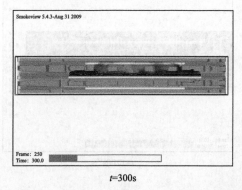

t=300s　　　　　　　　　　　　　t=600s

图 6-15

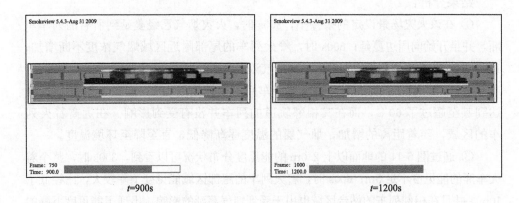

$t=900s$　　　　　　　　$t=1200s$

图 6-15　烟气蔓延状况

② 温度，见图 6-16。

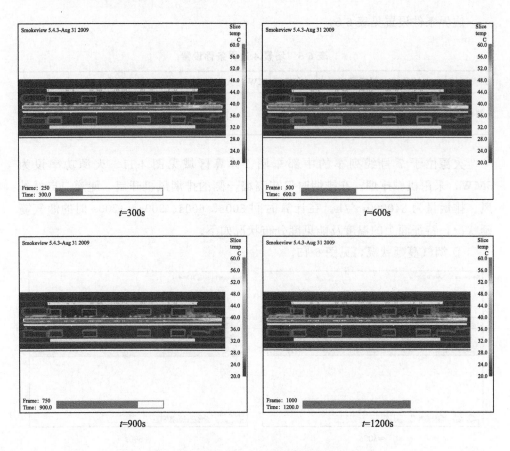

$t=300s$　　　　　　　　$t=600s$

$t=900s$　　　　　　　　$t=1200s$

图 6-16　地面以上 2.0m 的温度分布状况

③ 能见度，见图 6-17。

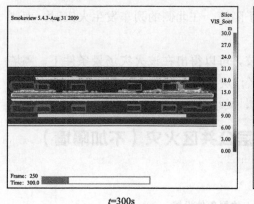
$t=300s$

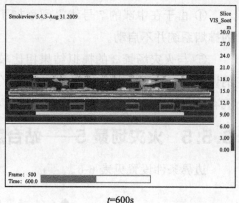
$t=600s$

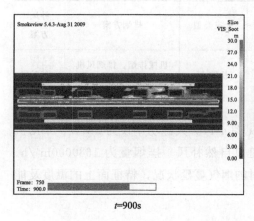
$t=900s$

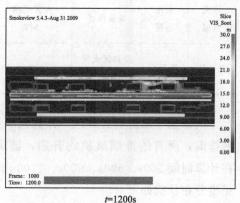
$t=1200s$

图 6-17 地面以上 2.0m 的能见度分布状况

结果分析：

① 在该火灾场景设定的条件下，在两条列车轨道之间设置了隔墙，形成两个独立的防烟分区。在1200s的模拟时间内，火灾烟气被控制在北侧的防烟分区内，同时在着火列车的尾部区域也同样出现了由于空间狭小、远离排烟口，造成的烟气蓄积情况。

② 在 300s 时，着火列车的大部分车厢的室内地面以上 2m 处的烟气温度已经达到甚至超过了 60℃，在列车车厢的进出口处的温度也有不同程度的升高，离着火列车的距离越远，火灾烟气温度越低。

③ 通过图 6-17 的地面以上 2.0m 的能见度分布状况，可以看到在 600s 时，着火列车尾部的区域能见度已经低于 5m，并且在该处附近，相邻两个楼梯之间

的区域能见度受到烟气蔓延的影响较大，在 10m 左右；相邻防火分区由于隔墙的阻隔，其能见度未受到影响。

④ 由于在中部的 7 号线之间添加了隔墙，在北侧的列车发生火灾时，南侧的排烟系统并不启动。

⑤ 与火灾场景 3 的模拟结果相比较，可以得出在该火灾场景条件下，隔墙的设置形成了两个完全封闭的防烟分区，从而将北侧着火列车所产生的火灾烟气有效阻隔开，不至于影响到另一区域，减小了火灾造成的影响。

6.5.5 火灾场景 5——站台层公共区火灾（不加隔墙）

边界条件设置见表 6-6。

表 6-6 场景 5 边界条件设置

火灾区域	火灾场景	场景描述	火灾规模/MW	火灾类型	排烟方案	补风方案
站台层	场景 5	公共区火灾（不加隔墙）	2	快速火	机械排烟，排烟风机全开，1680000m³/h	自然补风

火源位于站台层公共区，计算区域见图 4-11。火源功率设为 2MW，采用机械排烟，所有的排烟风机均开启，隧道口自然补风。排烟量为 1680000m³/h。在计算时间 300s、600s、900s、1200s 时的烟气蔓延状况，特征面上的温度及能见度分布状况如下。

① 烟气蔓延状况，见图 6-18。

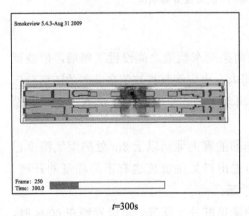

t=300s

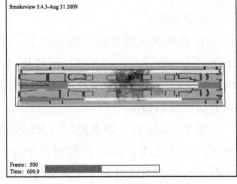

t=600s

第6章 城市地铁站烟气蔓延数值模拟

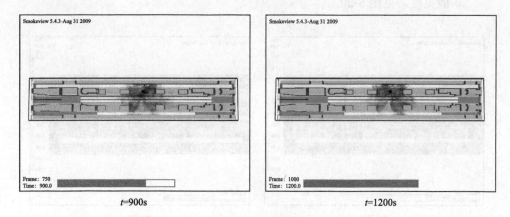

图 6-18 烟气蔓延状况

② 温度，见图 6-19。

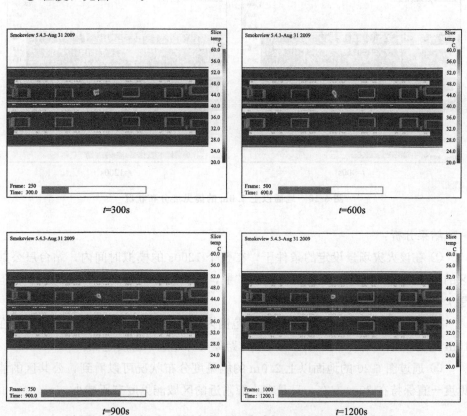

图 6-19 地面以上 2.0m 的温度分布状况

101

③ 能见度，见图 6-20。

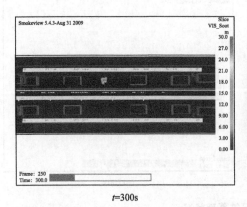
$t=300s$

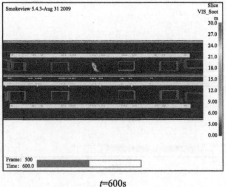
$t=600s$

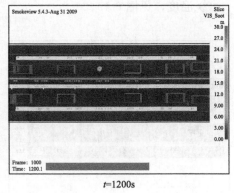
$t=900s$

$t=1200s$

图 6-20 地面以上 2.0m 的能见度分布状况

结果分析：

① 在该火灾场景设定的条件下，在整个 1200s 的模拟时间内，站台层公共区的火灾烟气并没有发生较大程度的扩散，自始至终都得到了有效的控制，但是 7 号线西侧受到了烟气的影响。

② 站台层公共区距离火源 10m 的范围内烟气层温度最高可以达到 60℃，在 10m 范围以外烟气层温度将逐渐降低，距离火源越远，温度越低。

③ 通过图 6-20 的地面以上 2.0m 的能见度分布状况可以看到，公共区的能见度一直保持在 30m 左右，只是在火源附近的区域能见度有所减小。

6.5.6 火灾场景 6——站台层公共区火灾（加隔墙）

边界条件设置见表 6-7。

第6章 城市地铁站烟气蔓延数值模拟

表6-7 场景6边界条件设置

火灾区域	火灾场景	场景描述	火灾规模/MW	火灾类型	排烟方案	补风方案
站台层	场景6	公共区火灾（加隔墙）	2	快速火	机械排烟，排烟风机开启一半，840000m³/h	自然补风

火源位于站台层公共区，计算区域见图4-11。火源功率设为2MW，采用机械排烟，在排烟时仅隔墙一侧的排烟风机开启，隧道口自然补风。排烟量为840000m³/h。在计算时间300s、600s、900s、1200s时的烟气蔓延状况，特征面上的温度及能见度分布状况如下。

① 烟气蔓延状况，见图6-21。

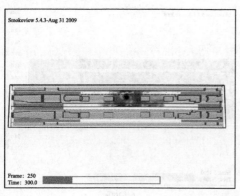

t=300s

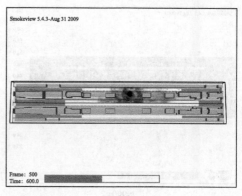

t=600s

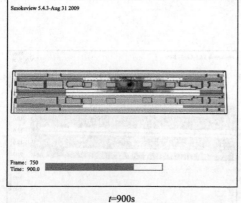

t=900s

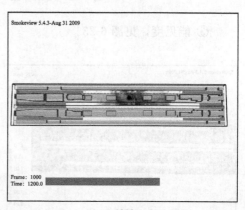

t=1200s

图6-21 烟气蔓延状况

② 温度，见图6-22。

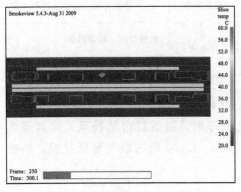
$t=300s$

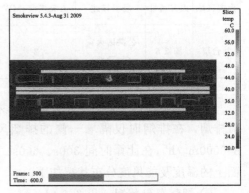
$t=600s$

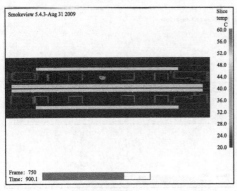
$t=900s$

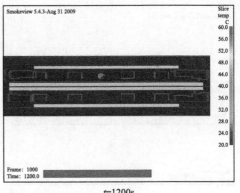
$t=1200s$

图6-22　地面以上2.0m的温度分布状况

③ 能见度，见图6-23。

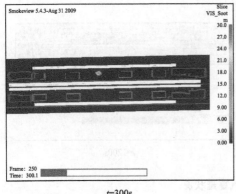
$t=300s$

$t=600s$

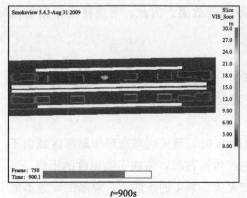
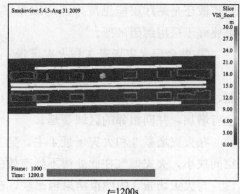

$t=900s$ $t=1200s$

图 6-23　地面以上 2.0m 的能见度分布状况

结果分析：

① 在该火灾场景设定的条件下，在整个 1200s 的模拟时间内，站台层公共区的火灾烟气并没有较大程度地扩散，自始至终都得到了有效的控制。

② 站台层公共区距离火源 10m 的范围内烟气层温度最高可以达到 60℃，在 10m 范围以外烟气层温度逐渐降低，距离火源越远，温度越低。

③ 通过图 6-23 的地面以上 2.0m 的能见度分布状况可以看到，公共区的能见度一直保持在 30m 左右，但是在火源附近的区域能见度有所减小。

④ 由于在中部的 7 号线之间添加了隔墙，在东侧站台公共区发生火灾时，西侧的排烟系统并不启动。

⑤ 与火灾场景 5 的模拟结果相比较，两者的模拟结果相似，只是没有加隔墙时，火灾烟气会蔓延到 7 号线另一侧区域，对此区域造成一定程度的影响。

6.6　烟气模拟结果分析总结

通过对站台层和站厅层分别设置不同的火灾场景进行烟气模拟分析，得到以下的结果。

① 模拟的火灾场景 2~6 的人员疏散满足 RSET＜ASET（表 6-8），符合人员安全疏散判定要求。

② 站台层的火灾场景 1 和火灾场景 2：

在火灾场景 1 中，排烟风机对烟气蔓延的控制效果不是很好，在达到 1200s 时，站厅层西侧的所有出入口能见度均低于 10m。

与火灾场景 1 的模拟结果相比，在火灾场景 2 中，由于将封闭吊顶改为格栅吊顶，增加了站厅层的蓄烟空间，使得在模拟火灾发生的 1200s 内，无论在烟气的扩散还是站厅层能见度方面均取得了很好的效果。因此,采用格栅吊顶的效果要好于采用封闭吊顶。

③ 站台层火灾场景3和火灾场景4:

在火灾场景3设定的条件下,300s时,火灾烟气已经蔓延到所有的列车车厢,并且开始向周边蔓延;1200s时,在着火列车的靠近顶端区域,烟气的浓度也有增加,并向相邻的区域蔓延。

在火灾场景3和火灾场景4中,到1200s时,着火列车顶部和尾部区域由于空间狭小,火灾烟气在此处得不到有效的扩散而蓄积,造成了能见度的下降。

与火灾场景3的模拟结果相比较,在火灾场景4的条件下,隔墙的设置形成了两个完全封闭的防烟分区,从而将东侧着火列车所产生的火灾烟气有效阻隔开,不至于影响到另一区域,减小了火灾造成的影响,因此将站台层分为两个相对独立的区域具有良好的效果。

④ 站台层火灾场景5和火灾场景6:

火灾场景5与火灾场景6的模拟结果相差不大,只是没有加隔墙时,火灾烟气会蔓延到7号线东侧的区域,对此区域造成一定程度的影响。

表6-8 各火灾场景中 RSET 与 ASET 比较

场景编号	着火位置	ASET/s	RSET/s	是否符合要求
场景1	站厅层东南侧靠近安检口处	600(能见度)	843	不符合
场景2	站厅层东南侧靠近安检口处	>1200	843	符合
场景3	站台层7号线列车的中部车厢	>1200	845	符合
场景4	站台层7号线列车的中部车厢	>1200	845	符合
场景5	站台层北部公共区	>1200	1007	符合
场景6	站台层北部公共区	>1200	1007	符合

第 7 章

城市地铁站
应急管理优化及建议

北京西站为既有线路改造，设计必须与原有设计有机结合，综合考虑提出安全合理的优化方案。通过对既有北京西站建筑的现场调查、检测以及对人员安全疏散设计及烟气模拟的计算研究，对北京西站提出如下优化建议。

7.1 现有建筑优化设计

(1) 防火分隔

① 地下一层：地下一层换乘大厅与南北广场相通，北广场与换乘大厅应设置防火分隔。如采用防火卷帘分隔应在适当位置设置紧急疏散门，如图 7-1 所示。

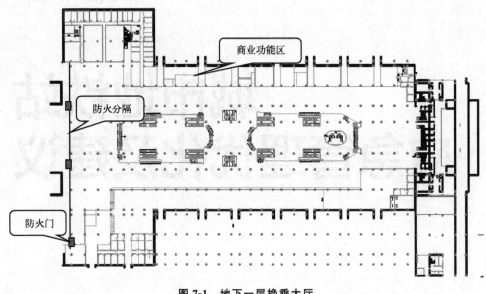

图 7-1 地下一层换乘大厅

② 地下二层：地下二层在中部 M7 相邻两线间增加耐火极限大于 2.0h 的纵隔墙，将站台层分为两个相对独立的部分。

(2) 改变换乘大厅的吊顶形式并取消商业功能区 西站地下一层换乘大厅的吊顶高度较低，现状为封闭吊顶，应将封闭吊顶改为格栅吊顶，并取消换乘大厅的商业功能区，其他功能用房也应采用甲级防火门与换乘大厅隔开。

(3) 疏散设计 地下一层换乘大厅需要疏散的人员众多，必须借助于国铁北二通道进站楼梯疏散至一层站台，因此在对应的进站楼梯出口处的出站厅隔断处（隔断只到吊顶高度）应设置疏散门。为了确保人员疏散安全，北广场与换乘大厅之间设置的防火卷帘应采用二次下降的设计措施。

7.2 消防系统优化设计

地铁车站按照规范要求进行火灾自动报警系统设计。西站换乘大厅设置了火灾自动报警系统及自动喷水灭火系统，由于地下二层 M7、M9 地铁建筑设计没有独立的对外安全疏散出口，为了保证西站交通枢纽的安全水平，地下二层站台公共区也应设置自动喷水灭火系统。

7.3 应急管理建议

针对北京西站地铁站应急技术及管理提出建议：

① 为了有效引导人员疏散至地下一层换乘大厅和地下二层站台层，除应在各个安全出口处设置疏散标志，还应在主要疏散通道上设置视觉连续的疏散导流指示标志。

② 疏散时，北二通道出站口处应安排专人组织引导人员利用出站口疏散，同时正在出站的人员也应该由工作人员通知以便及时得到信息，反向疏散至国铁站台，确保工作人员能够及时有效地引导人员有序疏散，以免造成混乱。

③ 地铁与国铁之间应加强技术协调，当某一方发生火灾时，另一方必须能够收到报警信息以执行相应的应急预案。另外在运营过程中应保证双方定期的管理以及技术的沟通，加强报警、救火、救援、疏散人员的协调训练工作。

④ 地铁运营公司应制定并开展多种多样的教育与培训活动，应明确车站工作人员的疏散职责，完善疏散计划并加强日常疏散训练，加强现场组织和中心指挥监控之间的联系，充分发挥通信设备和广播在疏散组织和引导中的作用，给疏散人员以尽量多的指导信息，在发生火灾后可以采取有效的灭火救援措施。

⑤ 定期测试、维护消防设施，从而确保任何时候消防系统均能有效运行。

第 8 章

基于多主体的
疏散引导者研究

应急疏散过程中乘客更多是依靠自身经验,选择已知资源中的最优路径,倘若仅依赖乘客的自身反应机制,在车站内容易发生混乱、拥挤、疏散资源未得到合理利用等危险状态,一方面可能导致乘客错过最佳路径、耗竭体能,另一方面甚至导致局部客流密度过大,同时拉长整体逃生时间。逃生过程中由于个体掌握信息的程度不同,掌握信息的个体可以引导群体中的其他个体进行合理行动。合理疏散应当基于政府有关机构的管理及协调,研究结果表明,在考虑出现突发事件时大众的社会行为以及心理因素的前提下,组织相关人员对其展开有针对性的疏散引导是使公共场所安全疏散效率得到提升的关键方式之一。针对此内容,《中华人民共和国消防法》中提到,对于公共场所的工作者来说,在出现紧急事故之时,是具备引导及组织群众疏散的义务及职责的。另外,《公共娱乐场所消防安全管理规定》中也规定,只要是公共娱乐场所,皆需要进行紧急安全疏散方案的制定,全体员工应具备组织人员疏散的能力。基于目前中外的探究情况而言,日本的三隅等人对群体里的领导者与引导人对于此群体的作用以及提升疏散效率的作用加以论述;Yang 等为证明声音等引导性信息在个体疏散中的有效性,在教室中进行蒙眼实验。Okada 和 Ando 借鉴速度匹配规则建立疏散向量场模型来描述群体运动,个体对引导者给出的方向提示进行趋同跟随,但模型的干预方法不适用于要求描述疏散人群心理反应的问题。Zhao 等将引导势场(guide field)引入地面场,引导者作为引导势场中心点,疏散人员所受引导势场的作用随着与引导者距离的增加而减弱。Hou 等假设当疏散人员看到引导员后,会与引导员以相同速度方向运动,仿真结果得出疏散效率受引导员的人数和初始位置设置影响。Yang 等将视域参数引入社会力模型,当引导者在疏散个体视域范围内时,疏散个体需考虑是否跟随其进行运动,如该疏散个体跟随引导者进行运动,其期望速度和方向将受引导者作用。

这些研究成果对人员疏散研究具有重要指导作用。但目前大多数研究侧重于关注疏散线路和个体行为的研究,忽略了疏散过程中群体间的交互作用。存在以下不足:

① 建模方法存在不足。模型定义个体的跟从行为,而不是引导者的引导行为。只是从形式上间接体现引导者的引导控制作用。

② 定义的个体信息与真实状况有一定差距。未将个体行为进行符合实际情况的分类,将信息的交互方式定义为接触形式,这样信息的传递完全靠独立个体;同时传递效果为全部信息接收,当某一个体得到逃生路径信息后即可具有完善的撤离能力,同时可以引导他人。

③ 引导者对逃生人员只有单向的信息传递,忽视了各个主体间的信息反馈。因此引导者无法依据场景的变化更改引导策略。

本研究针对应急疏散过程的动态性和复杂性，采用微观疏散模型描述行人基本运动，搭建个体间的信息交互机制。同时在仿真中依据客观规律合理描述引导员的控制行为和引导作用。通过建模仿真研究引导员信息、数量及行为干预群体疏散的规律和作用。

8.1 引导者应急疏散客流交互模型

8.1.1 基于多主体系统的人员交互感知模型

一个标准的多主体系统包含 Agent 的交互方式，此类 Agent 经由通信能够对周边环境抑或是 Agent 的改变加以感知，且进行对应的反馈。并且经由本身状态的变化对别的 Agent 传递信息，实现多 Agent 间的交互影响。

在一个多主体系统中，多个 Agent 需要进行相互通信、协调与合作，构成多主体系统人员交互的关键问题。

通信：处于多主体系统中的 Agent 通过自身的感知和动作能力，达到和别的 Agent 抑或是周边环境的通信。

协调：各个 Agent 经由通信，对别的 Agent 给予帮助或向其他 Agent 申请帮助，经由共同决策，尽可能达到所有 Agent 的目标。

合作：每个 Agent 带有不同的任务，所有 Agent 需要合作求解问题，共同完成任务。

模型中的 Agent 类型被划分成单独 Agent、结伴 Agent 和引导者 Agent。单独 Agent、结伴 Agent 均为普通疏散者。普通疏散者由老人、小孩和中青年男女组成，依据 2.1.1 节设定疏散人员在各个设施中的走行速度。单独 Agent 是指独立的个体，不与其他个体之间有任何联系；结伴 Agent 是指若干个体之间存在关联性，如家人、朋友等，在逃生时人员会尽量地聚集在一起并朝着同一方向移动；引导者 Agent 为疏散管理控制者，即在疏散的过程中承担路径引导、控制人群密度等职责。当紧急事件发生后，三种 Agent 之间可以相互感知，Agent 之间的感知主要表现为排斥力。除此之外结伴 Agent 还能够感知到同伴所形成的吸引力。单独 Agent 和结伴 Agent 受到引导者 Agent 的引导控制行为影响，做出相应的行为调整。依据以上划分，对疏散 Agent 的行为模式进行定义。

（1）单独 Agent 行为模式　对于个体决策来说，是建立在三个基本准则之上的，一为经验，二为本能，三则是理性，且较为有限。个体在实行综合决策之时，是能够依据其一，或者三个准则来进行判定的，至于准则的选择，则和个体情绪有着极大关联性，后者又会被环境所影响。

（2）单独 Agent-单独 Agent 相互作用行为模式　在单独 Agent-单独 Agent

相互作用层面上，应急疏散所构成的环境会造成个体间的相互影响，使得逃生人员心理产生压力，加之逃生环境混乱无序，单独 Agent 难以理智思考。特别是当局部密度过大时，极易在人群之间产生盲目跟随行为。就从众行为而言，信息有着极其重要的影响力，所以，在疏散流程中，有效的引导功能是必不可少的。

（3）结伴 Agent 行为模式　大多情况下，结伴 Agent 行为模式的交互功能和人之间的社会关系是有着极大关联的，举例来说，亲朋好友间的疏散方向更加具备一致性。而逃生过程中，结伴人群需进行速度的调整，以使疏散行为达成一致。但过多的人群以同样的方向和速度前进，很容易引起某些瓶颈位置的拥堵，此时如果没有引导者的管理和疏解，将对疏散过程造成极大的干扰。

（4）疏散指引行为模式　该模式以对外界有关疏散群体的掌控为重点关注，同时也是本章中定义较为特殊的行为模式。疏散引导者能够发挥领导的作用，即掌握地址信息并且在紧急疏散中帮助逃生者进行有序逃生。

疏散过程的个体行为选择与逃生环境信息（如通道宽度、出口位置、密度等）相关。如果逃生者获取环境信息不全面，在进行路径选择时，会表现出迷茫、跟随等非理性状态；如果逃生者获取到较为完整的信息，则会对疏散环境进行衡量，针对现有出口远近及路径通畅程度等做出合理选择。因此，逃生人员按对疏散现场环境信息掌握程度分为三类：①引导者；②"部分熟悉"行人；③"不熟悉"行人。而逃生者在疏散过程中的信息掌握和路径选择会随彼此间的信息交互动态变化。表 8-1 为行人依据信息掌握程度的分类。

表 8-1　行人依据信息掌握程度的分类

项目	引导者	"部分熟悉"行人	"不熟悉"行人
初始信息	全局信息	部分出口和路径	经过的出口和路径
初始决策	全局优化选择	局部优化选择	依据更新规则
信息变化	不断更新	不断完备	不断完备

由表 8-1 可以看出，上述分类中的引导者对逃生区域的地理环境信息完全掌握，熟知通道通畅程度、密度分布以及出口位置等信息。通过提供最优路径信息，引导逃生者绕行拥堵位置，对疏散时间和局部密度构成有效控制。而单独疏散者和结伴疏散者所包含的疏散人员根据个体信息掌握，分为"部分熟悉"行人和"不熟悉"行人。"部分熟悉"行人凭借自己所掌握的环境信息在疏散开始阶段进行有限路径选择，当遇到引导者进行引导指挥时根据引导者提供的疏散信息进行优化选择。"不熟悉"行人由于只掌握进入时所经过的路径，通常选

择原路径进行逃生，很难在第一时间做出最优的路径选择。而在逃生过程中，通过和其他行人的信息交互和从众作用，不断更新信息，逐步优化逃生路径。图 8-1 描述了三类行人的疏散行为。

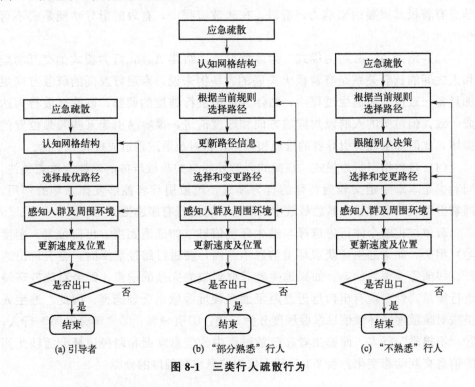

图 8-1　三类行人疏散行为

8.1.2　疏散路径决策模型

在突发事故中，若人员密度较大，则运动方向及人流密度的突变性、非线性也会受到影响。为体现引导者在疏散过程中的引导作用，在引导者模型中引入动态场信息素影响因子 E。类比生物中信息素的作用，疏散引导者通过信息素向普通疏散者留下虚拟引导信息。信息素对于普通疏散者具有一定的吸引力，并且诸多信息素能够同时占据一个元胞。当引导者由目前位置 (i, j) 转移至别的位置的时候，在位置 (i, j) 处丢下一个信息素影响因子，能够表示成 $E_{ij} \rightarrow E_{ij}+1$，在这之中 E_{ij} 是位置 (i, j) 处的信息素影响因子数目，即该处的动态场值。信息素影响因子 E 可以转移与衰减，用 α 代表转移系数，β 代表衰减系数。用平均场方法直接计算：

$$E_{i,j}^{t+1} = (1-\beta)(1-\alpha)E_{i,j}^t + \frac{\alpha(1-\beta)}{4}(E_{i+1,j}^t + E_{i-1,j}^t + E_{i,j+1}^t + E_{i,j-1}^t)$$

(8-1)

因此，引导者的转移概率为：
$$p_{ij}^G = N\exp(k_{S1}^G \times S_1 + k_R^G \times R + k_E^G \times E + k_T^G \times T)(1-n_{ij}) \cdot w_{ij} \quad (8\text{-}2)$$

依据静态场判定的概率转移公式 $p_{i,j} \propto \exp(k_S S_{i,j})$，代表对逃生线路的掌握程度。若逃生者运动依据动态场判定，则其概率转移公式等同于 $k_R^G \times R + k_E^G \times E$。众所周知，疏散流程是具备一定动态性特征的，逃生者能够利用对环境的感知、其余人群信息等来提升对未知路线以及出口道路的了解，因此可以说，个体获取的逃生信息是与信息素有着极大关联性的，且成正比。温度场概率转移公式为 $k_T^G \times T$，依据火灾场景中的温度变化进行疏散转移。

寻路过程是确定目的地和路线的过程，需要从初始位置到目标位置的知识和空间推理过程，如图 8-2 所示，结伴疏散者首先在结伴人群中进行期望速度及方向的修正，引导者发挥自己的控制指挥能力对全局疏散进行把控，从而对疏散者的合理疏散方向及路径做出指引。

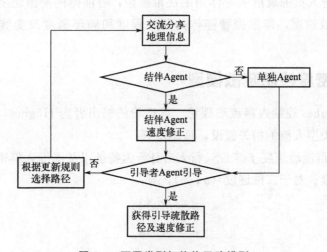

图 8-2　不同类型智能体寻路模型

疏散过程中的路径决策主要依据行人的从众行为，根据以上对乘客的分类将从众行为分为三类情况：

① 引导者效应。引导者影响范围内的乘客跟随引导者行走；而不在引导者影响范围的乘客，依据结伴同行的团队疏散行为设定。

② 单独 Agent 效应。倘若单独 Agent 与周围逃生人员之间没有进行逃生信息的交流，单独 Agent 将根据周围环境状态进行评估，遵循更新规则进行下一步的路径选择。

③ 结伴 Agent 效应。结伴 Agent 通过与小团队人群进行逃生信息的交流，得知同伴提供的路径信息，以综合信息结果的路径方向和速度进行逃生。

8.1.3 期望速度决策模型

逃生过程中乘客感知周围环境并与其他乘客进行信息交互,综合所得信息后进行行为决策。该决策突出表现为对期望速度的调整。

考虑结伴 Agent 的群体作用的决策模型,我们对逃生人员在逃生过程中的行进速度进行修正,智能体 i 在结伴同行者影响下的期望速度为:

$$V_{i\_group}(t) = \frac{1}{n-1}\sum_{j=1}^{n}V_{j\_group}(t) \tag{8-3}$$

式中 $V_{i\_group}(t)$ ——t 时点智能体 i 的疏散速度;
n ——智能体 i 的结伴同行者数量;
j ——智能体 i 的结伴同行者里的其他人员;
$V_{j\_group}(t)$ ——智能体 i 的结伴同行者里的其余人员的期望速度。

考虑引导人员的疏解引导作用的决策模型,智能体的期望速度为引导作用下的期望疏散速度,即根据智能体的服从程度和局部密度改变智能体的期望速度。

8.1.4 密度控制疏散模型

(1) Hughes 连续人群流动理论　该理论的提出者为 Hughes,其在此之后进行了单一类型人流的相关假设,具体如下:

① 就人群流动速度 f 来说,行人自身行为特征以及周围人群密度是最为主要的影响因素。对于二维速度 (u, v),有:

$$\begin{aligned} u &= f(\rho)\hat{\phi}_x \\ v &= f(\rho)\hat{\phi}_y \end{aligned} \tag{8-4}$$

式中,$\hat{\phi}_x$、$\hat{\phi}_y$ 表示运动方向的余弦。

② 每个行人的运动方向垂直于势 (potential):行人运动必然是具备相应速度势能的,可通过速度 (u, v) 进行定义。对于行人来说,一直在进行着当前势能的改变,所以行人运动是处于当前势线垂直方向之上的,其方向余弦如下:

$$\hat{\phi}_x = \frac{-(\partial\phi/\partial x)}{\sqrt{(\partial\phi/\partial x)^2 + (\partial\phi/\partial y)^2}} \quad \hat{\phi}_y = \frac{-(\partial\phi/\partial y)}{\sqrt{(\partial\phi/\partial x)^2 + (\partial\phi/\partial y)^2}} \tag{8-5}$$

人群运动除了想要对高密度区域进行避开之外,还希望获取到最短路径来行走。所以,等势线间的距离是需要和行人速度间具备一定比例的,换而言之就是运动时间乘以速度的最小乘积,具体如下:

$$g(\rho)\sqrt{u^2+v^2} = \frac{1}{\sqrt{(\partial\phi/\partial x)^2+(\partial\phi/\partial y)^2}} \tag{8-6}$$

在上述公式中，$g(\rho)$ 对应的是人群舒适度函数，一般来说，取值等同于1。在上述假设基础之上，结合连续人群流动守恒方程来看：

$$\frac{\partial\rho}{\partial t}+\frac{\partial\rho u}{\partial x}+\frac{\partial\rho v}{\partial y}=0$$

推导得出最终运动方程：

$$\begin{cases} -\dfrac{\partial\rho}{\partial t}+\dfrac{\partial}{\partial x}\left(\rho g(\rho)f^2(\rho)\dfrac{\partial\phi}{\partial x}\right)+\dfrac{\partial}{\partial y}\left(\rho g(\rho)f^2(\rho)\dfrac{\partial\phi}{\partial y}\right)=0 \\ g(\rho)f(\rho)=\dfrac{1}{\sqrt{(\partial\phi/\partial x)^2+(\partial\phi/\partial y)^2}} \end{cases} \tag{8-7}$$

结果表明，此运动方程是能够对多类别人群拥堵情况下的流动现象作出运算的。

(2) 连续流动人群的特征密度分析　结合上文我们能够得出，人群密度与人群运动速度之间是存在紧密关联性的，若前者低，则后者快，可以称之为能够行走的速度，具备较高自由性；随着人群密度的提升，人群运动速度受到影响会出现相应的缩减，然而此时人群流动依旧呈现出增幅状态，ρ_{tran} 代表密度值；人群密度提升到 ρ_{crit} 值时，也就意味着人群流动最高；若人群密度再次提升，则人群流动随之降低，到零为止，这个时候的人群密度在正常运动条件下为最高，通过 ρ_{max} 代表。人群密度在不断提升的同时，实际上人群就已经进入到了挤压状态，甚至于停滞。结合研究成果来看，人群运动速度是能够以密度函数进行表达的，具体公式如下：

$$f_1(\rho)=A-B\rho,\ \rho\leqslant\rho_{tran} \tag{8-8}$$

$$f_2(\rho)=A(\rho_{tran}/\rho)^{1/2},\ \rho_{tran}\leqslant\rho\leqslant\rho_{crit} \tag{8-9}$$

$$f_3(\rho)=A\left(\frac{\rho_{tran}\rho_{crit}}{\rho_{max}-\rho_{crit}}\right)^{1/2}\frac{(\rho_{max}-\rho)^{1/2}}{\rho},\ \rho_{crit}\leqslant\rho\leqslant\rho_{max} \tag{8-10}$$

在上述公式中，A 对应高度自由行走的速度，B 属于常数，参数取值和较多因素存在关联性，例如特征、体重、年龄以及身高等，出于对人群一般情况的考量，可进行取值：

$$A=1.4\text{m/s}$$

$$B=0.25\text{m}^3/(\text{人}\cdot\text{s})$$

$$\rho_{tran}=0.8\text{ 人}/\text{m}^2$$

$$\rho_{crit}=A/2B=2.8\text{ 人}/\text{m}^2$$

$$\rho_{max}=A/B=5.6\text{ 人}/\text{m}^2$$

若人群密度高于 ρ_{crit}，此时人群流量出现缩减，人群挤压趋势必然产生，学者 Hugues 提出，在人群密度超出 4 人/m^2 时，压力波随之出现。

(3) 引导作用下的密度控制　应急疏散情况下，为防止乘客瞬时聚集形成拥堵，引导者通过速度调整的形式来降低局部密度，避免因局部过度拥挤而发生踩踏事故，造成人员伤害。某种程度上来说，疏散引导是有着大规模人群恐慌及焦急心态稳固功能的，除此之外，其还能够利用对各类疏散措施的合理安排，对乘客安全性做出保证。研究指出，人均占有面积在 0.28m^2/人以上时较为安全，因此逃生过程中人员密度应控制在 3.57 人/m^2 以下。

应急疏散过程中通过引导者的指挥信息来实现对逃生人员的控制。该信息具备一定的灵活性特征，能够结合现场实际情况进行指引，且易被人群接受，乘客心理受到影响的同时，疏散行为也会发生改变。速度控制模型如图 8-3。逃生人员的运动状态在引导者的管控下进行改变：

① 计算 t 时点行进方向半径 10 网格内的密度；
② 判断是否超出安全密度；
③ 若未超出，逃生人员依据引导和更新规则前进；
④ 若超出，引导者变为慢速引导并采取控制措施，逃生人员在管控作用下调整行进速度；
⑤ 重复循环以上步骤。

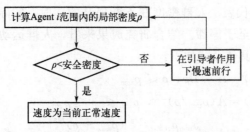

图 8-3　智能体在引导作用下的速度控制模型

8.2　引入引导者的仿真结果与分析

模型中房间的大小为 60m×60m，离散成 0.4m×0.4m 网格格点，中间设有隔断过道，共 4 个出口，左上、左下、右上、右下出口分别标号为 1、2、3、4 出口，1 号出口宽度与 3 号出口相同，均等于 5m，2 号出口宽度等于 1m，4 号出口宽度则是 10m。房间平面示意图如图 8-4 所示，设定疏散人数 500 人，均匀散布在房间内。

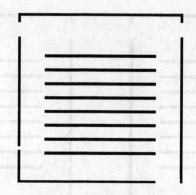

图 8-4 房间平面示意图

结合真实场景,设置模型参数如下:

引导者相关参数:$k_{s_1}^G=1$,$k_r^G=0.3$,$k_E^G=1$,$k_T^G=2$。

普通疏散者相关参数:$k_{s_1}^O=0.2$,$k_r^O=1$,$k_D^O=0.02$,$k_T^O=0.8$。

为充分观测模型对人群疏散的影响,定义时间步长为:

$$\Delta t \approx \frac{n}{v_{\min}} = \frac{0.1}{0.1} = 1\text{s} \tag{8-11}$$

对比无疏散引导者和在出口设置疏散引导者仿真结果,见表 8-2。

表 8-2 疏散仿真结果

模型方式	无引导者模型	设置引导者模型
通过 1 出口的人数/人	135	141
通过 2 出口的人数/人	97	74
通过 3 出口的人数/人	123	124
通过 4 出口的人数/人	145	161
疏散总时间/s	574	463

由仿真结果可以看出,图 8-5 中 2 号门已出现拥堵和"拱形"现象,这是由于在疏散过程中没有明确的引导指示,疏散人员由于恐慌,盲目逃向离自己最近的出口,在疏散的中间阶段由于排队等待造成了疏散时间的延迟。在图 8-6 中,由于模型设置了引导者,部分疏散人员跟随引导者选择了离自己较远但是可以快速撤离到安全位置的其它出口,避免了疏散过程中的拥堵现象,节省了疏散时间。在仿真过程中可以发现,在疏散初始阶段疏散人员在无引导者时,会出现路线迂回的现象;但当其靠近引导者后,即径直向可安全快速撤离的出口移动。

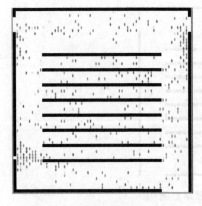
图 8-5 无引导者模型（30s）

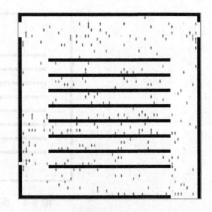
图 8-6 设置引导者模型（30s）

在设置引导者仿真时，假定行人进行路径选择时的随机参数 $\sigma=1$，通过改变行人最优方向选择的随机概率 p 的值，对行人期望速度方向的随机选择过程进行分析。仿真结果如图 8-7 所示。

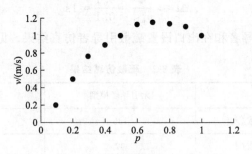
图 8-7 不同随机概率下的平均速度

如图 8-7 所示，随着随机概率的增高，行人运动的平均速度增大。当随机概率到达临界值时，行人速度呈现降低态势。由此得知，行人在各时刻的最优方向并不是全局最优选择。而行人偏离个人最优方向或许能达到降低整体疏散时间和提高整体平均速度的效果。因此，在应急疏散过程中如能进行有效的信息交互，在合理的引导作用下可提高疏散效率。

8.2.1 引导者信息素参数与疏散时间的关系

本节重点对动态场之中，信息素 E 参数 α 和 β 的变化，以及与疏散时间的关联性进行了研究。当 k_E 为正值时，引导信息素起到对疏散者的指引作用。由式（8-1）可知信息素与相关参数的关系，在一个时间步中每个影响因子都以概率 β 衰减并以概率 α 移动到邻域。

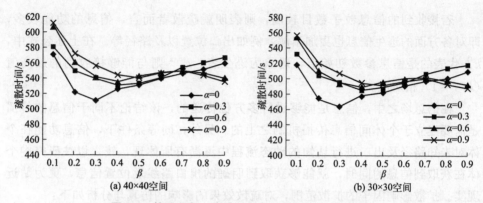

图 8-8 转移系数、衰减系数与疏散时间之间的关系

图 8-8（a）存在于 40×40 空间之中，初始疏散人群共 100 人，0.0625 人/格子是初始密度，图 8-8（b）空间则对应 30×30，初始疏散人群与（a）部分相同，0.111 人/格子是初始密度。依据图 8-8 我们能够发现，疏散时间与转移系数是有着密切关联性的，后者提升的同时，前者增加；若转移系数高，则疏散时间受到衰减系数影响，同时出现反比表现。上述结果皆表明，动态场模型之中，引导信息素发生转移，是能够对模型噪声进行提升的，与此同时疏散效率缩减；就疏散而言，引导信息素存在积极性影响，该影响仅存在于没有转移的条件之下。

8.2.2　引导者扩散影响因子分析

除跟随引导者的从众引导外，引导者 Agent 还可以利用手势、声音等手段向疏散人员传递出口位置、运动方向等疏散信息，逃生信息用扩散影响因子 A 代表，在各时间步，个体在其所处位置 (i, j) 留下一定数目的扩散影响因子 A。信息场里扩散影响因子的扩散不以个体之间的接触当作传播条件，仅需其身处的位置依然有扩散影响因子存在，就可以对获取到的信息作出认定，信息数量多，则表明信息量大。扩散影响因子为上一时刻影响到的因子数矢量和。扩散影响因子对逃生者的作用体现在 k_{s_1} 中，即逃生者在引导者的指挥下获得了更多的路线信息，表示为：

$$k_{s_1} = f\left(\sum_{(i,j) \in O_{s_1}} A_{ij}\right) \tag{8-12}$$

式中，O_{s_1} 代表逃生路线，$\sum A_{ij}$ 代表逃生者目前获得的信息粒子数。假设为 S 型函数，则有

$$k_{s_1} = \frac{k_{s_1}^{\max} + (2k_{s_1}^{O} - k_{s_1}^{\max})\exp\left(-\sum_{(i,j) \in O_{s_1}} A_{ij}\right)}{1 + \exp\left(-\sum_{(i,j) \in O_{s_1}} A_{ij}\right)} \tag{8-13}$$

若接收到的信息粒子数目较高，则表明就疏散者而言，信息的功能较多，即对各方面的逃生信息也更加了解，例如出口位置以及路径等。在上述公式中，$k_{s_1}^{0}$ 代表的是信息参数初始值，对象为逃生者，$k_{s_1}^{max}$ 则与能够接收到的最高值（$k_{s_1}^{max}=1$）相对应。

在信息场之中，信息是能够进行多方位传递的，该结论不同于信息的传播是需要建立于个体间信息传播机制之上的。另外，同等条件下，信息功能在个体对未知路径及出口进行认知的动态流程中逐渐有所体现，较之以往研究中个体在获取到信息的同时，就能够获取到明确的出口路线及位置信息，更为贴近现实。扩散影响因子的扩散范围，对疏散效果的影响的仿真与分析如下：

在设定引导人员数量为10人，疏散总人数400人的条件下，本节对其产生影响的范围自周边0网格上升至10网格的疏散过程进行模拟（引导者相关参数 $\alpha=0$，$\beta=0.3$）。

图8-9为引导人员指挥影响范围从0网格扩大到10网格时的疏散时间变化图，结伴Agent比例分别设置为5%和50%。由模拟结果可知，不论疏散人群中结伴者所占比例为何，当引导人员指挥影响范围从0网格到6网格时，疏散时间均显著下降，表示在这个范围内增加引导人员的语音扩散范围，可以有效缩短疏散时间；当影响范围从6网格继续扩大时，总疏散时间变化幅度比较平缓，可知在这个范围内继续扩大引导人员的语音影响范围对缩短疏散时间的影响不明显；当语音影响范围持续扩大时，疏散时间有所延长。此外，每一组中结伴Agent所占比例为5%的疏散场景的总疏散时间均小于结伴Agent所占比例为50%疏散场景的总疏散时间，即结伴者的行为会增加整体的疏散时间，从而不利于整体人员的疏散。

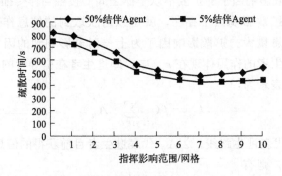

图8-9　引导人员指挥影响范围变化对疏散时间的影响

基于模拟数据能够看到，当引导者影响区域较小时，大部分逃生者由于处在此范围以外而无法获得高效的指挥，进而使疏散时间遭到贻误。当引导者的影响力在一定范围内持续上升的时候，其影响范围大致可以将全部逃生者囊括在内，恰当的从众行为使各个逃生者的逃生时间下降，即全部人员都可以在指导下进行疏散，降低了疏散时间，使其效率得到很大提升。然而倘若影响覆盖面积过大，会造成逃生信息交织而使其遭受干扰，同时过大的音量也会使人员产生焦躁情绪，对于逃生者的判断产生负面作用，使其反应时间延长。所以过度提升其影响范围无法使疏散效率获得提升，还在很大程度上造成时间延长，使疏散效率下降。

8.2.3 引导者数量与疏散时间的关系

在疏散管理中，设定引导者的数量也影响着疏散效果。假定普通疏散者总人数为450人，结伴Agent比例分别设置为5%和50%，引导人员数目自0人上升至50人，每组增添5个引导人员，展开10次模拟，观测引导者数目对于疏散成效的作用。图8-10是引导人员由0人上升至50人时的疏散时间变化图。由模拟结果可知，不论疏散人群中结伴者所占比例为何，在引导人员数目由0上升至20的时候，疏散时间明显降低，代表在此范围中引导人员数目增加可以大幅减少疏散时间。在引导人员数目自20上升至35的时候，疏散时间曲线从总体上看变动不大，代表在此范围内引导人员数目上升对于缩减疏散时间的效用不十分明显。在其数目不断增加的时候，疏散时间并未出现显著改变。与引导人员指挥影响范围分析模拟结果相同，每一组中结伴Agent所占比例为5%的疏散时间均小于结伴Agent所占比例为50%的疏散时间。但结伴Agent所占比例为50%的疏散场景中，疏散时间随引导者数量增加而降低的趋势更加显著。因为当结伴出行人员比例更多时，一定数量的疏散引导者对部分疏散人员传递引导信息，而这些人员会把疏散信息传达给结伴同行的人员。

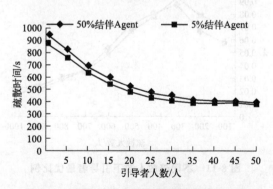

图8-10 疏散引导者数量与疏散时间的关系

从模拟结果可以看出，在引导者数目过低的时候，其可以影响的范围不大，大部分逃生者由于处在引导者以外而无法获得高效的引导，进而使逃生时间贻误。引导者数目在一定范围持续增加的时候，其能够产生影响的范围大体上可以将每一个逃生人员加以覆盖，从众行为使各个逃生者逃生时间降低，即全部人员都可以在引导作用下展开疏散，进而使疏散时间下降，提升了疏散效率。然而伴随引导人员数目持续上升，将所有逃生者全面覆盖，这个时候再增添引导者对于总体疏散成效没有显著的作用。引导人员过多无法持续提升疏散效率，其数目就疏散效率而言具有最优值。其最优数目只与一定的情形以及条件相对应，在疏散人员数目上升的时候，抑或是引导人员疏导策略出现改变的时候，实现最优疏散效率所需的引导人员数目是存在一定差异的。

8.2.4 疏散引导者最优数量分析

基于上面的结论，可知在特定的疏散环境中，疏散引导者存在最优值，找到这个最优值既可以进行有效的疏散引导，提高疏散效率，又可以在管理中节省人员成本。经由对疏散加以模拟，观测引导人员数目和逃生人员数目的比例系数 λ 的变动。假定引导人员和疏散人员的人员数目关系是 $N_G = \lambda \times N_O$，N_G 代表引导人员数目，N_O 代表逃生人员数目，λ 是系数。

(1) 固定疏散场景　将疏散人员数目从 100 至 1000 划分成 10 组，结伴 Agent 比例分别设置为 5% 和 50%，各组添加 100 人展开模拟，找到每组数据中的最优疏散引导者人数（当疏散时间缩短到小于 10s，则视为增加引导者对疏散效果影响不明显）。绘制基于最优引导者数目时，其数目和逃生人员数目的比例系数 λ 的变化图，见图 8-11。

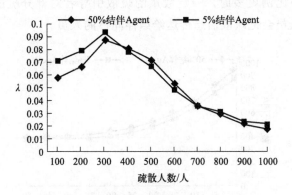

图 8-11　不同疏散人数下引导者最优比例

相同场景中，在外部条件以及引导策略不发生变化的前提下，均具有设定引导者数目的最优值。通过模拟可知，不论疏散人群中结伴者所占比例为何，所需引导者最优比例变化趋势基本一致。在逃生者数目较少时，疏散人员不易因拥堵冲撞产生混乱，因此少量引导者就可以进行疏散管控。随着疏散人数增多，人群因拥挤噪声等影响产生混乱，亟须较多的引导者对逃生信息进行传递，展开对于疏散的管理控制。然而在逃生人员数目不断上升之后，适度降低其比重一样可以让疏散时间达到此情形下的极限值，由于众多逃生人员之间的信息传递更为频繁快速，从众行为降低了各个逃生人员的寻路时间，无须过多引导者进行管控。在逃生者人数较少时，两疏散场景所需引导者最优人数差别较大，结伴人员比重较多的疏散场景所需引导者人数少于结伴人员比重较少的疏散场景，因为当结伴出行人员比例更多时，一定数量的疏散引导者对部分疏散人员传递引导信息，而这些人员会把疏散信息传达给结伴同行的人员，该结论与上一模拟结果吻合；而随着人数持续增多，逃生人员密度加大，人员之间的相互影响更加显著，两种疏散场景下比例系数相近。

（2）固定疏散人数　在疏散场景中设定不同数量的出口，如图 8-12 所示。

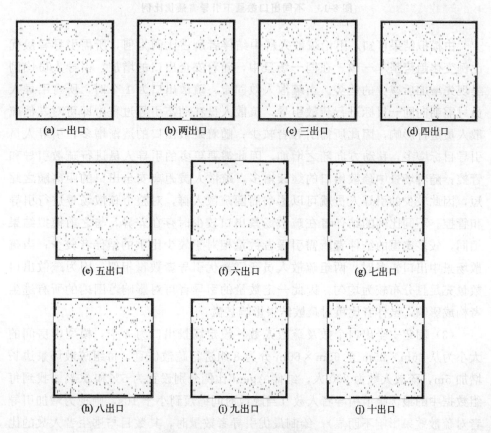

图 8-12　不同数量出口设置位置

固定疏散人数为 300 人，结伴 Agent 比例分别设置为 5% 和 50%，找到每组数据中的最优疏散引导者人数（当疏散时间缩短到小于 10s，则视为增加引导者对疏散效果影响不明显）。绘制最优引导者数量时，其数量与逃生者人数的比例系数 λ 的变化图，见图 8-13。

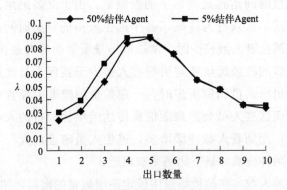

图 8-13　不同出口数量下引导者最优比例

由模拟结果可知，不论疏散人群中结伴者所占比例为何，所需引导者最优比例变化趋势基本一致。在同一场景中，随着安全出口的增加，引导人员比例呈现先增加后减少的趋势。当疏散人数固定，疏散出口为 1 个时，所有引导人员只需朝向同一目标进行疏散引导，疏散人员在动态引导过程中即可对其他疏散人员进行影响，因此所需引导者较少；随着疏散出口的逐渐增多，引导人员引导目标增多，移动方向随之增加，因此需要更多的引导人员进行疏散引导和管控；随着场景中疏散出口的继续增多，疏散人员距离安全出口的距离随之缩短，因此较少的引导人员就可以影响周围疏散人群，对整个疏散场景进行引导和管控。不同比例的结伴者在疏散场景出口较少时存在差异，与之前模拟结果相同，较多比重的结伴者所需引导者数量相对于较少比重的结伴者较少；当疏散场景中出口较多时，两组疏散人员所需最优引导者数量相似，因为疏散出口数量充足且分布较为均匀，因此一定数量的引导者可对影响范围内的所有逃生者构成影响，结伴者比重对疏散结果影响甚微。

（3）固定安全出口个数及疏散人数　设定场景出口为 4 个，模型中房间的大小为从 25m×25m 至 60m×60m 分为 8 组进行疏散仿真，每组疏散场景边长增加 5m，疏散人数为 200 人，结伴 Agent 比例分别设置为 5% 和 50%。找到每组数据中的最优疏散引导者人数（当疏散时间缩短到小于 10s，则视为增加引导者对疏散效果影响不明显）。绘制最优引导者数量时，其数目与逃生者人数的比例系数 λ 的变化图，见图 8-14。

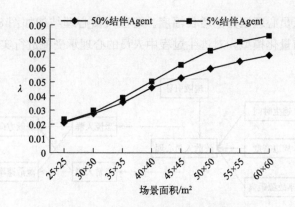

图 8-14 不同场景面积下的引导者最优比例

由上述模拟可知，不论疏散人群中结伴者所占比例为何，所需引导者最优比例变化趋势基本一致。随着场景面积扩大，所需最优引导人员比例随之上升。因为每个引导人员的影响面积有限，当场景面积扩大时，虽然疏散总人数没有发生变化，但当前的引导人员无法继续有效对场景内分散的疏散人员进行引导，因此需要更多比例的引导人员，才能将引导信息扩散到更大的面积。不同结伴者比例的疏散人群在疏散场景面积较小时密度较大，疏散人员间信息交流较充分，所需最优引导者数量差别不大。随着疏散场景面积的扩大，结伴者比重较小的疏散人群因为彼此间的信息交流有限，因此较结伴者比重较大的疏散人群需要更多的引导者才能达到最优的疏散效率。

8.3 疏散人员心理承受值分析

8.3.1 心理承受值感知模型

当外界环境变化使得个体无法合理应对时，个体会表现出一种身心紧张状态，衡量这种紧张状态的指标为心理承受值。这种紧张状态通过个体的生理和心理变化表现出来。由于疏散人员心理与行为上的改变，随之出现的状态与疏散引导行为间存在着一定的反作用及影响。在不对人员特征进行考量的前提下，从应急环境空间与时间角度出发，对人员心理承受值进行的分析是存在三方面依赖的，其一为周边密度，其二为与事故源间的距离，其三则是逃生时间。随着疏散人员心理承受值的不断上升，疏散人群中的恐慌人员数量会随之增多，正常疏散人数逐渐减少，而恐慌人员所表现出的压力行为会直接影响人员疏散方向的正确性和对疏散速率的合理控制，造成疏散过程中的混乱。而疏散过程中的指引堵疏等控制干预行为，可对疏散过程中的人员进行有效引导和密度控制，从而降低疏散人员心理压力的增长幅度。疏散人员心理结构如图 8-15 所示。本节建立心理承受值量化模型，对逃生过程中人员的心理承受值进行实时量化观测。

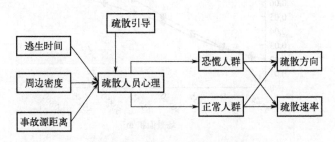

图 8-15　疏散人员心理结构图

（1）感知周边密度 $p(t)$　　在逃生过程中，人员的压力行为与所处环境密度成正比关系。前文中提到，人群密度在不断提升的同时，实际上人群就已经进入到了挤压状态，甚至于停滞。当乘客所处环境密度极其小时，行走具有较高自由度，故因密度所致心理承受值为 0。随着所处环境密度的提升，人群运动受到的影响会出现相应变化，如"无干涉—相互影响—需避让—出现阻碍—行走缓慢—停滞"的动态走向。在对各智能体的"视野感知域 G"进行定义时，由于疏散者属于自由选择路径，能够利用扭头等行为对周边环境进行观察，因此设置 G 为 360°的圆形区域，半径取 2m，如图 8-16。

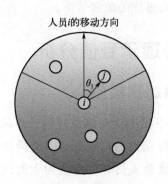

图 8-16　疏散人员视野范围示意图

定义人员 i 的周边密度等同于视野区域内的人数与视野面积的比值。其中行进方向的密度对感知影响较大，最大视角 $\theta_1=110°$；其余区域内（$\theta_2=250°$）密度对疏散者移动影响稍弱，该区域人数总数乘以转移系数 $\alpha=0.6$。实际疏散过程中，人员 i 的周边密度是随着疏散过程实时变化的。

（2）感知事故源的功能范围 $q(t)$　　突发事件产生之后必然存在着相应的作

用范围，在建筑物之中，智能体自身了解到的事故源距离，是能够直接影响到最终决策的，各智能体间各不相同。若乘客与事故源间的距离等同于0，表明乘客此时心理承受值与1相近。而其他位置的乘客因各自位置的不同，在疏散流程中产生的心理承受值必然与之不同。随着和事故源间距离的拉长，乘客安全感随之提升，心理承受值出现缩减，反之亦然。

（3）感知逃生时间 $l(t)$　疏散人员在紧急场景中停留的时长为逃生时间。在疏散环节中，若乘客逃生时间较之心理预期低，则人员压力行为不会因此而产生；反之，人群环境恶劣，或是存在拥挤现象的话，乘客逃生时间必然会高出心理预期，从而造成心理承受值的提升，引发逃生行为及事件。对于逃生时间来说，其与心理承受值间是存在着极大关联性的，且为正比，该关系在定性分析中使用较多，从定量分析角度来看，逃生时间多会进行（0，1）的量化。一旦设定人员到达建筑物，随之出现突发事件，那么此时的智能体原有状态必然会得到释放，并对危险事件有所感知。开始疏散时逃生时间为0。

一般来说用曲线函数来表达影响因素所对应的心理承受值。而Sigmoid函数与心理学中的学习曲线形状相类似。此外Sigmoid函数为S型函数，我们利用Sigmoid的变形函数对以上因素和心理承受值的关系进行模拟。$p[\rho(t)]$、$q[d(t)]$和$l(t)$如下式所示：

$$\begin{cases} p[\rho(t)] = \dfrac{1}{1+e^{-[a_1\rho(t)-b]}} \\ q[d(t)] = \dfrac{1}{1+e^{[a_2 d(t)-b]}} \\ l(t) = \dfrac{1}{1+e^{-(a_3 t-b)}} \end{cases} \quad (8\text{-}14)$$

$$0 \leqslant p[\rho(t)], q[d(t)], l(t) \leqslant 1$$

式中　$p[\rho(t)]$——周边密度与人员心理承受值的关系，取值为（0，1）；

$q[d(t)]$——人员到事故源的距离与心理承受值的关系，取值为（0，1）；

$l(t)$——逃生时间与人员心理承受值的关系，取值为（0，1）。

a_1、a_2和a_3为心理承受值激增系数，取值均大于0；b为曲线函数的边界约束值，取值7.5。

基于上述描述和假设，定义t时刻人员的心理承受值为$E(t)$，取值为（0，1）。

$$E(t) = \max\{p[\rho(t)], q[d(t)], l(t)\} \quad (8\text{-}15)$$

8.3.2　心理承受临界度

Kholshevnikov描述了逃生者在不同心理状态下所表现出的行为状态，将人员在面临突发事故时的心理反应定义为三个阶段，如图 8-17 所示。

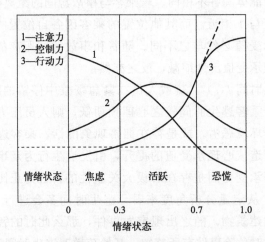

图 8-17　紧急疏散时乘客心理承受力与行动力关系图

阶段一（$0<E<0.3$），人员感受到的危险信号较弱。

阶段二（$0.3<E<0.7$），此时人员清醒地意识到危险的存在，通过增加期望疏散速度和与周围的环境或人员进行信息交互，从而快速逃离危险区域。

阶段三（$0.7<E<1.0$），威胁性极大，在极端状况下，人们由于急于逃生，注意力和控制力急剧下降，表现出按照自己的感知进行疏散的非理性行为。此阶段乘客容易表现出较为明显的压力行为。

出于对疏散流程中，人员承受力行为判定的考量，我们进行存在心理承受临界度 E_0 的假设。若乘客心理承受值较之临界度低，则表明疏散行为较为有序；若乘客心理承受值较高，则表明存在着混乱的疏散行为。结合上文来看，压力状态下，最大值应当等于或者小于 0.7，因此乘客心理承受临界度 E_0 可以取值为 0.7。若人员心理承受值比临界度低，表明并不存在压力行为，反之则有着一定的压力行为与恐慌心理，容易令场面出现无序甚至混乱的现象。

在对乘客心理承受值进行考量之时，其自身期望速度是会受到承受值 $E(t)$ 影响的，并发生改变。假设处于压力状态下，则乘客期望速度如下所示：

$$V_{E\_passage}(t)=[1-E(t)]V_{e\_passage}(t)+E(t)\times V[E(t)]_{passage} \quad (8-16)$$

式中　$E(t)$ —— t 时点行人的心理承受值；

$V_{E\_passage}(t)$ ——压力状态下行人在 t 时点通道中的期望疏散速度；

$V_{e\_passage}(t)$ ——无压力状态下行人在 t 时点通道中的期望疏散速度；

$V[E(t)]_{passage}$ ——压力状态下行人在通道中的自然速度。

8.4 引入引导者的仿真案例分析

8.4.1 案例站台简介

为说明问题,本节仅选取宋家庄地下交通枢纽中 5 号线北侧上车站台及其出口楼梯作为模拟区域。为了更好地研究逃生过程中楼梯入口附近区域的密度变化等相关问题,我们设定楼梯入口附近位置为候梯区域。候梯区域的宽度定义为疏散楼/扶梯的两侧各向外拓展 1m,总和计算为 7.1m。如图 8-18、表 8-3 所示。

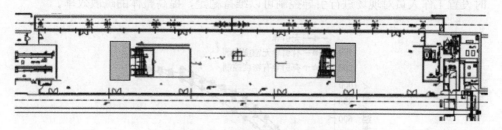

图 8-18 疏散站台层示意图

表 8-3 5 号线各疏散区域宽度统计

名称	宽度	名称	宽度
5 号线北站台扶梯 1	1	5 号线北站台楼梯 1	3.1
5 号线北站台扶梯 2	1	5 号线北站台楼梯 2	3.1
5 号线北站台扶梯 3	1	候梯区域	7.1
5 号线北站台扶梯 4	1		

8.4.2 设置引导者的站台疏散仿真研究

疏散人员数目的设定与地铁车站的疏散时长以及成效具有密切的关联,地铁人员安全疏散研究应该将最不利的情形考虑在内,所以模拟中应考虑最大的可能人员数目。

《地铁设计规范》中明确表示疏散人员数目应当依据远期高峰小时客流量设定。通过客流统计得到:站台区域候车人数 1212 人,其中 30% 为小群体乘客。站台工作人员 20 人。模拟站台区域紧急状况下无引导人员、有引导人员但无密度控制和引导人员进行密度控制三种场景,见表 8-4。

表 8-4 有无引导作用的仿真对比场景

场景编号	引导人员	密度控制
1	无	无
2	有	无
3	有	有

图 8-19 为无引导疏散和有引导疏散下的累计疏散人数随疏散时间的变化。无引导疏散场景总疏散时间为 182s，有引导但无密度控制场景总疏散时间为 166s，有引导同时进行密度控制场景总疏散时间为 144s。由仿真结果可以得出，在疏散时设置工作人员对现场进行引导控制可以维持稳定，提高整体的疏散效率。

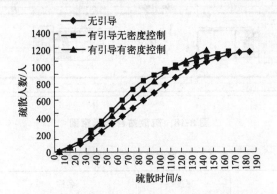

图 8-19 累计疏散人数随疏散时间的变化

图 8-20 为场景 1（无引导）、场景 2（有引导无密度控制）和场景 3（有引导有密度控制）在各区域的平均疏散时间。以此来观测各疏散策略在不同场景下所发挥的作用效果。

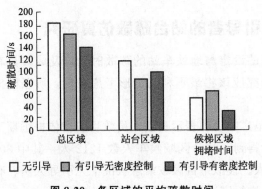

图 8-20 各区域的平均疏散时间

对比无引导作用的疏散场景，有引导作用的 2 个场景在站台区域的平均疏散时间都有了不同程度的缩短，这说明在引导人员指引的作用下，乘客可以快速明确楼梯口位置，径直疏散至该区域，避免了因找不到出口而盲目奔跑的迂回现象以及目标混乱引起的相互冲撞，节省了疏散时间。在场景 2、3 中，有密度控制场景比无密度控制场景站台区域疏散时间延长了 12s，疏散效率下降了 13.79%，这是由于在疏散初期站台位置的乘客分布比较密集，为了使疏散过程安全有序进行，工作人员在引导过程中会利用放慢步速、指挥乘客排队撤离等方式，来降低局部地点的密集程度，因此乘客在该位置的逃生时间会有所增加。

由于引导人员的有效引导，场景 2 中乘客目标明确，逃生速度快，迅速聚集至楼梯口的候梯位置，但因楼梯口宽度有限，大量的乘客涌向楼梯口反而造成拥堵现象，正所谓"欲速则不达"。场景 3 中在有效的密度控制下，候梯区域密度控制在较低值，同时有效的疏散引导使得乘客快速沿楼梯向站厅层进行疏散，节省了疏散时间。

图 8-21 为候梯区域的密度变化，可以看到场景 3 中在工作人员的有效引导和管控下，该区域的人员密度一直保持在安全值。

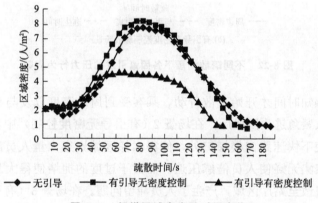

图 8-21 候梯区域密度随时间变化

图 8-22 分别给出了场景 1（无引导作用）、场景 2（有引导作用无密度控制）和场景 3（有引导作用有密度控制）中在影响因素作用下，压力行为人数的变化。

应急疏散开始为预动作阶段，在事故源附近人员首先察觉到危险，马上转变为压力行为，由于无引导疏散场景中人员不能得到管理人员的有效引导，因而人群在第一时间表现出朝着远离事故源位置四散逃窜的行为，进而增大了周边人员的密度。而有引导者的疏散场景中，人员感知到管理人员对疏散路径的引导，能朝着有效的疏散路径进行远离事故源的疏散逃生。影响范围外的乘客

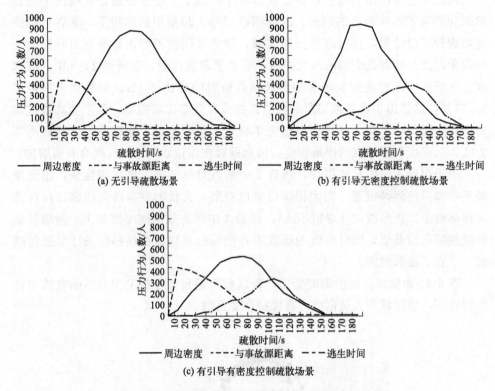

图 8-22 不同疏散场景下各因素引发的压力行为人数

需要一定的感知时间才开始疏散行动，乘客受到周边密度以及与事故源的距离的影响。进入紧急逃生阶段后，在场景 2（有引导无密度控制）中，乘客在恐慌及压力的驱使下快速跑向楼梯口处，使得候梯区域聚集大量人员出现拥堵，而大量的人员聚集无疑使人员倍感压迫。而由于过度的拥堵使得大量人员无法通过楼梯快速疏散至站厅区域，产生了人员滞留问题。在场景 3（有引导有密度控制）中，得益于工作人员在疏散过程中的合理管控和明确指引，因此乘客较少地受到拥堵现象的干扰。

基于仿真结论可知，在管理人员的指挥作用下防止"欲速则不达"的疏散方式有利于缓解人员的紧张情绪。

本章对模型中的 Agent 进行了分类，建立了单独 Agent、结伴 Agent 和引导者 Agent 三类群体 Agent，对逃生者速度进行了修正，利用引导者在疏散过程中提供引导帮助和传播逃生路线信息的行为，在多主体系统中进行信息交互。依据研究结果我们能够发现，在动态场模型之中，受到信息素移动作用的影响，模型噪声会随之增多，且疏散效率下降；就疏散流程来说，信息素存在的积极影响仅在无移动条件下有所体现。在模型中设置引导者通过声音、手势等指引包含出口位置、运动方向、路线等逃生知识的信息，使得仿真过程更接近真实场景。通过模型仿真和数据分析可以得出：

① 在应急管理中设置引导者，可以在疏散初始阶段引领疏散人员快速明确疏散目标，减少迂回现象；引导者在疏散过程中合理疏导人群利用疏散出口，避免某一出口过度拥堵，缩短疏散时间。

② 引导者在疏散过程中进行密度控制，可以使整个疏散过程更合理有序，整体提高疏散效率。

③ 通过技术方式对引导者的影响范围进行扩张，除了能够实现引导功能的提升之外，还可以对疏散时间进行缩减，除此之外，对引导者数量缺失的弥补也是其作用之一。

④ 研究了引导者在固定疏散场景面积、固定疏散人数及固定安全出口个数等设置下的最优值，为应急疏散管理中设置引导者数量提供理论依据。

⑤ 将乘客的心理承受值进行量化，描述人员在突发状况下心理承受能力的变化过程。根据心理承受临界度找出乘客在疏散过程中的状态变化，并对压力状态下的速度进行调整。

⑥ 选取实例车站进行研究，设定了对站台应急疏散瓶颈位置"候梯区域"的观测，通过对无疏散引导、有引导无密度控制和有引导有密度控制三种疏散场景的模拟，得到各场景下的疏散人数随时间变化，反映出在应急疏散过程中设定引导人员对缩短疏散时间的有效性。而各区域疏散时间、候梯区域密度和压力行为人数等相关结论，证实了在引导人员的引导作用下进行密度控制的重要性。

第 9 章

智能疏散指示标志优化设计

随着城市的不断发展，轨道交通车站内部空间结构愈发繁杂和多样，疏散通道与换乘通道相互交叉，乘客大多需要依赖于线路指示标志来寻找正确方向，尤其是在发生事故及灾难之时，由于黑暗及恐慌等心理的影响，行人疏散对于应急疏散指示标志的依赖度更加提升。其作为疏散指引及干预的一种方式，就公共安全规划而言极其重要。

9.1 应急疏散指示系统概述

现阶段，国内大中型城市建筑之内，大多进行了疏散指示设备以及火灾探测报警装置的安装，与国家相关规定较为相符。然而受到这些设备之间独立工作性质的影响，因此它们并不存在紧密关联，无法实现人员避开灾难区域的就近引导与疏散，存在一定弊端，具体如下：

① 疏散指示灯工作皆具备独立性，与消防预警报警系统间不存在联系，无法实现良好控制。

② 一旦发生火灾，没办法在短时间内做出有效逃生提示，人员逃生时机受到影响。

③ 传统疏散指示灯方向较为稳固，无法变动。

④ 就安全出口指示灯来说，开启状态固定，不能随环境因素而改变。同时安装位置存在问题，容易被烟雾遮挡。

为解决这一问题，对智能疏散指示标志的研究成为人员疏散研究的热点方向。Hajibabai 模拟疏散人员在应急标志的引导下顺利疏散的过程，得出，在复杂建筑中设置疏散指示标志可以在紧急情况下对疏散人员进行有效引导。Jeon 和 Hong 通过模拟发现，在地铁站弱视环境下设置地铁磷光指示标志，可以使疏散人员明确疏散最短路径，从而提高疏散效率，此外研究显示，设置的指示标志间隔低于人的平均步长时可使疏散人员在逃生过程中加快移动速度。在进行火灾报警算法运算之时，学者 Y. Okayama 通过前馈人工神经网络，张键通过 BP 神经网络进行了运算，为疏散指示提供了依据。刘文利等提出将智能疏散指示标志作为调整人员进行紧急疏散的管理方法。在这种系统的指挥下，可以将传统的就近逃生转变为采用安全引导逃生的方法。向东研究出一种用于地铁逃生的疏散系统，通过这种系统探测到着火点位置，改变指示灯方向，将人们往安全区域引导。范平安提出将智能决策软件运用在火警显示系统中，模拟出火灾蔓延趋势，找出最佳疏散路线，同时通过系统网络在标志灯上进行实时显示。李冰玉等为降低城市轨道交通网络可预见性大客流对日常运营的影响，建立基于客流实时分布的拥堵传播模型。智能疏散指示标志近一半的研究方向是设计出最佳的疏散流分配方案,作为疏散预案的依据。

分析以上研究成果可知,通过设置智能疏散指示标志,避免将疏散人流指向危险区域已成为研究者的共识,但如何通过设置智能疏散指示标志,将整体疏散效率达到最优化,仍是值得深入探究的课题。大多数研究忽略了疏散人员在突发事件下的心理特点及个体疏散行为等因素,因此,本章将综合考虑建筑物内部结构、人员密集程度、逃生人员心理、人流控制等因素,提出智能疏散指示标志的逃生路径优化算法,并对指示标志下的人流控制进行分析和探究。

9.2 智能疏散指示系统指向设计方式

9.2.1 智能疏散指示系统主要特点

对比传统应急疏散指示系统来看,智能疏散指示系统共存在三方面特征,具体为:

① 实现预设管理及手动管理。

② 以地面指示标志、边界指示标志、安全出口指示标志等形式动态地指示逃生路径。

③ 与消防报警联动,准确确定火点位置,应急疏散指示方向以"远离火点"为准则,综合安全出口位置及路径畅通程度等信息计算最优路径,调整疏散指示方向。

实现原理如图 9-1。

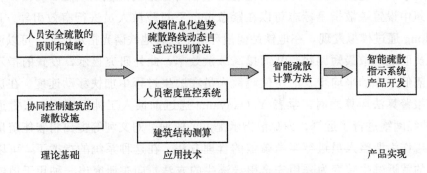

图 9-1 智能疏散指示标志实现原理结构图

9.2.2 根据出口宽度指示人员疏散

在以往的疏散指示系统中,疏散路线遵循就近疏散的原则,但疏散路径宽度和安全出口宽度直接决定疏散瓶颈发生的因素,在设置疏散指示标志时同样应考虑。若安全出口宽度及位置存在着不均衡的现象，则能够结合下述公式进行运算。智能疏散指示系统的指示方向为 ε_i 取值小的方向。

$$\varepsilon_i = \frac{L_i}{\min(M_i, E_i)} \tag{9-1}$$

式中，ε_i 为影响因素比值；L_i 为疏散的实际长度，m，它是由通道内部的某点到出口的实际长度所决定的；M_i 为疏散通道的最小净宽度，m；E_i 为安全出口净宽度，m。

设置场景为 20m×20m 密闭空间，出口 $E_1=2$m，$E_2=1$m。建立模型时不考虑人员在疏散过程中的混乱状态，假定人流全部都是在智能指挥系统的控制下找到方向，逃生人员秩序良好，并且不考虑人员所具有的判断思维。场景 A 为未设置智能疏散指示标志，场景 B 设置智能疏散指示标志，疏散结果见表 9-1。

表 9-1 疏散模拟结果

场景序号	总疏散时间/s	E_1 通过的人数/人	E_2 通过的人数/人
A	148	198	202
B	134	154	246

由模拟结果可以看到，场景 A 中疏散指示标志未综合考虑安全出口的宽度和距离，人们只机械地选择看似离自己最近的出口，但由于 E_2 出口宽度较窄，不可避免地会在疏散过程中产生拥堵排队现象。而场景 B 中智能疏散指示标志根据安全出口的位置、宽度分布明显不均衡这一现状进行计算，合理分配疏散路径，缩短了等候时间，提高了疏散效率。

9.2.3 人员疏散与人员密度的关系

设置人员密度监控系统，根据突发情况下的人员密度现状进行计算，形成智能疏散指引。这种选择方式可以有效避免人员发生拥堵、踩踏等现象。假设全部安全出口的数量为 n，那么人群在面临紧急情况下选择其中任意一个出口的概率是：

$$P_{\rho l} = 1 - \frac{q_l N_l}{\sum_{l=1}^{n} q_l N_l} \tag{9-2}$$

式中，$P_{\rho l}$ 为选择第 l 个出口的概率，这个概率是根据疏散出口的人数确定的；N_l 为人员数量；表征容纳能力的系数 q_l 由出口宽度 E、前室面积 X 决定，依据《建筑防火通用规范》规定和实际情况，取出口标准宽度 E_b 为 1.2m，前

室标准面积 X_b 为 $6m^2$。

$$q_l = \gamma \left(\frac{E_l}{E_b} + \frac{X_l}{X_b} \right) \tag{9-3}$$

设置疏散场景为 $10m \times 25m$ 的密闭空间，出口 $E_1 = E_2 = 2m$。不考虑人员在疏散过程中的混乱，假定人流全部都是在智能指挥系统的控制下移动，逃生人员的秩序相当良好，并且不考虑人员在模型中所具有的判断思维。人员分布靠近出口 E_2，场景 C 疏散人数为 60 人，场景 D 疏散人数为 90 人，场景 E 疏散人数为 130 人。疏散结果见表 9-2。随着人员密度变化，更多比例的疏散人员在智能疏散指示标志的指引下选择 E_1 出口。

表 9-2 疏散模拟结果

场景	总疏散人数	E_1 通过的人数/人	E_2 通过的人数/人	选择 E_1 出口的人数比例/%
C	60	6	54	10
D	90	15	75	16.7
E	130	36	94	27.7

9.2.4 扩展后的疏散模型

（1）逃生者运动疏散模型　根据以上的分析，本章在多主体元胞自动机模型的基础上，建立了扩展的疏散仿真模型，考虑到人员在紧急疏散状况下的判断思维，提出相应的在人员的判断思维之下产生的惯性距离。因此，元胞自动机模型的转移概率为：

$$p_{(i,j)} \propto \exp(k_S S_{(i,j)}) \exp(k_D D_{(i,j)}) \exp(k_T T_{(i,j)}) \exp(k_I I_{(i,j)}) \tag{9-4}$$

① 静态场 S 实际上就是一种物理环境信息，可以被个体所感知。疏散者如果能够对静态场 S 的信息进行完全获取的话，也就可以寻找到最佳逃生路径。本模型中设定的静态场同第 3 章所述，静态场在这里设定成距出口的相对位置 S_1 和过道因素吸引值 S_2 两部分。

② 动态场 D 的值取决于元胞网格内智能指示标志的吸引程度、人员间的排斥作用、群体运动方向的吸引作用的数量，在疏散过程中动态更新。更新规则如图 9-2 所示。

③ 在火灾中温度对于人的排斥作用用 T 来表示。温度影响因素为：

$$T_{ij} = \frac{T}{T_0} \tag{9-5}$$

$T_0 = 20℃$，代表环境温度。

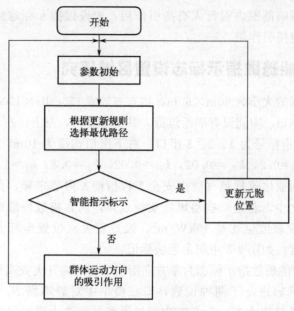

图 9-2　动态场更新规则

④ 惯性场是一种有效的基于逃生者依赖状态的表达，惯性场的强弱随着时间的改变而改变，一般是随着时间的推移而降低，正确的决策有助于惯性场模型的有效建立。

$$I_{(i,j)} = \begin{cases} 0, & \text{方向一致} \\ 1, & \text{方向改变} \end{cases} \quad (9\text{-}6)$$

(2) 指示标志效应在模型中的表示方法　将指示标志的指引作用纳入到模型中，逃生人员通过指示标志的指引明确路径方向，因此指示标志在模型中的吸引作用可以通过设置 k_{S_1} 的取值来表示：假设当逃生者处于指示标志的可见区域中（5个元胞），k_{S_1} 的取值较高，$k_{S_1}=1$；而在指示标志影响范围外，k_{S_1} 取值较小，$k_{S_1}=0.2$。同时，在火灾情况下，人员受到指示标志的指引作用，朝着远离火灾方向的路径逃生，此时标志影响范围内的人员 $k_T=2$。

9.3　智能疏散指示标志设置方式研究

在现实状况中，少数乘客对车站环境极其熟悉，而多数乘客并不熟知车站的所有环境信息，本章研究疏散指示标志对多数不熟知环境的乘客在应急疏散中的影响。就指示标志的影响强度来说，其是受到多方面影响的，例如行人可视角度、设置位置以及装置大小等，十分繁杂。为利于仿真研究，设置指示标志开启时，在其影响范围内对行人有指引作用，未设置指示标志或指示标志关闭时，对行人没有指引作用。

9.3.1 智能疏散指示标志设置区域研究

模型中房间的大小为 60m×60m，将其离散成 150cells×150cells，相应的元胞为 0.4m×0.4m，中间设有隔断过道，共 4 个出口，左上、左下、右上出口宽度均为 5m，分别标号为 1、2、3 出口，右下出口宽度为 10m，标号为 4 出口。初始参数为 $k_{S_1}=0.2$，$k_{S_2}=0.02$，$k_D=0.02$，$k_T=0.8$，$k_I=1$。

结合澳大利亚建筑规范《防火安全工程指南》内容来看，火灾通过辐射蔓延的设计流程之中，若是一些易燃物质被点燃，例如松散废纸或者窗帘等，此时临界辐射强度取值也就是 $10kW/m^2$。设置着火点位置坐标为（−22，13），接近 1 出口位置，如图 9-3 中灰色色块标记。

步骤 1：智能疏散指示标志为单方向指引，指向避开火灾高温区域，我们对智能疏散指示标志进行了两种设置，即在模型中对静态场 S_2 进行分类定义，Set1 仅设置在外墙边大道，Set2 在中间过道和外墙边大道均设置。智能疏散指示标志的可见半径为 5 个元胞。

步骤 2：在随机的情况下，对于疏散的人群进行随机分布，疏散人员为 500 人。所有逃生者下一时间所处位置都是能够依据式（9-4）进行计算并得出的。

步骤 3：对所有逃生者的位置进行更新，并且根据现场模拟的情况确定出动态场的强度 $D(i,j)$。当逃生者已经离开疏散系统，对其进行位置的排除，直至所有的人员全部撤出逃生的范围，并且到达相应的安全距离之内。否则回到步骤 2。

 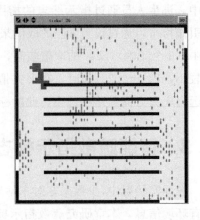

图 9-3　Set1 属性下疏散截图（25s）　　图 9-4　Set2 属性下疏散截图（25s）

Set1 模式疏散用时 732s，Set2 模式疏散用时 637s。通过对比两种模式下智能疏散指示标志设置方式，我们可以看到图 9-3 中在外墙设置标志的模式下，由于过道内未设置指示标志，逃生人员在外墙指示标志的吸引作用下，迅速涌向离自己最近的外墙边缘进行疏散。随着火势的不断蔓延，步长为 25 时左侧通往 1 出口的路径已基本封堵，已疏散至左侧外墙附近的逃生人员不得不选择该侧的 2 出口进行疏散，过多的人员聚集在 2 出口附近造成了出口的堵塞，延长了疏散时间。而如图 9-4 所示，在 Set2 模式下，因中间过道同样设置了指示标志，疏散人员在疏散初期就可在指示标志的有效指引下进行合理选择，部分中间过道中的逃生人员依据智能疏散指示标志的指引，选择离自己较远，但路径通畅的 3、4 出口进行合理疏散，特别是 4 出口宽度较大，智能疏散指示标志指引更多逃生人员选择该出口进行疏散，可有效避免拥堵问题，提高疏散效率。Set1 和 Set2 模式下各出口疏散人数见表 9-3。

表 9-3　指示标志不同设置位置下各出口疏散人数

指示标志设置位置	Set1（外墙边大道）	Set2（中间过道及外墙边大道）
通过 1 出口的人数	67	63
通过 2 出口的人数	144	117
通过 3 出口的人数	123	126
通过 4 出口的人数	166	194

由此可以得出，在特定的疏散场景中，如能在中间过道中设置智能疏散指示标志，在疏散初期就能对逃生人员进行合理有效的指引，引导人流向更快速安全的出口方向疏散，对于紧急情形下的人员疏散引导具有重要意义。

9.3.2　出口指示标志布点设置规划

9.3.2.1　出口指示标志吸引力

在城市中，无论是车站还是轨道交通路线，其运行环境都具备一定的封闭性特征，与外部环境间的联系仅为出入口，且有所限制。就地铁车站来说，其出入口同时也是行人逃离灾害现场的唯一方式，所以对于行人的走行而言，出入口拥挤程度、距离以及位置等皆是与之有所关联的。学者 Lakoba 指出，在行人看来，出口是有着很强吸引力的，且会影响到逃生人员行动的开展。

乘客在到达出口可视范围之后，前方出口变得明显，因此会选择距离出口最短的方向前行。若出口上方存在指示标志设置，那么对于乘客来说，指示标志开启的出口自然吸引力更强。所以，进行指示标志出口与入口的设置是极其关键的。分别对指示标志 exitA（出口 A）和指示标志 exitB（出口 B）设置吸引作用，出入口指示标志较为显著，因此设置该指示标志开启时出口的影响半径是 10 网格，未开启时出口的影响半径为 5 网格。分别在出口位置设立检测框，以此实现对仿真流程中不同区域乘客数量的统计与对比，从而得到标志开启对乘客的影响程度。

仿真过程和场景设置如图 9-5 所示：两出口宽度相同，均为 10m，且两出口距离场景两侧等距，指示标志为绿色时表示开启，红色表示关闭。此时，出口 A 开启，出口 B 关闭。

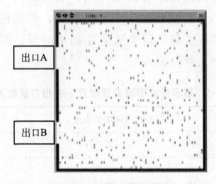

图 9-5　出口设置示意图

当行人进行应急疏散时，靠近出口位置的人员会选择离自己较近的出口进行逃生，而离出口较远的人员，由于出口指示标志良好的引导功能，在疏散过程中就能明确出口位置，并更快地明确疏散路径。

出口数据如图 9-6 所示。

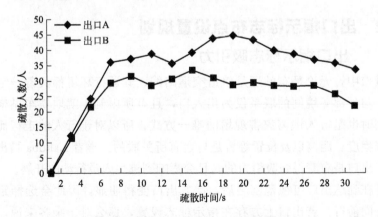

图 9-6　出口 A 与出口 B 人数变化曲线

出口 A 和出口 B 的瞬时人员数量随着疏散仿真的进行不断变化。出口 A 的通行人数多于出口 B 的通行人数，这也就表明，对比没有开启的出口指示标志，开启的标志吸引力更强。行人的行走路径没有提前设定，是在设置出口吸引后的自动更新行为，结果表明，出口指示标志的开启与否，对疏散过程中行人的选择会产生一定的影响。在应急疏散过程中，开启的出口指示标志更醒目鲜明，对疏散人群具有明确的引导作用，在应急逃生中能够干预行人对逃生路线的选择。

9.3.2.2 出口指示标志开启状态对疏散的影响

设置房间的大小为 60m×60m，设置两出口，出口 A 与出口 B 宽度分别是 3m 与 5m，两者皆需要在疏散出口区域进行出口引导标志的设立，前者对应 exitA，后者则对应 exitB（图 9-7）。通过仿真模拟，观察在疏散人数分别为 100 人和 300 人的情况下，出口指示标志开启状态对疏散的影响。

图 9-7 出口指示标志设置场景

场景一，开启出口 A 处疏散指示标志，关闭出口 B 处疏散指示标志。两出口疏散能力如图 9-8、图 9-9。

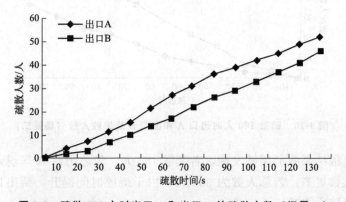

图 9-8 疏散 100 人时出口 A 和出口 B 的疏散人数（场景一）

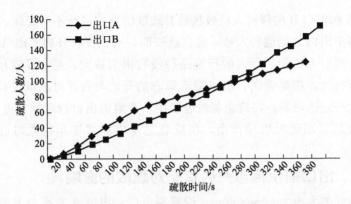

图 9-9　疏散 300 人时出口 A 和出口 B 的疏散人数（场景一）

依据疏散结果我们能够发现，若疏散 100 人，出口 A 较之 B 来说，疏散人数要多；若疏散 300 人，出口 A 在疏散初期疏散人数高于出口 B，随着时间推移，出口 B 的疏散人数逐渐高于出口 A 的疏散人数。

紧急状况下，疏散人员在疏散指示标志的吸引下，快速找到出口 A 进行撤离，因此当疏散人数为 100 人时，出口 A 疏散人数始终高于出口 B 的疏散人数。当疏散人数为 300 人时，人员在疏散指示标志的吸引下，更多地涌向出口 A，致使出口 A 产生拥堵，大大影响了疏散效率，其他疏散人员则选择行进畅通的出口 B 进行疏散。

场景二，关闭出口 A 处疏散指示标志，开启出口 B 处疏散指示标志。两出口疏散能力如图 9-10、图 9-11。

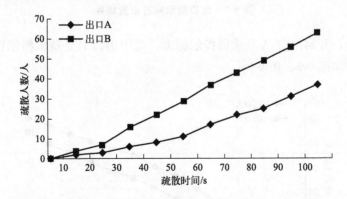

图 9-10　疏散 100 人时出口 A 和出口 B 的疏散人数（场景二）

依据疏散结果我们能够发现，若疏散 100 人，较之出口 A 来说，出口 B 能够疏散的人数更多；若总人数为 300 人，由于疏散时间提升，两出口的疏散人数之差也会随之缩减。

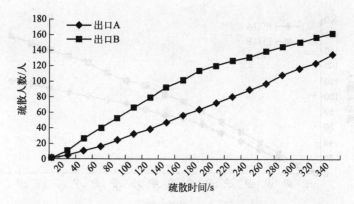

图 9-11 疏散 300 人时出口 A 和出口 B 的疏散人数（场景二）

紧急状况下，疏散人员在疏散指示标志的吸引作用下，迅速找到出口 B 进行疏散，因出口 B 宽度较大，在疏散人数较少时不易产生拥堵现象，更多的人员选择出口 B 进行疏散无疑提高了疏散效率。但随着疏散人数的继续增加，更多的疏散人员选择出口 B，在出口 B 也产生了拥堵现象，导致出口 B 的疏散效率逐渐降低。由于没有开启疏散指示标志，出口 A 在疏散初期没有得到充分的利用，随着出口 B 的疏散能力逐渐降低，在疏散后期，更多的疏散人员选择较为通畅的出口 A 进行疏散。

场景三，出口 A 处疏散指示标志和出口 B 处疏散指示标志均开启。两出口疏散能力如图 9-12、图 9-13。

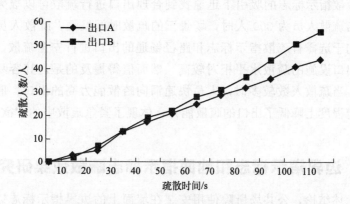

图 9-12 疏散 100 人时出口 A 和出口 B 的疏散人数（场景三）

由疏散结果可知，疏散人数为 100 人时，出口 A 和出口 B 的疏散人数在疏散初期相近，随着仿真时间推移，两出口疏散人数逐渐拉开差距；当疏散人数为 300 人时，随着疏散人数的增加，出口 B 和出口 A 的人数差随着疏散时间逐渐变大。

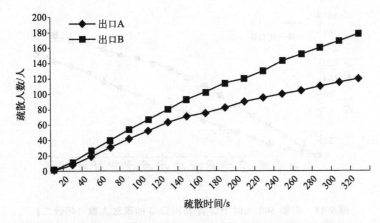

图 9-13 疏散 300 人时出口 A 和出口 B 的疏散人数（场景三）

紧急状况中，疏散人员在压力行为之下，倾向于选择距离最近的有疏散指示标志的安全出口，出口 A 和出口 B 的指示标志均开启，意味着出口 A 和出口 B 对疏散人员有同等的吸引作用，选择出口 A 和出口 B 的人数基本相同。当人数较少时，两出口的疏散能力基本相同，随着人数的增多，宽度较窄的出口 A 逐渐出现拥堵现象，疏散效率降低。随着人数的持续增加，出口 A 的拥堵现象更加明显。

仿真结论：

综合比较三种场景，当疏散人员为 100 人时，场景二的疏散时间最短，说明人员在疏散指示标志的吸引下迅速找到合理出口进行疏散可以极大地提高疏散效率。当疏散人员为 300 人时，场景三的疏散时间最短，疏散人员在紧急状况下，倾向于选择有疏散指示标志和路径畅通的出口进行安全疏散，当两者皆存在时，出口设施的疏散水平相对较高，然而值得提及的是，其容易被人员数目所影响。当疏散人数较多时，人员快速涌向疏散能力高的出口，形成拥堵现象，在一定程度上降低了出口的疏散能力，体现了紧急疏散中的"欲速则不达"现象。

9.3.3 边界指示标志和地面指示标志疏散效果研究

基于上述结论，公共场所除使用安装在墙面上的边界指示标志以外，使用安装在地面上的指示标志对应急疏散也具有很好的引导作用。受到两种标志在安装位置上的差异性影响，其功能范围便有所不同，结合图 9-14 来看，地面指示标志对应圆形辐射范畴，边界指示标志则受到安装位置的影响，呈现出半圆形范畴。本节将重点对两者间的作用差异进行分析与探究。地面指示标志的影响半径为 5 网格，为对比两者区别，将两种位置的疏散指示标志影响面积设置为同等。

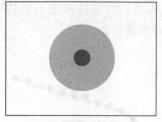
(a) 地面指示标志

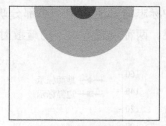
(b) 边界指示标志

图 9-14　指示标志位置及其影响范围（● 疏散指示标志 ● 标志影响范围）

两种场景无论是疏散人数还是建筑空间都是相同的，仅存在指示标志位置方面的差异。基于多主体元胞自动机模型，进行疏散人群依据更新规则移动的设置，在到达指示标志区域之后，选定指示方向并产生行动，到出口为止。

举例来说，大厅出口宽度等同于 8 个元胞，空间大小为 60×60 个元胞网格，疏散人数为 200 人，标志数分别设为 2 个、4 个、9 个，通过仿真演示，进行对比研究。疏散场景图见图 9-15。

图 9-15　疏散场景图

场景一，地面指示标志和边界指示标志数设置为 2 个，位置如图 9-16 所示。

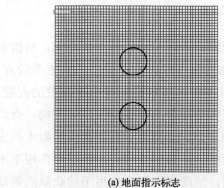
(a) 地面指示标志

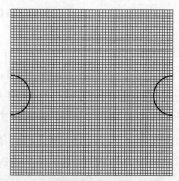
(b) 边界指示标志

图 9-16　疏散指示标志 2 个

由模拟结果（图 9-17）可知，当疏散指示标志极少时，无论指示标志如何设置，两种标志均只能影响一小部分疏散人员，对整体疏散不能构成良好的疏散指示效果，两种设置方式下的疏散时间非常接近。

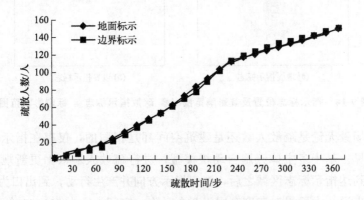

图 9-17 不同疏散指示标志对疏散时间的影响（2 个）

场景二，地面指示标志和边界指示标志数设置为 4 个，位置如图 9-18 所示。

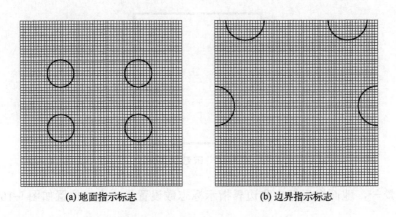

(a) 地面指示标志　　　　　　　　(b) 边界指示标志

图 9-18 疏散指示标志 4 个

由模拟结果（图 9-19）可以看到，随着疏散指示标志数量的增加，当指示标志设置数量均为 4 个时，疏散初期，在地面指示标志作用下疏散效率较高，相同时间内地面指示标志引导疏散的人数多于边界指示标志引导疏散的人数。这是由于在疏散过程中，地面指示标志直接将疏散人群引导至出口方向，而边界指示标志先将疏散人群引导至出口的边界方向。因此，在地面指示标志的引导作用下，疏散人员到达出口所用的时间要比在边界指示标志的引导作用下所用时间短。在约 270 个时间步后可以看到，地面指示标志作用下的疏散人数低于边界指示标志作用下的疏散人数。这是由于在紧急状况下，疏散人员离开地面指示标志的影响范围后，由于不明确出口方向而继续盲目寻找出口位置，因此在到达出口边界后如果朝着远离出口方向移动，则延误了疏散时间，降低了疏散效率。而在边界指示标志的指引下，疏散人员在出口一侧的墙壁上观测到边界指示标志，即可迅速朝出口方向移动，直到找到出口安全疏散。因此，在疏散指示标志数量一定的情况下，合理地设置标志位置可以达到更为有效的疏散指引效果。

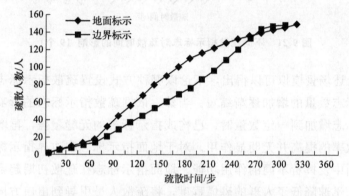

图 9-19　不同疏散指示标志对疏散时间的影响（4个）

场景三，地面指示标志和边界指示标志数设置为 9 个，位置如图 9-20 所示。

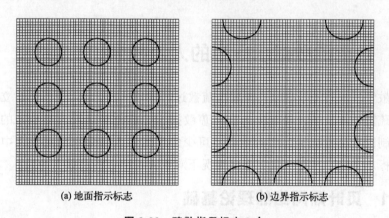

(a) 地面指示标志　　(b) 边界指示标志

图 9-20　疏散指示标志 9 个

由模拟结果（图 9-21）可知，当安装的疏散指示标志足够多时，地面指示标志的影响范围可覆盖整个疏散场景，达到无缝指引的疏散效果，可将所有疏散人员直接引导至出口位置，极大地缩短了疏散时间，较边界指示标志具有更高的疏散效率。

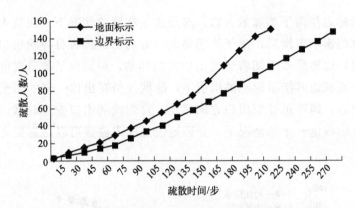

图 9-21 不同疏散指示标志对疏散时间的影响（9个）

综合上述场景模拟可以得出，不论以哪种方式设置疏散指示标志，疏散时间都随着标志数量的增加逐渐缩短。当然，依据疏散指示标志的影响范围，当疏散指示标志增加到一定数量时，已构成指示标志的无缝覆盖，再增加设置数目对疏散效率的提高并无明显作用。对于地面指示标志和边界指示标志，两者在疏散指引中发挥着不同的作用功能。地面指示标志在疏散初期起到了很好的指引效果，迅速降低了人群的恐慌程度，将疏散人员引导到出口方向；而边界指示标志在疏散后期更便于疏散人员明确出口方向。结合两种疏散指示标志的优势特点，在一定的标志数量下合理分布两种标志，可以更有效地提高疏散效率。

9.4 智能疏散指示标志的人流控制

疏散管理决策的基础是预测紧急疏散过程中的人员分布，本节将建立具有动态性的疏散预测模型，将其作为智能疏散指示标志控制疏导人员分布的参考依据。控制因素是预测模型中一个必不可少的因素，人员分布预测模型中可以采用智能标志系统，从而实现在不同情况下对于人群疏散的有效引导。

9.4.1 贝叶斯网络的理论基础

条件概率表示为 $P(A \mid B)$。假设疏散人员在疏散路网上按照远离事故源做单向运动。基于元胞自动机中道路的空间信息，定义各路段上的人数变量为节点，依据人群流动的路线连接各个节点，构成有向无环的贝叶斯网络。

通过已知区域人群状态情况，进行未知区域人群状态情况的预测，整个人群流动系统可表示为：

$$X = \{X_i \mid 1 \leqslant i \leqslant k_x\} \tag{9-7}$$

式中，k_x 为路段节点的个数；每个节点代表的路段长度可以通过实际测量获取，并表示为 d_j。

就能够观测到的区域人群数据节点集合来说，公式如下：

$$M(X) \subset X \tag{9-8}$$

未知人群状态节点可以根据下面的公式表示为 $\widetilde{M}(X)$，可知

$$X = M(X) \cup \widetilde{M}(X) \tag{9-9}$$

根据贝叶斯模型对人群疏散的数据进行推导，由父节点 X_j 流向各子节点 X_i 的概率为 β_{ij}。在运动趋势数据基础之上，结合各子节点路段间的关联性，确定概率 β_{ij}，其应当受到多方面的共同影响与决定：一为道路宽度；二为人流运动速率；三则是路径选择概率。具体确定方法如下：根据高斯贝叶斯网络得到对应路段逃生者选择条件概率 $p_{i|j}$、测算人群运动速率 v 及各路段的宽度 w。

$$\beta_{ij} = \frac{p_j \times v_j \times w_j}{\sum_{j \in 0(x_i)} (p_j \times v_j \times w_j)} \tag{9-10}$$

为在紧急状态下实现应急干预，在预测模型中纳入应急控制指挥。假设逃生者在交叉路口的疏散标志指示下，对应地改变他们的路径选择。人员分布可以通过应急指挥控制向期望的状态演化，其根本思想是对转移率的控制。通过对逃生者转移路线的概率进行分析，得出回归系数，从而在一定程度上反映人群在应急状态之下的变化，得到更加精确的逃生模型。

在疏散模型中，如果假设所有的路口都已经设置了相应的指示标志，并且假设所有的人群能够准确分辨标志上的信息，那么就能够实现高效合理的转移，判断出正确的安全转移路线，然而，在实际情况下，这种模型是不可能发生的，根据"颤抖手精炼均衡"原理：每个人在当时的状况之下都有一定的犯错误的概率，即不能够分辨出指示标志上的信息，或者是根本没有看到相应的指示标志，而自己决定逃生的路线。因此，需要在模型中加入一定的转移概率的影响。

在对模型进行修正（图 9-22）之后，得出相应的回归系数的期望值为 β^*，即路网中人员分布最优时的路径移动概率。若 $\max|\beta - \beta^*| < \tau$（$\tau$ 代表极小正数），无须修正；否则调整回归系数，更新规则为

$$\beta'(t) = \alpha \beta^*(t) + (1-\alpha)\beta(t) \tag{9-11}$$

其中 $0 < \alpha < 1$ 为遵从疏散指示标志控制选择的概率，反映了逃生者"颤抖手精炼均衡"原理。β 由式（9-10）设定，β^* 采用离散选择模型计算路段选择的条件概率。首先，计算时刻 t 路径 k 的选择概率。

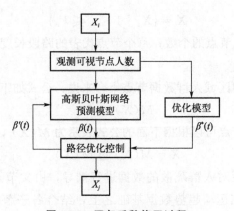

图 9-22 回归系数修正过程

$$p_k^t = \frac{\exp(-\theta V_k^t)}{\sum_{i \in k} \exp(-\theta V_k^t)} \tag{9-12}$$

将 A 点至 B 点的路径定义为 k，成本函数 V_k^t 定义为：

$$V_k^t = \sum_a Y_a^t \delta_{ak} \tag{9-13}$$

式中，δ_{ak} 为虚拟变量，若路径 k 经过路段 a，$\delta_{ak}=1$，否则 $\delta_{ak}=0$；Y_a^t 为逃生时间函数。

$$Y_a^t(x_a^t) = t_a \left[1 + \left(\frac{x_a^t}{u_a^t C_a} \right)^\gamma \right] \tag{9-14}$$

式中，t_a 是在路段 a 的通行时间，x_a^t 为当前流量，C_a 是路径的承载能力，u_a^t 是承载能力的衰退系数，γ 代表成本增加常量。

疏散人员从上游路段 j 移动到下游路段 i 的条件概率为

$$\beta_{ij}^* = \frac{\sum_k p_k^t \delta_{(ij)k}}{\sum_k p_k^t \delta_{(j)k}} \tag{9-15}$$

只有当路径 k 经过路段 i 又经过路段 j 时，$\delta_{(ij)k}=1$，否则 $\delta_{(ij)k}=0$。

9.4.2 基于贝叶斯网络的人流控制

为研究智能疏散指示标志对人流分布的影响，从宏观角度对疏散场景进行分析。将环境模型在原有元胞自动机模型的基础上重新设定，离散成包含一定数目疏散人员的正方形网格。

转换方法为：

① 将空间通过 n 个不同的正方形网格进行分割，依据 3.2.2 节疏散环境势能图可知：距离出口越近的网格，其势能就会越低。

② 每个网格为一个节点。将各个网格依据势能值从数值大的网格连接至数值小的网格。

举例来说，若大厅出口宽度等于 25 个元胞，空间大小为 150×150 个元胞（如图 9-23），进行空间 2×2 网格的离散化，所以各网格大小也就是 75×75 个 CA 元胞，每个网格的势为静态场 $S(i,j)$ 平均值，如图 9-24 所示。图 9-25 为转换后的网格形式，路径由势值大的网格通向势值小的网格。

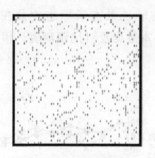

图 9-23 疏散空间

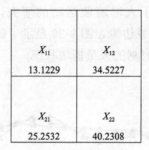

图 9-24 对应的势

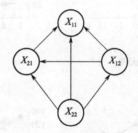

图 9-25 对应贝叶斯网络结构的静态表示

Guo Renyong 等的研究指出，模拟人群运动需要满足一定的限制条件：假设一个上游元胞对应一个元胞，或者多个上游元胞与一个元胞相对应，则行人由上游元胞移入的总数应当对流入元胞的空间容量有所限制，不能超出；通过的人数取决于元胞之间的路径宽度。

取 $\theta=0.1$，$\gamma=1$。参数如表 9-4 所示。

表 9-4 参数设定

路径	承载能力 C	承载能力衰退系数 u								
1	500	0.90	0.85	0.80	0.75	0.70	0.67	0.64	0.62	0.60
2	500	0.90	0.85	0.80	0.75	0.70	0.67	0.64	0.62	0.60
3	400	0.90	0.80	0.70	0.50	0.50	0.46	0.43	0.40	0.38

续表

路径	承载能力 C	承载能力衰退系数 u								
4	500	0.90	0.80	0.75	0.70	0.66	0.63	0.60	0.58	0.56
5	500	0.90	0.85	0.80	0.75	0.70	0.67	0.64	0.62	0.60
6	200	0.80	0.70	0.60	0.50	0.45	0.40	0.36	0.33	0.30

根据对于人群疏散运动的研究,将智能疏散指示标志安装在 X_{11}、X_{12}、X_{21}、X_{22} 区域边缘,图 9-26 显示了验证样本数据及对比预测值。预测值可显示不同位置和时刻的人员拥堵状况。

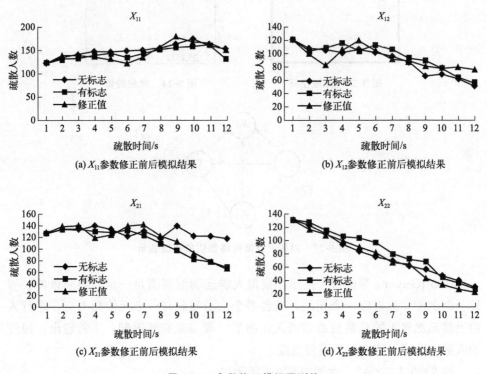

图 9-26 参数修正模拟预测值

由模拟结果可知:对修正人流选择路径系数后疏散场景的模拟,能反映出智能疏散指示标志对人员分布的影响,以此获取到疏散人员分布预测模型,与实际情况较为接近。模拟结果显示出不同位置和时刻的人员拥堵状况,可据此调整智能疏散指示标志引导指向,使得疏散管理更合理有效。

9.5 智能疏散指示标志指向设置原则

我们选取亦庄线站台层作为分析案例车站,车站平面图及疏散出口宽度如图 9-27、表 9-5、表 9-6 所示。列车上所有乘客进行紧急疏散,疏散人员数目的设定与整个地铁车站的疏散时长以及成效具有密切的关联,地铁人员安全疏散分析应该将最不利的情形虑及在内,所以应该考虑最大的可能人员数目。

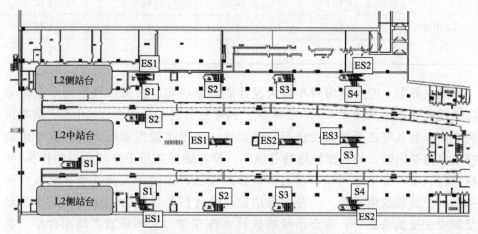

图 9-27　亦庄线站台层平面结构图

表 9-5　亦庄线站台楼梯宽度

区域	楼梯编号	净宽/m	有效宽度/m
L2 侧站台 A	S1	1.9	1.72
	S2	2.5	2.32
	S3	2.5	2.32
	S4	1.9	1.72
L2 侧站台 B	S1	1.9	1.72
	S2	2.5	2.32
	S3	2.5	2.32
	S4	1.9	1.72
L2 中站台	S1	1.9	1.72
	S2	1.9	1.72
	S3	1.9	1.72

表 9-6 亦庄线站台扶梯宽度统计

区域	扶梯编号	宽度/m	有效宽度/m	备注
L2 侧站台 A	ES1	1	0.82	上行
	ES2	1	0.82	上行
L2 侧站台 B	ES1	1	0.82	上行
	ES2	1	0.82	上行
L2 中站台	ES1	1	0.82	上行
	ES2	1	0.82	上行
	ES3	1	0.82	下行

地铁列车上的人数由列车最大设计载客量决定。根据推荐的列车编组方案，地铁列车定员按照 6 人/m^2 考虑。列车 6 节编组定员为 1460 人。乘客从列车下车后从亦庄线侧站台进行紧急疏散，由于疏散指示标志的布置考虑到行走距离等问题，若依据最短路径原则，乘客选择离所下车门最近的楼梯/扶梯进行疏散，会出现两股对流人群汇合的现状，这使得人流在通往疏散楼梯的路径上面临双重考验。一是拐弯形成锐角才能沿楼梯方向疏散，局部区域受到突变及锐角影响，也会出现涡流及湍流现象，上海陈毅广场事件中，该情况就十分明显。行人自观景平台而下，除了需要经过变径之外，还存在锐角。因此行人的速度会随着平台到楼梯的转变而不断下降。就管道流体力学方面来说，涡流及湍流产生的可能性较高。因此，即便行人整体密度较低，也依旧容易出现湍流状态。人流交汇是第二重考验，对冲流也是湍流的主要诱因之一。不同方向的人流产生对冲，相对速度必然随之提升，湍流由此形成。

针对这一问题，我们研究左右行人数目不相等的情况下，两股人流汇合后对速度的影响。模型设定中，将左侧行人数目与对流行人总数的比值 α 进行变更。此外，依据第 8 章中乘客组成设置，我们分别对结伴 Agent 所占全部乘客比例为 10%、20%、30%、40% 的人员组成进行模拟，见图 9-28。

通过不同比例的对流人群疏散模拟可以看到，在相同的相向行人比例下，结伴 Agent 所占比例多的乘客的汇合速度要低于结伴 Agent 所占比例小的乘客的汇合速度，同时更容易出现堵塞现象。这是由于结伴出行者需要消耗自身速度来维持该结伴人群的稳定性。此外，不论结伴出行者所占比例为何，两组相对而行的行人比例越大，疏散过程中人群由自由行走状态转变为堵塞状态发生时的人群密度越小。说明两相对流人流数目相等时（$\alpha=0.5$），行人系统先发生

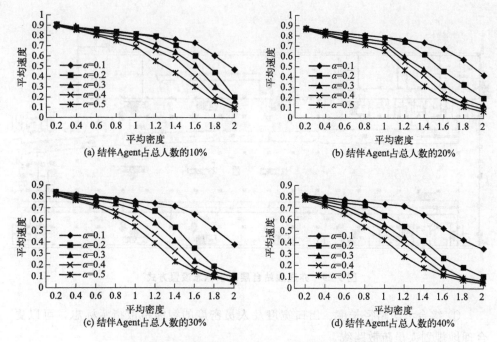

图 9-28 不同相向行人比例与人群速度间的关系

拥堵模式；而两相对流人流数目相差较大时（$\alpha=0.1$），仅在密度较大时才可能产生拥堵现象。拥堵实际上是基于小簇状结构的，行人的非对称加入会对拥堵的形成产生一定的消极影响，行人拥堵状态的转变是需要建立在一定的人群密度前提之下的。

因此，在规划指挥疏散路线时，在疏散场景允许的情况下，应首先考虑无对流疏散原则，即引导乘客都沿同一方向进行疏散。但基于建筑结构，在该条件无法实现的前提下，尽量扩大对流人群的比例，也可在一定程度上缓解因对流冲突引发的拥塞现象。

基于以上模拟结果，在现有亦庄线站台层的建筑条件下，车厢整体位于站台层偏南位置，而疏散楼梯与车厢不是正对应设置，因此为避免大量乘客在紧急疏散中相向而行产生碰撞拥堵现象，我们可按图 9-29 方式设置指示标志，尽量让大部分人流按照同一方向进行疏散。

若发生紧急事故，行人必然会产生快速逃离危险区域的想法，因此容易被指示标志及周边人群所影响。针对这一现象，对行人此时特征进行利用，并与客流规律相结合，进行指示标志的合理设置，其除了能够缩短逃生时间之外，还能够对人身安全提供保障。本章结合地下轨道交通的特点和传统疏散指示标志的缺陷研究了智能疏散指示标志的设计优化，从模拟结果中可以得出：

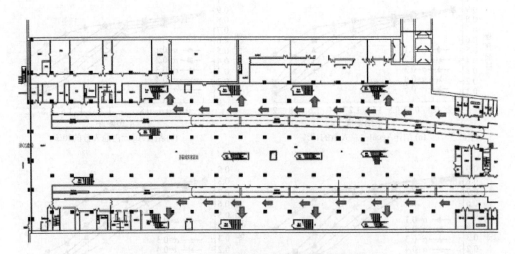

图 9-29　亦庄线站台层指示标志设置方式

① 综合考虑路径长度、出口宽度及人员密度的智能疏散指示标志，可以更合理地规划人员疏散路线。

② 从安全疏散的原则出发，通过建立具有实际特点的场景模式，得出在复杂建筑结构中，在中间过道设置智能疏散指示标志，可以引导人流更快速地找到出口方向。

③ 危险事故状态下，需要结合站内设施通过能力及客流实际密度来进行应急指示标志的合理设置。若客流规模不大，最宽出口能够实现疏散效率的提升，则需要对该出口的指示标志进行开启；若客流密度不断增加，只开启最宽出口指示标志已经无法满足人流需求，此时应当进行多个出口指示标志的开启，以此实现疏散能力的提高。

④ 对智能疏散指示系统的设置位置以及不同数量进行对比模拟，得出疏散时间随着疏散指示标志数量的增加而逐渐缩短。当疏散指示标志设定到一定数目时，继续增加其数量已经不能显著提高疏散效率。地面指示标志在疏散初期起到了很好的指引效果，而边界指示标志在疏散后期更便于疏散人员明确出口方向。结合两种疏散指示标志的优势特点，在一定的标志数量下合理分布两种标志，可以更有效地提高疏散效率。

⑤ 将贝叶斯的网格模型加入到人群疏散模型中，建立具有实际价值的人群疏散的流动模型，并且与相应的建筑结构相结合，更进一步实现对于模型的修正，从而得到更贴近实际情况的人群疏散状况。

⑥ 通过模拟紧急情况下不同比例对流人群的疏散场景，得出在相同的相向

行人比例下，结伴同行乘客所占比例大的乘客的汇合速度要低于结伴同行乘客所占比例小的乘客的汇合速度，且更容易发生拥堵。而较低比例的对流人群，人流汇合时更顺畅，速度更不易明显降低。因此在建筑结构允许的情况下，应首先考虑无对流疏散指示原则，或尽量扩大对流人群的比例，缓解因对流冲突引发的拥塞现象。

第 10 章

城市地铁站
应急管理条件分析

本章以宋家庄地铁站为例介绍城市地铁站应急管理条件分析的相关内容。

10.1 车站工程概况

宋家庄地区是北京战略规划中东南发展轴的腹地。地铁5号线、亦庄线以及10号线等市区轨道交通路线在此均有所联结。就地下二层双岛三线的10号线车站来说,其与地下二层侧式的5号线车站相平行,后者位于亦庄线车站北部,三条线相交,呈现出"T"形(图10-1)。长途公交枢纽站位于宋家庄地铁站东南角,可在站厅层进行换乘。

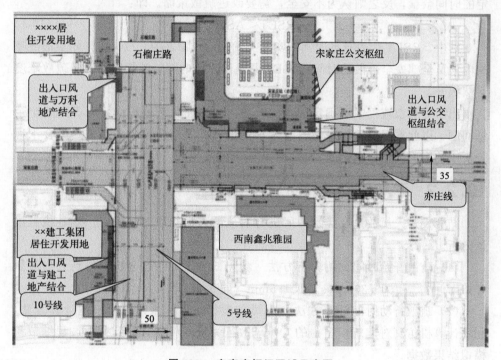

图10-1 宋家庄枢纽区域示意图

宋家庄站从面积、功能、换乘等各方面涵盖了地铁车站的很多特点,以此站为例进行紧急情况下的人员疏散引导研究对于指导其它地铁车站的设计、指挥具有重要的意义。

宋家庄站属于三线换乘车站,其间存在防火卷帘的设立,因此亦庄线与其余两条线有所分离。即便如此,宋家庄站的公共区防火分区面积较之常规车站依旧大出许多。就拿5号线与10号线公共区的防火分区面积来说,其约等于20480m^2,亦庄线防火分区面积则对应18800m^2。由于宋家庄地铁站呈现超大防火分区面积、大客流和复杂的行走路径，一旦突发状况发生，人员疏散的复杂程度将大大高于常规车站。

10.2 火灾状况下城市轨道交通车站人员应急疏散分析方法

10.2.1 疏散分析主要方法

安全合理的疏散策略应保证逃生者在危险到来前抵达安全区域，且留有一定的时间余量，反之则认为不安全，需要改进疏散策略。即：

$$RSET < ASET \tag{10-1}$$

其中，RSET代表疏散时间，实际上就是建筑物之中，自火灾开始至最终建筑内人员全部安全疏散的时间；ASET是危险来临时间，若超出，人员疏散难度必然提升。

出于对疏散流程中不确定因素的考量，应当在分析过程中，考虑到安全余量问题，以此实现建筑物疏散安全水准的提升。安全余量大小是需要结合工程分析中的因素来进行判定的，例如不利情况的产生，以及计算结果的准确性等。

10.2.2 疏散时间（RSET）预测

结合设定人员数量及类别，所进行的疏散人员疏散时间研究，就是疏散设计分析。

（1）疏散开始时间预测分析方法　参见5.1节。经过分析，得到人员疏散开始时间 $t_{start}=60+30=90s$，即1.5min（同5.5.1节）。

（2）疏散行动时间计算方法　人员疏散行动时间采用行为模型计算方法，利用计算机仿真对建筑模型中的人员疏散行为进行模拟，得到行为过程细节和模拟结果数据。

10.2.3 危险来临时间（ASET）

为了保证人员的疏散安全，在对宋家庄地铁站的研究中将采用以下的数据指标来标定危险来临时间：

① 火灾出现之后，与人员活动地面相距2m以下的烟气能见度应当高于10.0m；

② 假设烟层向着地面不断下降，低于2m之时，烟层的温度应当在60℃以下。

10.3 城市轨道交通车站火灾规模的确定

按照地铁车站区域划分,车站火灾可分为站台层火灾、列车火灾和站厅层火灾,具体火灾规模如下。

(1) 站台层火灾 考虑站台层不设固定的商业或其它服务设施,站台层火灾多为行李或垃圾箱引起的火灾。根据火灾试验,垃圾箱火灾不太可能超过400kW,旅客行李火灾也仅为1.2MW。对比大件行李来说,小件行李的火灾规模相对较小,约在200kW到300kW之间。因此站台层最危险的情况是站台的列车发生火灾。综合考虑行李火灾试验及工作人员对火灾规模的控制,确定站台层火灾规模为2MW。

(2) 列车火灾 现有地铁车辆基本遵循世界上最严格的英国BS 6853:1999《载客列车设计和构造防火通用规范》中规定的防火设计的相关内容。客室及司机室内设置适量的灭火器,因此车厢内的火灾荷载被点燃及扩展的可能性极低。并且由于车厢内有较多的乘客,火灾会在早期被发现和扑灭。列车本身发生严重火灾的可能性是极低的。在列车中,乘客行李发生燃烧是火灾发生概率最高的事件,在此之后,车厢材料必然随之燃烧。假设列车在刚刚出站后就发生了火灾,当列车经过2~3min到达车站后,假设火灾的发展速度为快速火,列车进站之后,火灾规模在1MW左右,火灾呈现出不断扩张的趋势,通常来说,站台工作人员准确灭火的时间在2~3min之间,此时火灾的发展规模约为5MW,火灾规模受到控制。综合测试数据资料并考虑车站火灾具有便于扑救的条件,火灾烟气分析将采用2MW、5MW两种火灾规模进行计算。

(3) 站厅层火灾 对于站厅层行李来说,其与站台层行李火灾是相同的,且最大热释放规模取值均等同于2MW。

10.4 疏散宽度

10.4.1 疏散路径有效宽度确定

研究结果证实,在人员疏散环节之中,"边界效应"是存在的,疏散出口及道路的有效使用宽度是需要依据疏散路径宽度及边界层宽度的差来确立的,具体疏散路线边界层宽度如表10-1。

表 10-1 边界层宽度

疏散路线因素	边界层宽度/cm
楼梯梯级的墙壁	15
栏杆、扶手	9
剧场椅子、运动场长凳	0
走廊、斜坡墙	20
障碍物	10
宽阔的场所、过道	46
门、拱门	15

10.4.2 地铁站疏散宽度

(1) 站厅层疏散出口宽度 图 10-2 为宋家庄站厅层各出口及防火分区标注图，站厅层公共区对外出口宽度统计如表 10-2 所示。

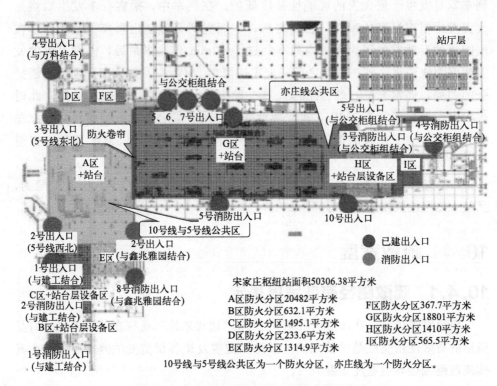

图 10-2 宋家庄站厅层各出口及防火分区标注

表 10-2 站厅出口宽度统计

楼层	出口	净宽/m	有效宽度/m	人流量/(人/s)
FB1	E1	4	3.7	3.85
	E2	7	6.7	6.97
	E3	7	6.7	6.97
	E4	4.5	4.2	4.37
	E5	7	6.7	6.97
	E8	7	6.7	6.97
	E9	7	6.7	6.97
	E10	5	4.7	4.89

地铁站厅内设有自动检票闸机，紧急情况下人员疏散时检票闸机的门扉应处于开启状态，供人员疏散通过。另外，检票机旁边设有疏散门，用于紧急疏散。结合《地铁设计规范》内容，我们设定各自动检票闸机通过能力等同于 30 人/min。参考 NFPA 130 规定，设疏散门的人员通行能力为 89.37 人/min。各线路站厅内自动检票闸机及疏散门分布及统计如图 10-3、图 10-4、表 10-3。

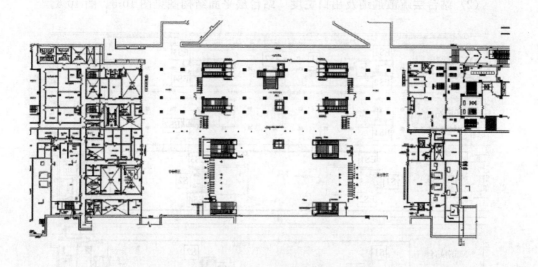

图 10-3 5 号线、10 号线站厅层平面结构图

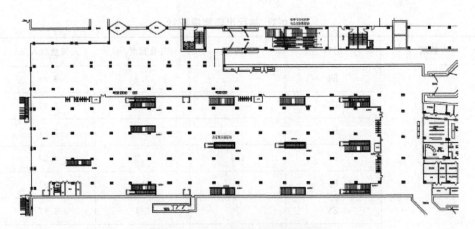

图10-4 亦庄线站厅层平面结构图

表10-3 站厅检票口疏散宽度统计

区域	检票闸机总数	通行水平/(人/min)	疏散门宽度/m	有效宽度/m	通行人流量/(人/min)
M10站厅	24	720	4.8	3.6	321.7
M5站厅	27	810	2	1.4	125.1
L2站厅	28	840	5.2	4	357.5

（2）站台层疏散通道及出口宽度 站台层平面结构图见图10-5、图10-6。

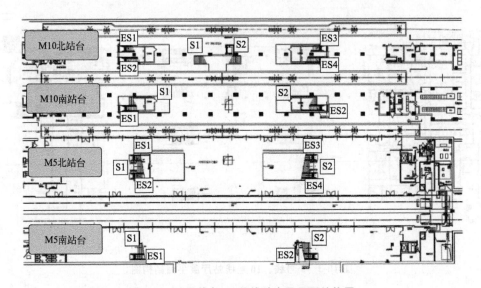

图10-5 5号线与10号线站台层平面结构图

第 10 章 城市地铁站应急管理条件分析

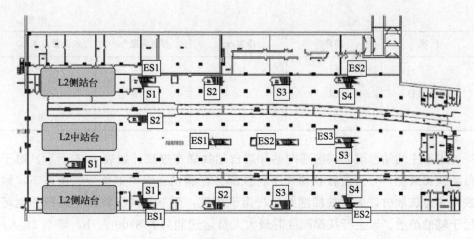

图 10-6 亦庄线站台层平面结构图

宋家庄站站台层公共区通向站厅层楼梯宽度统计如表 10-4 所示。

表 10-4 站台楼梯宽度统计

区域	楼梯	净宽/m	有效宽度/m	人流量/(人/s)
M10 北站台	S1	1.9	1.72	1.79
	S2	1.9	1.72	1.79
M10 南站台	S1	2.1	1.92	2.00
	S2	2.1	1.92	2.00
M5 北站台	S1	3.1	2.92	3.04
	S2	3.1	2.92	3.04
M5 南站台	S1	2.7	2.52	2.62
	S2	2.7	2.52	2.62
L2 侧站台 A	S1	1.9	1.72	1.79
	S2	2.5	2.32	2.41
	S3	2.5	2.32	2.41
	S4	1.9	1.72	1.79
L2 侧站台 B	S1	1.9	1.72	1.79
	S2	2.5	2.32	2.41
	S3	2.5	2.32	2.41
	S4	1.9	1.72	1.79

续表

区域	楼梯	净宽/m	有效宽度/m	人流量/(人/s)
L2 中站台	S1	1.9	1.72	1.79
	S2	1.9	1.72	1.79
	S3	1.9	1.72	1.79

宋家庄站站台层公共区通向站厅层自动扶梯宽度统计如表 10-5 所示。对于自动扶梯来说，分为上行扶梯和下行扶梯。在满足一级供电负荷的条件下，地铁站紧急疏散时，上行扶梯继续运行用于疏散，而下行扶梯将停止运行并也可用于辅助疏散。设上行扶梯疏散时最大人员运送能力为 8100 人/h，即 2.25 人/s；停止运行的扶梯的人员疏散通行能力为 1.04 人/s。

表 10-5　站台扶梯宽度统计

区域	自动扶梯	净宽/m	有效宽度/m	人流量/(人/s)	备注
M10 北站台	ES1	1	0.82	2.25	上行
	ES2	1	0.82	0.85	下行
	ES3	1	0.82	2.25	上行
	ES4	1	0.82	0.85	下行
M10 南站台	ES1	1	0.82	2.25	上行
	ES2	1	0.82	2.25	上行
M5 北站台	ES1	1	0.82	2.25	上行
	ES2	1	0.82	0.85	下行
	ES3	1	0.82	2.25	上行
	ES4	1	0.82	0.85	下行
M5 南站台	ES1	1	0.82	2.25	上行
	ES2	1	0.82	2.25	上行
L2 侧站台 A	ES1	1	0.82	2.25	上行
	ES2	1	0.82	2.25	上行
L2 侧站台 B	ES1	1	0.82	2.25	上行
	ES2	1	0.82	2.25	上行
L2 中站台	ES1	1	0.82	2.25	上行
	ES2	1	0.82	2.25	上行
	ES3	1	0.82	0.85	下行

10.5 疏散分析参数确定

本节介绍地铁站人员疏散模型分析所需重要参数的确定,如人员类型与步行速度、疏散通道流量,以及疏散人数分布等。

10.5.1 人员类型与步行速度

人员类型按照人员身体条件和路径选择能力可以简化为以下类别,包括:成年男性、成年女性、儿童和老人。对于公共区(包括站厅、站台等)人群,各人员分类的比例参考了 SIMULEX 疏散分析模型所建议的不同人员类型组成比例(表10-6)。

表 10-6 人员类别及组成

人员类别	成年男性/%	成年女性/%	儿童/%	老人/%
所占比例	40	40	10	10

参考 NFPA 130 确定人员疏散运动中各种地面结构形式下的人员步行速度(表10-7)。

表 10-7 NFPA 130 关于步行速度值的规定

疏散设施	步行速度/(m/min)
站台、走廊、<4%的坡道	61.1
上行楼梯、停止的自动扶梯以及>4%的坡道	15.24(速度的垂直分量)
下行楼梯、停止的自动扶梯以及>4%的坡道	18.30(速度的垂直分量)

出于对车站中乘客背包情况的考量,人员行动灵活性以及速度必然会受到其影响而随之下降,因此需要在结合我国人员形体尺寸及行走速度统计数据的基础上进行缩减。各人员类型的自由行走速度以 NFPA 130 中平均速度作为取值基础,确定人员类型速度特性数值,如表10-8。

表 10-8 人员速度和形体特性

人员类别	平面自由速度/(m/s)	折减平面速度/(m/s)	速度分布	楼梯间或者坡道内斜向速度/(m/s)		形体尺寸/(肩宽 m×背后 m×身高 m)
成年男性	1.35	1.1	正态	下行	0.70	0.5×0.3×1.7
				上行	0.55	

续表

人员类别	平面自由速度/(m/s)	折减平面速度/(m/s)	速度分布	楼梯间或者坡道内斜向速度/(m/s)		形体尺寸/(肩宽 m×背后 m×身高 m)
成年女性	1.1	1.0	正态	下行	0.60	0.4×0.28×1.6
				上行	0.50	
儿童	0.9	0.75	平均	下行	0.50	0.3×0.2×1.3
				上行	0.40	
老人	0.8	0.65	平均	下行	0.50	0.4×0.25×1.6
				上行	0.40	

10.5.2 疏散通道流量

行人交通流中流量、密度、速度依然遵循以下规律

$$q = ku \tag{10-2}$$

式中，q 为行人流量，人/(m·s)；u 为行人速度，m/s；k 为人员密度，人/m²。在行人流向中，速度、密度以及流量间的变动特征，就是行人密度低时，步行速度提升，流量则刚好相反；当行人密度增大到一定值时，速度进一步降低，流量达到最大值；当密度进一步增大时，速度会接近于 0，此时流量也接近于 0。

结合《地铁设计规范》内容，本章人员疏散模型中采用的最大人员运动流量见表 10-9。

表 10-9 最大人员运动流量

通道类型	最大人员运动流量/[人/(m·min)]
站台、走廊、<4%的坡道	89.37
上行楼梯、停止的自动扶梯、>4%的坡道	62.60
下行楼梯、停止的自动扶梯、>4%的坡道	71.65
门和出入口	89.37

10.5.3 疏散人数分布

结合《地铁设计规范》中的内容来看，对于地铁站台上的突发事故来说，疏散人员应当是乘客以及所有工作者的总数。在地铁站之中，疏散人员由三部

分构成：其一是地铁工作者，其二是站厅乘客，其三则为列车乘客。地铁宋家庄站作为一座三条线换乘的大型交通枢纽，在疏散人数分布上有其自身的特点。在宋家庄站，地铁10号线是途经站，为三线两站台式建筑（见图10-7），其中最北侧的一条线很少使用，日常运营时，顺时针方向列车使用北侧站台，逆时针方向列车使用南侧站台。因此，在对10号线北侧站台进行人员安全疏散评估时，疏散人数应包括：顺时针列车上的满载乘客，北侧站台上等候顺时针列车的乘客，以及站台上的工作人员。在对10号线南侧站台进行人员安全疏散评估时，疏散人数应包括：逆时针列车上的满载乘客，南侧站台上等候逆时针列车的乘客，以及站台上的工作人员。

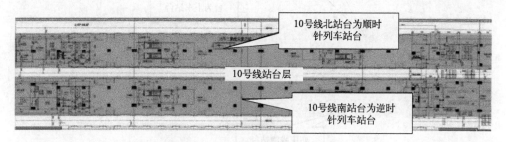

图10-7　10号线站台层运营情况

地铁5号线属于双线两侧式站台（见图10-8），同时也是终点站。南侧站台为下车站台，下行列车在南侧站台将列车人员清空，再继续驶入停车场；北侧站台为上车站台，候车人员在北侧站台等候从停车场驶出的上行空车。因此，在对5号线北侧站台进行人员安全疏散评估时，疏散人数应包括：站台工作者及还未上车的乘客。在对5号线南侧站台进行人员安全疏散评估时，疏散人数应包括：下行列车上的满载乘客，以及站台上的工作人员。

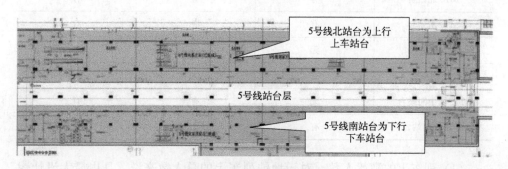

图10-8　5号线站台层运营情况

亦庄线也是终点站，为双线三站台（见图10-9），中间站台为上车站台，两侧站台为下车站台。由于在宋家庄站未设置单独的停车场，两条线上的列车为穿梭往复式运行模式，到站列车首先打开外侧车门将列车人员清空到侧站台上，再打开内侧车门让中间站台上的候车人员上车。因此，在对亦庄线两侧站台进行人员安全疏散评估时，疏散人数应包括：列车上的满载乘客，以及站台上的工作人员。在对亦庄线中间站台进行人员安全疏散评估时，疏散人数应包括：站台工作者及还未上车的乘客。

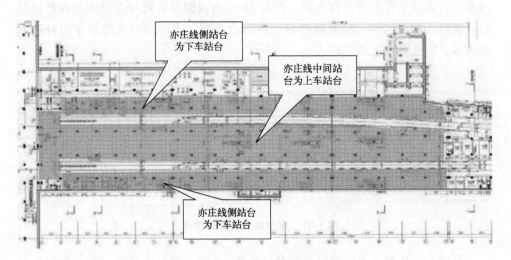

图 10-9　亦庄线站台层运营情况

站台疏散人员组成见表 10-10。

表 10-10　站台疏散人员组成

站台	列车乘客	站台候车乘客	工作者
M10 北站台	有	有	有
M10 南站台	有	有	有
M5 北站台	无	有	有
M5 南站台	有	无	有
亦庄线中间站台	无	有	有
亦庄线侧站台	有	无	有

（1）列车上的满载人数　对于地铁列车上的总人数来说，是由最大设计载客量决定的。根据推荐的列车编组方案，地铁列车定员按照 6 人/m^2 考虑。列车 6 节编组定员为 1460 人。

(2) 站台候车人数 站厅站台内的乘客数量可以由地铁站高峰客流量和行车最小间隔时间计算得到。对于设有多个站台的换乘站来说，应该分别计算各个站台站厅的疏散人数。基于对高峰期客流量下站台旅客候车人数的预测，在疏散流程中，对交通类建筑物公共区域内候车人数进行计算。对重要客流区域的乘客停留时间进行假定，从而实现瞬间流量的转换，以此获取在该空间中，乘客停留的平均时间。

与高峰期客流量数据变化情况相结合，对瞬时产生的最大人数进行计算，并确立高峰波动系数，此时就可以计算出瞬时楼内的所有人员数量：

$$候车人数 = 高峰小时客流量 \times 高峰波动系数 \times 停留时间(s) \quad (10-3)$$

选取高峰波动系数为 1.3。

根据交通配置、列车速度、高峰小时列车对数等计算，10 号线远期高峰发车对数为 30 对/h，则站台候车人员平均停留时间为 2.0min；亦庄线远期高峰发车对数为 24 对/h，则站台候车人员平均停留时间为 2.5min；5 号线远期高峰发车对数为 30 对/h，则站台候车人员平均停留时间为 2.0min。宋家庄地铁站远期高峰客流量统计数据由设计方提供，如表 10-11 所示。

表 10-11 宋家庄站高峰客流量统计

序号	项目	换乘方向	早高峰小时换乘量	换乘量百分比	总客流量	客流量百分比
1	高峰小时集散量				71900	100%
2	出入站客流量				12375	17.2%
3	地铁出入公交枢纽流量				8184	11.3%
4	换乘量	M5 换乘 L2	14254	19.82%	51341	71.5%
5		M5 换乘 M10 东	880	1.22%		
6		M5 换乘 M10 西	1118	1.55%		
7		M10 东换乘 L2	2396	3.33%		
8		M10 东换乘 M5	1091	1.51%		
9		M10 西换乘 L2	2595	3.61%		
10		M10 西换乘 M5	2769	3.85%		
11		L2 换乘 M10 西	3265	4.54%		
12		L2 换乘 M10 东	3538	4.92%		
13		L2 换乘 M5	19435	27.03%		

依据表 10-11 我们能够获取到 5 号线、10 号线以及亦庄线间的乘客换乘量信息。站台候车人员主要包括向本站台换乘的人员和由此进入车站的人员两部分。进入车站的客流包括两部分：其一是从出入口进站的客流；其二对应的是从公交枢纽进入车站的客流。这里，假设进站客流与出站客流相等，因此总的进入车站的客流为出入站客流与地铁出入公交枢纽客流之和的一半，即 10280 人/h。在此，各个站台上的进站人数采取按照向该站台换乘客流量占总客流量的比例的方法进行分配得到。宋家庄站总换乘客流量为 51341 人/h。10 号线北侧站台向站台换乘的客流量包括：M5 换乘 M10 西客流量 1118 人/h 与 L2 换乘 M10 西客流量 3265 人/h 之和，即 4383 人/h。由此计算得到 10 号线北侧站台的进站客流量为 878 人。则 10 号线北侧站台的总高峰上车客流量为 4383＋878＝5261 人/h。其他站台高峰上车客流量如表 10-12 所示。

表 10-12　宋家庄站高峰客流量统计 1

区域	进站换乘量	进站客流量	高峰上车客流量
M10 北站台	4383	878	5261
M10 北站台	4418	885	5303
M5 北站台	23295	4664	27959
L2 上车站台	19245	3853	23098
合计	51341	10280	61621

得到各个站台的高峰上车客流量，结合候车人员平均停留时间，利用式 (10-3) 计算得到站台候车人员数量。综合车厢内人数、站台候车人数，以及工作人员数，得到各站台上的疏散人数，如表 10-13。

表 10-13　宋家庄站站台疏散人数

区域	车厢内人数	站台候车人数	工作人员数	疏散人数
M10 北站台	1460	228	20	1708
M10 南站台	1460	230	20	1710
M5 北站台	0	1212	20	1232
M5 南站台	1460	0	20	1480
L2 上车站台	0	1251	20	1271
L2 下车站台 A	1460	0	20	1480

续表

区域	车厢内人数	站台候车人数	工作人员数	疏散人数
L2 下车站台 B	1460	0	20	1480
合计				10360

除了站台上的疏散人员以外，站厅内的疏散人员考虑宋家庄站远期高峰期，列车发车间隔缩短，前后车次的人流可能出现接连的情况。因此这里设站厅内的人员包括了前一批到站列车下车的人员和地铁站工作人员。列车下车人员人数的确定，可以参考上车候车人员人数的确定方法。各站台远期高峰下车客流量如表 10-14 所示。

表 10-14 宋家庄站高峰客流量统计 2

区域	出站换乘量	出站客流量	高峰下车客流量
M10 北站台	5364	1074	6438
M10 南站台	3487	698	4185
M5 南站台	16252	3254	19506
L2 下车站台	26238	5254	31492
合计	51341	10280	61621

得到各个站台的高峰下车客流量，结合发车间隔时间，利用式（10-3）计算同样可以得到一趟列车的下车人数。综合一趟列车的下车人数，以及工作人员数，得到各站厅上的疏散人数，如表 10-15 所示。

表 10-15 宋家庄站站厅疏散人数

区域	下车人数	工作人员数	疏散人数
M10 北站厅	279	20	299
M10 南站厅	181	20	201
M5 站厅	845	20	865
L2 站厅	1706	20	1726
合计			3091

10.6 地铁站应急疏散指示标志现存问题分析

经由多年的不断建设与改造,现阶段宋家庄地铁站中的应急疏散指示设施建设已经初具规模,然而其依旧存在着较多弊端及问题,具体如下:

(1) 应急疏散指示标志在设立上存在着数量不均衡的问题 调查结果表明,在宋家庄地铁站中,应急疏散指示标志在数目方面并不均衡,站台中的主干道及路口,应急疏散指示标志较为缺失,而列车停靠位置周边则刚好相反,具体情况如图10-10。

(a) 亦庄线站台层换乘地区　　　　(b) 5号线站台层换乘地区

图 10-10　换乘区域地面疏散指示标志缺少

(2) 应急疏散指示标志设立位置不合理 实际调查结果表明,在该站之中,无论是应急疏散指示标志还是照明灯的设立,都存在着不合理现象。一旦火灾发生,区域中低位疏散指示标志必然只能够发挥出较小范畴的影响作用,再加上浓烟等因素影响,指示引导功能继而降低,疏散因此受到阻碍(见图10-11、图10-12)。

图 10-11　亦庄线站台层未设置高位应急导向标志

第 10 章 城市地铁站应急管理条件分析

图 10-12　5 号线站台层高位应急导向标志

（3）环境干扰　宋家庄地铁站中存在着较多的广告牌设置，其与应急疏散指示标志的安装有着极大矛盾及冲突。举例来说，无论是主要通道还是站厅之中，都存在着大量彩屏广告牌，颜色鲜艳，应急疏散指示标志及照明灯与之相比完全被遮盖，从而对应急疏散效率产生消极影响，具体如图 10-13。

图 10-13　广告牌强光对应急指示标志功能有所影响

（4）应急疏散指示标志设计与特殊环境逃生需求并不相符　对于应急疏散指示标志来说，突发事故时能够为乘客提供安全逃生路径的照明及引导就是其最为主要的功能。当前，宋家庄地铁站的疏散指示标志多具备固定指向特征，且容易造成乘客向危险区域的移动。在火灾事件下，必然会造成地铁站中烟雾弥漫及停电等问题的产生，对此，应急指示标志的设立也就显得十分关键，其必须满足照明及指引需求，然而现阶段宋家庄地铁站中的标志制作还存在着过于简易的现象，因此并不具备在黑暗环境下使用的条件（见图10-14）。

（5）部分应急疏散指示标志体积较小　一些指示标志存在着体量较小的问

179

题，若乘客站在稍微远些的地方就无法看见标志。除此之外，地面应急疏散指示标志的设立也存在着数量及间隔等方面的问题，同时指向固定，无法依据突发状况进行调整，见图 10-15。

图 10-14　应急指示标志并未对特殊因素的影响进行考量　　图 10-15　地面疏散指示标志

（6）应急疏散指示标志造型不统一　站台中许多通道和出入口中都进行了应急指示标志的设立，然而标志却存在着造型不同等问题（如图 10-16），乘客在慌乱中容易忽视、混淆。

(a) 5号线楼梯标志造型　　　　　　　　(b) 10号线楼梯标志造型

图 10-16　应急疏散指示标志造型间存在差异

（7）应急出口指示标志设置不醒目　应急出口仅在地铁站内发生紧急情况下开启，由于日常运营中不开启，乘客对应急出口位置不熟悉，加之紧急疏散中乘客具有紧张情绪，很容易忽视应急出口的存在，因此应急出口指示标志的设置需足够醒目。当前宋家庄地铁站中的许多应急疏散标志都存在着无法自行发光的问题，黑暗中等同无效（图10-17）。

(a) 应急标志无自发光功能　　　　　　　(b) 应急出口未设置标志

图 10-17　宋家庄地铁站之中的应急出口指示标志

本章选取了宋家庄地铁站作为研究对象，进行深入实地调研，主要工作包括：

① 出于对地铁运营特征的考量，我们进行了疏散分析主要方式的确立，并且结合疏散流程中的各项不确定性因素，例如人员状态以及构成等，对特定情况下的安全余量及疏散安全水平等内容有所探究。按照火源位置将地铁火灾分为列车火灾、站厅层火灾和站台层火灾三种，通过对数据资料进行归纳总结，对工况中 2MW 及 5MW 规模下的火灾情况进行了说明。

② 实地调研站内各设施设备，确定各设施设备有效宽度及人流量，通过对站内的人流和结构进行分析，确定高峰客流时期各区域疏散人员数量。

③ 深入分析了当前宋家庄地铁站应急疏散指示系统存在的不足及安全隐患问题，同时针对弊端提出了解决办法，为下一章具体火灾工况下的疏散引导设计方案提供现实基础和理论依据。

第 11 章

火灾下地铁站应急管理设计方案

第 11 章　火灾下地铁站应急管理设计方案

随着城市轨道交通车站建设的复杂化，对车站内的应急管理也提出了更高的要求，为了确保在紧急情况下地铁站内的工作人员及设备设施都能发挥最佳的引导管控作用，减少安全疏散的时间，保证乘客的人身安全，应该从提高对突发事件的认知性和引导策略的合理性两个方面来全面优化地铁站内的应急管控。

本章将结合前几章对紧急情况下疏散引导的研究，依据具体火灾工况下的烟气蔓延程度，在宋家庄地铁站现有建筑环境和疏散条件的基础上对其应急管理策略进行优化。

11.1　地铁换乘线的防火分隔

宋家庄站是集地铁、轻轨功能并可与宋家庄综合交通枢纽换乘的大型车站，为三线换乘车站，现设置防火卷帘将亦庄线与其它两线分开。在大型城市轨道交通车站中采用防火分隔将不同线路分开是比较合理的做法，可以防止火灾扩大蔓延，尽量减少火灾对不同线路的影响，有利于火灾后迅速恢复运营。其中地铁 5 号线与亦庄线之间采用特级防火卷帘及甲级防火门与之分开，如图 11-1 所示。因此，在火灾工况下的疏散研究中，亦庄线车站可以与 5 号线、10 号线车站分开进行设计。

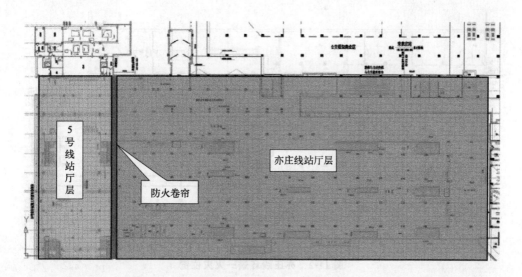

图 11-1　亦庄线与 5 号线站厅层平面防火隔断设置图

11.2 突发事件应急场景分析(一)

以下以亦庄线为分析对象介绍。

(1)场景一 场景一为亦庄线站台火灾,火源位于亦庄线站台西侧,火灾参数如表11-1所示。

表11-1 亦庄线场景一火灾参数

火灾区域	场景描述	火灾规模/MW	火灾类型	烟控方案
站台火灾	火源位于亦庄线站台西侧	2	快速火	站台轨顶单轨机械排烟 77.78m³/s

亦庄线考虑在不利情况下,高峰期两列满载乘客列车同时进站,列车人员全部从两侧侧式站台下车,而进站候车人员则位于中间岛式站台上。进行疏散模拟时考虑所有站台人员同时通过楼梯或者自动扶梯向站厅层疏散。站台火灾位置附近的楼梯出口考虑受到火灾烟气的影响而无法用于疏散,如图11-2所示。

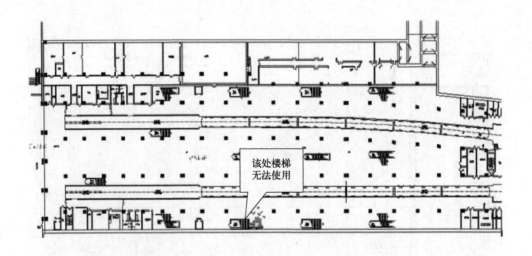

图11-2 亦庄线场景一火灾位置

首先对该场景在火灾工况下距离车站站台地面2.1m高度处的烟气蔓延状态、温度、能见度分布状态进行模拟,模拟图分别如图11-3~图11-5。

① 站台层烟气蔓延状态。

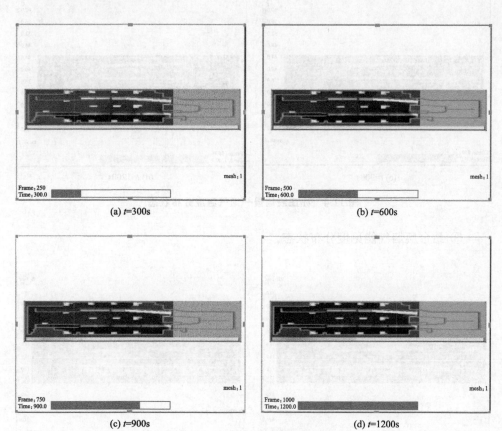

图 11-3 亦庄线场景一烟气蔓延状态

② 站台层烟气温度分布状态。

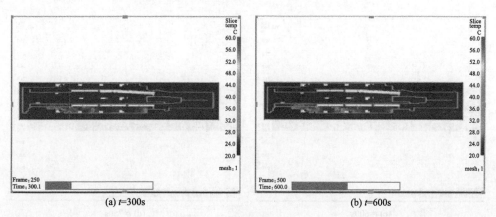

图 11-4

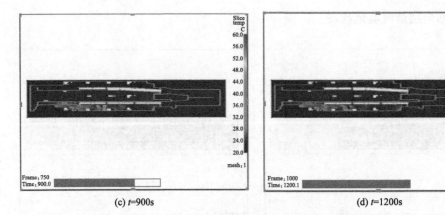

图 11-4 亦庄线场景一烟气温度分布状态

③ 站台层烟气能见度分布状态。

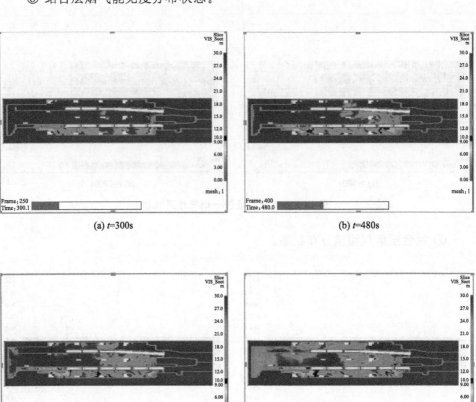

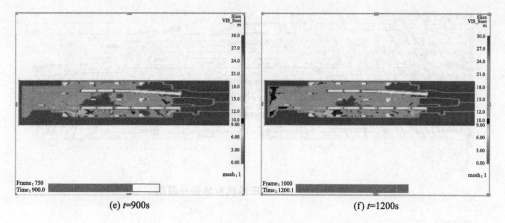

(e) t=900s (f) t=1200s

图 11-5　亦庄线场景一烟气能见度分布状态

④ 站厅层能见度分布状态，见图 11-6。

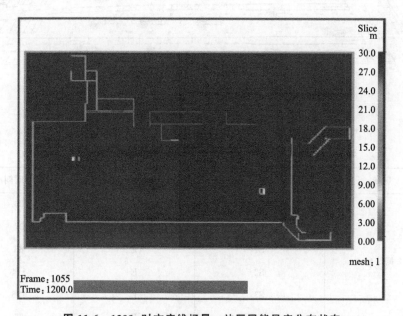

图 11-6　1200s 时亦庄线场景一站厅层能见度分布状态

模拟计算结果表明：在 1200s 的计算时间内，站台地面以上 2.1m 处的温度始终小于 60℃；480s 时轨 2 西侧部分区域的站台地面以上 2.1m 处的烟气能见度低于 10m。站厅层始终处于无烟环境。

依据烟气模拟结果，封堵因火灾影响无法使用的楼梯及危险区域，地铁乘客以就近疏散原则和现有疏散指示标志的指示进行通往站厅层的紧急疏散，疏散仿真结果如图 11-7、图 11-8、表 11-2、表 11-3。

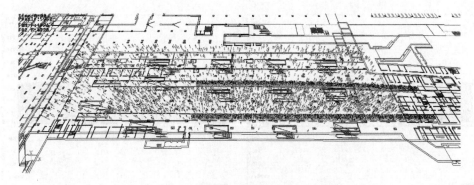

图 11-7　$t=0s$ 亦庄线疏散场景一截图

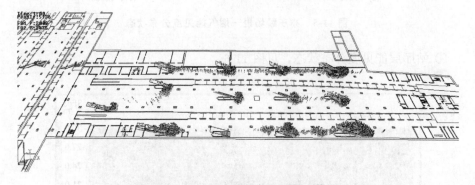

图 11-8　$t=60s$ 亦庄线疏散场景一截图

表 11-2　亦庄线场景一各楼梯/扶梯最高服务水平及持续时间

区域	楼梯/扶梯编号	最高服务水平	持续时间/s
L2 侧站台 A	ES1	E	86
	ES2	F	37
	S1	E	83
	S2	E	114
	S3	E	126
	S4	F	31
L2 中站台	ES1	E	92
	ES2	E	94
	ES3	F	23
	S1	E	64
	S2	E	77
	S3	E	101

续表

区域	楼梯/扶梯编号	最高服务水平	持续时间/s
L2 侧站台 B	ES1	F	34
	ES2	F	56
	S1	F	28
	S2	—	—
	S3	E	147
	S4	F	51

表 11-3 亦庄线场景一疏散行动时间

区域	站台疏散行动时间/min
亦庄线侧站台 A 人员疏散到站厅	2.8
亦庄线中站台人员疏散到站厅	2.3
亦庄线侧站台 B 人员疏散到站厅	3.5
亦庄线站厅内疏散	5.8

通过截图可以看到，受站台层楼梯分布不均及列车停靠位置等影响，位于亦庄线站台南部的楼梯较为拥堵，特别是位于火灾位置一侧，由于受火灾影响封堵楼梯，造成更多人员涌向该侧南部楼梯，造成大面积拥堵，延误了疏散时间。

由于疏散指示标志的布置考虑到行走距离等问题，会出现两股对流人群汇合的现象，在前面的研究中可知，在紧急疏散中出现对流人群汇合容易引起冲突及堵塞等状况，为避免这一问题的出现，在规划指挥疏散路线时应首先考虑无对流疏散原则，即引导乘客都沿同一方向进行疏散。但基于建筑结构，在该条件无法实现的前提下，尽量扩大对流人群的比例，也可在一定程度上缓解因对流冲突引发的拥塞现象。

基于以上模拟结果，更改部分疏散指示标志方向，将部分人群引导至站台北侧楼梯进行疏散，虽然疏散距离较远，但因没有形成严重拥堵现象而节省了整体疏散时间。同时封堵火灾位置一侧列车部分车门，着火点附近乘客选择从对侧车门位置下车可有效缓解火灾位置一侧的疏散压力，同时也避免了火灾附近危险区域的二次伤害事故。考虑到乘客在疏散中可能因场面混乱看不到指示标志所指方向及人员的不服从现象，在路口决策点设置疏散引导人员进行引导，同时对过密人群进行速度控制及排队管理,使疏散过程更合理有序。疏散指引策略见图 11-9,仿真结果见表 11-4、表 11-5。

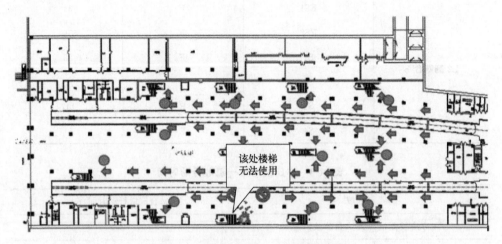

图 11-9 亦庄线场景一疏散指引策略

表 11-4 亦庄线场景一疏散指引下各楼梯/扶梯最高服务水平及持续时间

区域	楼梯/扶梯编号	最高服务水平	持续时间/s
L2 侧站台 A	ES1	E	97
	ES2	E	130
	S1	E	104
	S2	E	109
	S3	E	113
	S4	E	124
L2 中站台	ES1	E	119
	ES2	E	122
	ES3	E	131
	S1	E	97
	S2	E	112
	S3	E	125
L2 侧站台 B	ES1	F	34
	ES2	F	47
	S1	F	22

续表

区域	楼梯/扶梯编号	最高服务水平	持续时间/s
L2 侧站台 B	S2	—	—
	S3	E	121
	S4	F	41

表 11-5 亦庄线场景一疏散指引下的疏散行动时间

区域	站台疏散行动时间/min
亦庄线侧站台 A 人员疏散到站厅	2.4
亦庄线中站台人员疏散到站厅	2.2
亦庄线侧站台 B 人员疏散到站厅	3
亦庄线站厅内疏散	5.2

改进后的疏散策略，使得瓶颈处的拥堵程度和持续时间都有了不同程度的改善，乘客选择疏散楼梯更合理，疏散人流走向更加顺畅，总体疏散至站厅时间也得到了缩短。见表 11-6。

表 11-6 亦庄线场景一人员疏散模拟与烟气模拟结果对比

疏散场景	疏散开始时间/min	疏散行动时间/min	疏散时间余量/min	RSET/s	ASET/s	安全与否
亦庄线侧站台 B 人员疏散到站厅	1.5	3	1.5	360	480	安全

本研究考虑了地铁运营中可能出现的两辆列车同时进站以及封堵受火灾影响的疏散楼梯/扶梯的特殊情况，并考虑了乘客在火灾发生时的准备疏散时间以及疏散时间余量。由优化疏散引导策略后的模拟结果可知，RSET＜ASET，在车站指挥部门的有效引导下，乘客可在危险来临时间内快速有序地疏散至安全位置。

（2）场景二 疏散场景二火源位于亦庄线站台中部位置，火灾规模如表 11-7 所示。

表 11-7 亦庄线场景二火灾参数

火灾区域	场景描述	火灾规模/MW	火灾类型	烟控方案
站台火灾	火源位于亦庄线站台中部	2	快速火	站台轨顶双轨机械排烟 155m³/s

亦庄线人员疏散考虑在不利情况下，高峰期两列满载乘客列车同时进站，列车人员全部从两侧侧式站台下车，而进站候车人员则位于中间岛式站台上。疏散时考虑所有站台人员同时通过楼梯或者自动扶梯向站厅层疏散。站台火灾位置附近的楼梯出口考虑受到火灾烟气的影响而无法用于疏散，如图 11-10 所示。

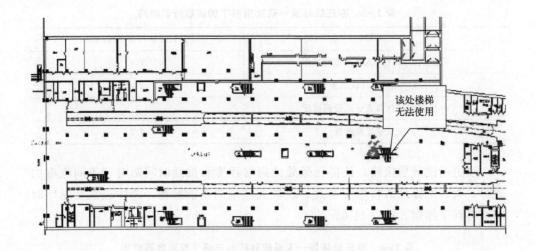

图 11-10　亦庄线场景二火灾位置

首先对该场景在火灾工况下距离车站站台地面 2.1m 高度处的烟气蔓延状态、温度、能见度分布状态进行模拟，模拟图分别如图 11-11～图 11-13。

① 站台层烟气蔓延状态。

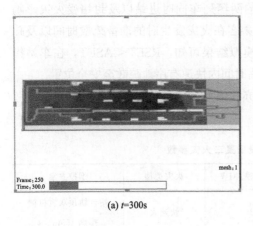
(a) t=300s

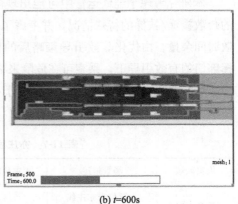
(b) t=600s

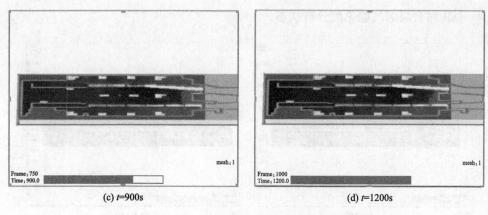

图 11-11 亦庄线场景二烟气蔓延状态

② 站台层烟气温度分布状态。

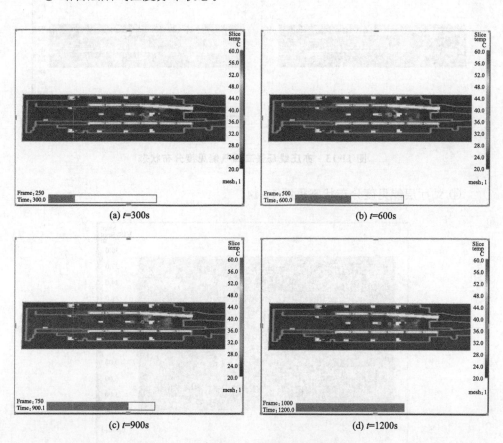

图 11-12 亦庄线场景二烟气温度分布状态

③ 站台层烟气能见度分布状态。

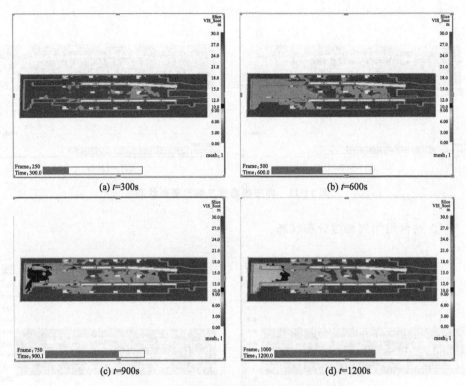

图 11-13 亦庄线场景二烟气能见度分布状态

④ 站厅层能见度分布状态见图 11-14。

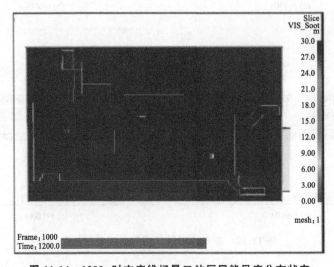

图 11-14 1200s 时亦庄线场景二站厅层能见度分布状态

模拟计算结果表明：在1200s的计算时间内，站台地面以上2.1m处的温度始终小于60℃；900s时轨1与轨2间部分区域的站台地面以上2.1m处的烟气能见度低于10m。站厅层始终处于无烟环境。

依据火灾模拟结果，封堵受火灾影响无法使用的楼梯及危险区域，地铁乘客以就近楼梯疏散原则和现有疏散指示标志的指示进行通往站厅层的紧急疏散。

疏散仿真结果见图11-15、图11-16、表11-8、表11-9。

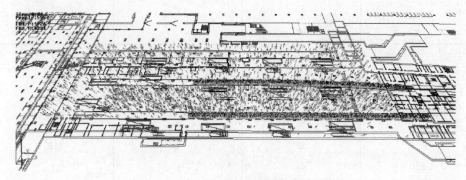

图11-15　$t=0$s亦庄线疏散场景二截图

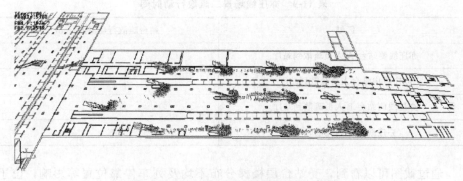

图11-16　$t=60$s亦庄线疏散场景二截图

表11-8　亦庄线场景二各楼梯/扶梯最高服务水平及持续时间

区域	楼梯/扶梯编号	最高服务水平	持续时间/s
L2侧站台A	ES1	E	86
	ES2	F	37
	S1	E	83
	S2	E	104
	S3	E	116
	S4	F	31

续表

区域	楼梯/扶梯编号	最高服务水平	持续时间/s
L2 中站台	ES1	F	22
	ES2	F	44
	ES3	—	—
	S1	E	64
	S2	E	77
	S3	—	—
L2 侧站台 B	ES1	E	84
	ES2	F	36
	S1	E	87
	S2	E	109
	S3	E	113
	S4	F	34

表 11-9　亦庄线场景二疏散行动时间

区域	站台疏散行动时间/min
亦庄线侧站台 A 人员疏散到站厅	2.8
亦庄线中站台人员疏散到站厅	3.4
亦庄线侧站台 B 人员疏散到站厅	2.8
亦庄线站厅内疏散时间	5.9

通过截图可以看到，受站台层楼梯分布不均及列车停靠位置等影响，位于亦庄线站台南部的楼梯较为拥堵。且站台中部因火灾封堵一组楼梯，造成亦庄线上车站台楼梯负荷较大，形成拥堵。由烟气模拟报告可知，600s 时部分区域的站台地面以上 2.1m 处的烟气能见度低于 10m。因此，在设计疏散方案时应以先撤离上车站台处候车乘客为首要前提，避免因时间推移能见度降低影响疏散效率，造成人员因看不清疏散标志而引起的场面混乱。基于以上分析，严格按照现有上下车站台设置方式，列车乘客从两侧站台下车，避免了火灾附近危险区域的二次伤害事故。同时更改部分疏散指示标志方向，将部分人群引导至站台北侧楼梯进行疏散，虽然疏散距离较远，但因没有形成拥堵现象而节省了整体疏散时间。同时考虑到乘客在疏散中可能因场面混乱而看不到指示标志所指方向及人员的不服从现象，在路口决策点设置疏散引导人员进行引导指挥，使疏

散过程更合理有序。疏散指引策略见图 11-17，仿真结果见表 11-10、表 11-11。

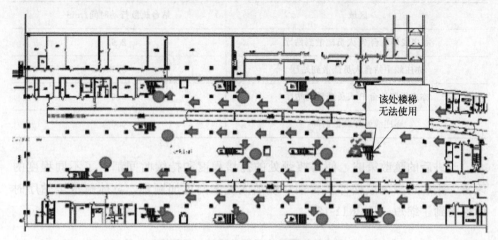

图 11-17 亦庄线场景二疏散指引策略

表 11-10 亦庄线场景二疏散指引下各楼梯/扶梯最高服务水平及持续时间

区域	楼梯/扶梯编号	最高服务水平	持续时间/s
L2 侧站台 A	ES1	E	93
	ES2	E	115
	S1	E	101
	S2	E	97
	S3	E	112
	S4	E	111
L2 中站台	ES1	E	129
	ES2	F	14
	ES3	—	—
	S1	E	113
	S2	E	111
	S3	—	—
L2 侧站台 B	ES1	E	99
	ES2	E	108
	S1	E	103
	S2	E	101
	S3	E	109
	S4	E	115

表 11-11 亦庄线场景二疏散指引下的疏散行动时间

区域	站台疏散行动时间/min
亦庄线侧站台 A 人员疏散到站厅	2.6
亦庄线中站台人员疏散到站厅	3.1
亦庄线侧站台 B 人员疏散到站厅	2.6
亦庄线站厅疏散时间	5.5

改进后的疏散策略，使得瓶颈处的拥堵程度和持续时间都有了不同程度的改善，乘客选择疏散楼梯更合理，疏散人流走向更加顺畅，总体疏散至站厅时间也得到了缩短。见表 11-12。

表 11-12 亦庄线场景二人员疏散模拟与烟气模拟结果对比

疏散场景	疏散开始时间/min	疏散行动时间/min	疏散时间余量/min	RSET/s	ASET/s	安全与否
亦庄线侧站台 B 人员疏散到站厅	1.5	3.1	1.6	372	900	安全

(3) 场景三 疏散场景三对应于火灾场景位于亦庄线站厅中部位置。火灾规模如表 11-13 所示。

表 11-13 亦庄线场景三火灾参数

火灾区域	场景描述	火灾规模/MW	火灾类型	烟控方案
站厅火灾	火源位于亦庄线站厅位置中部	2	快速火	站厅机械排烟 77.78m^3/s

亦庄线人员疏散考虑在不利情况下，高峰期两列满载乘客列车同时进站，列车人员全部从两侧侧式站台下车，而进站候车人员则位于中间岛式站台上。疏散时考虑所有站台人员同时通过楼梯或者自动扶梯向站厅层疏散。站厅火灾位置附近的检票出口考虑受到火灾烟气的影响而无法用于疏散，如图 11-18 所示。

首先对该场景在火灾工况下距离车站站台地面 2.1m 高度处的烟气蔓延状态、温度、能见度分布状态进行模拟，在 300s、600s、900s、1200s 时模拟图分别如图 11-19～图 11-21。

第 11 章 火灾下地铁站应急管理设计方案

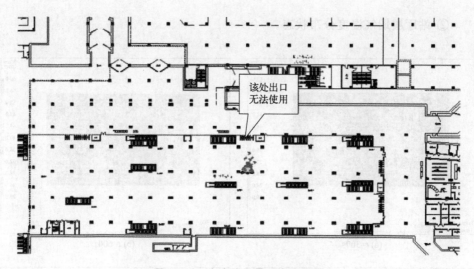

图 11-18 亦庄线场景三火灾位置

① 站厅层烟气蔓延状态。

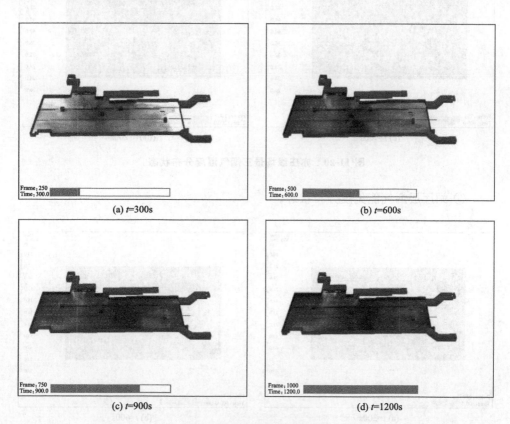

图 11-19 亦庄线场景三烟气蔓延状态

② 站厅层烟气温度分布状态。

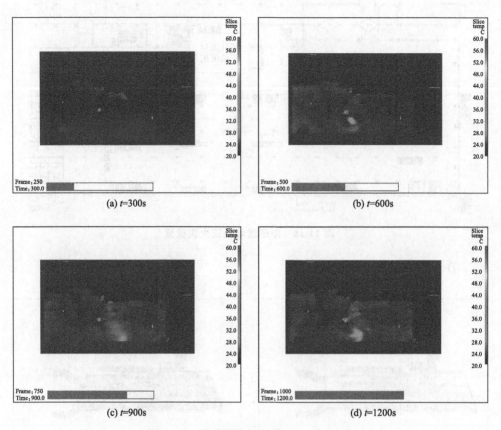

图 11-20　亦庄线场景三烟气温度分布状态

③ 站厅层烟气能见度分布状态。

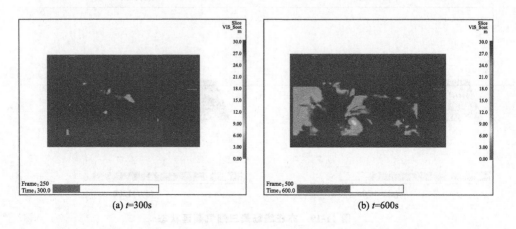

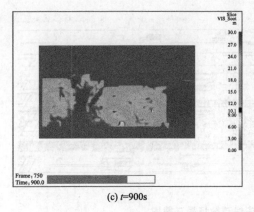 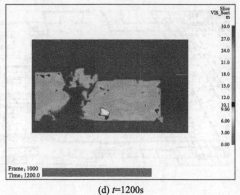

(c) $t=900s$　　　　　　　　　　　(d) $t=1200s$

图 11-21　亦庄线场景三烟气能见度分布状态

火灾模拟计算结果表明：在 1200s 的计算时间内，站厅地面以上 2.1m 处的温度始终小于 60℃；600s 内站厅地面以上 2.1m 处的烟气能见度高于 10m，在 900~1200s 时间内局部区域的能见度低于 10m。

依据火灾烟气能见度模拟，在制定疏散策略时考虑到火源位置能见度在疏散后期低于 10m，除封堵站厅东侧出口外，还需封堵站台层中部 ES1 扶梯，避免乘客从 ES1 扶梯疏散至站厅层后因烟气影响无法辨别出口方向，以及因火灾引起的二次伤害发生。与站台火灾需要把乘客以最短时间疏散至站厅的策略有所不同，站厅火灾应考虑站厅的出口布局及火灾位置，因站厅出口呈现出南多北少的状态，同时火灾位置在站厅层中间部位，因此如均匀地把乘客由站台层疏散至站厅层，乘客在站厅层穿梭寻找出口无疑增加了站厅层的疏散难度，乘客经过火源位置附近时容易因烟气能见度等影响引起混乱，因此根据烟气模拟结果及站厅出口布局，合理分配乘客与站厅出口的匹配度可有效提高疏散效率。站台层疏散指引策略见图 11-22，仿真结果见图 11-23、图 11-24。

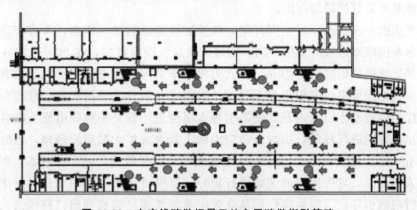

图 11-22　亦庄线疏散场景三站台层疏散指引策略

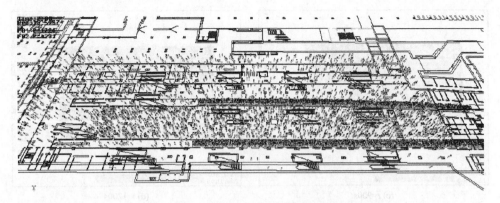

图 11-23　$t=0s$ 亦庄线疏散场景三截图

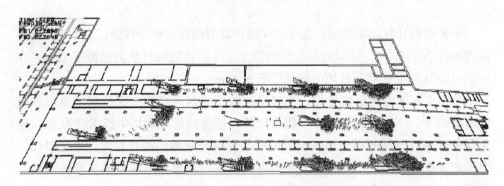

图 11-24　$t=60s$ 亦庄线疏散场景三截图

由于站厅层面积较大且出口分布不均匀，前面提到在调查中发现，宋家庄站中的应急疏散指示标志在设置数量上很不平衡，站内很多主要的路口和主干道都缺乏明显的指示标志，地下一层站厅恰恰又是站内人流量最大、人口最密集的场所，因此合理地设置疏散指示标志及引导人员位置，对宋家庄地铁站紧急疏散具有良好的辅助作用。

考虑到亦庄线站厅层空间开阔，仅设置智能疏散指示标志，乘客在疏散过程中容易因线路过长而迷失方向。通过火灾烟气模拟可知，在 900~1200s 时间内局部区域的能见度低于 10m，因此为保证车站内乘客在火灾状况下的有效疏散，应在站厅层设置疏散引导人员，基于前面对引导人员的研究，推荐在亦庄线站厅层设置动态引导人员。动态引导人员通过声音、手势吸引周围乘客跟向目标出口方向进行疏散，引导人员应借助工具合理扩大其影响范围，依据前面的分析，设置疏散引导人员人数为 20 左右可达到疏散引导的最佳状态，但车站管理人员有限，可依据出口区域进行划分，至少设置 4 名引导人员对站厅层乘客进行疏散引导，周围乘客依据从众效应紧跟前面已经找到出口路线的人群向出口方向疏散。站厅层疏散指引策略见图11-25，仿真结果见图11-26、表11-14、表11-15。

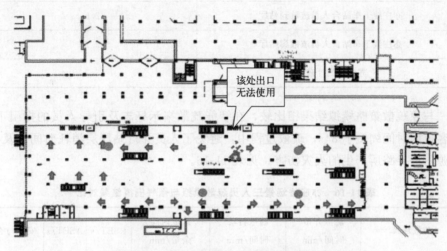

图11-25 亦庄线场景三站厅层疏散指引策略

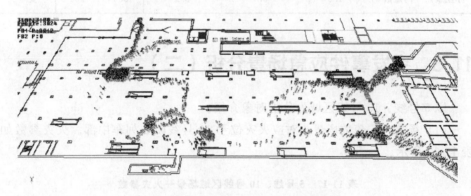

图11-26 亦庄线场景三站厅层疏散截图

表11-14 亦庄线场景三疏散指引下各楼梯/扶梯疏散持续时间

出口编号	未使用智能疏散指示标志疏散时间/s	使用智能疏散指示标志疏散时间/s
5、6、7号出口	321	339
8号出口	—	—
9号出口	426	342
10号出口	382	338
5号消防出口	276	312

表 11-15　亦庄线场景三疏散指引下的疏散行动时间

区域	站台疏散行动时间/min
亦庄线上车站台人员疏散到站厅	2.6
亦庄线下车站台人员疏散到站厅	2.7
亦庄线站厅疏散	5.7

与原疏散策略模拟结果相比较，在智能疏散指示标志及引导人员的指引下，乘客疏散时间缩短了84s，疏散过程中，避免了人员穿行站厅层消耗时间以及在火源附近寻路所产生的火灾伤害。见表11-16。

表 11-16　亦庄线场景三人员疏散模拟与烟气模拟结果对比

疏散场景	疏散开始时间/min	疏散行动时间/min	疏散时间余量/min	RSET/s	ASET/s	安全与否
亦庄线站厅内疏散	1.5	5.7	2.9	606	900	安全

11.3　突发事件应急场景分析（二）

以5号线、10号线区域为分析对象介绍。

（1）场景一　疏散场景一对应火灾位于10号线轨2列车中部。火灾参数如表11-17所示。

表 11-17　5号线、10号线区域场景一火灾参数

火灾区域	场景描述	火灾规模/MW	火灾类型	烟控方案
列车火灾	火源位于10号线轨2列车中部	5	快速火	轨1、轨2、轨3等3个轨顶机械排烟120m³/s，隧道120m³/s

疏散模拟考虑在不利情况下，10号线北侧站台一列满载列车和5号线终点站一列满载列车同时进站，这两列列车人员全部从站台下车，同时10号线各个站台和5号线南站台上还有高峰时期的候车人员以及工作人员。疏散时考虑所有站台人员同时通过楼梯或者自动扶梯向站厅层疏散。站台火灾位置附近的中部楼梯出口考虑受到火灾烟气的影响而无法用于疏散，如图11-27所示。

第 11 章 火灾下地铁站应急管理设计方案

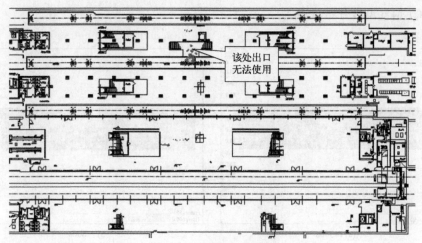

图 11-27 5 号线、10 号线区域场景一火灾位置

首先对该场景在火灾工况下距离车站站台地面 2.1m 高度处的烟气蔓延状态、温度、能见度分布状态进行模拟，模拟图分别如图 11-28～图 11-30 所示。

① 烟气蔓延状态。

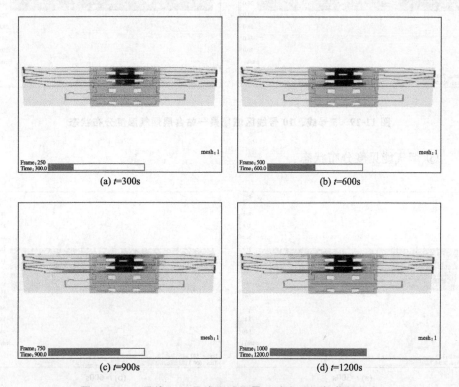

图 11-28 5 号线、10 号线区域场景一站台层烟气蔓延状态

② 烟气温度分布状态。

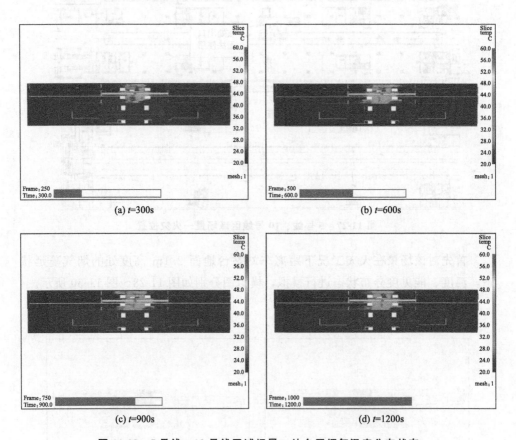

图 11-29　5 号线、10 号线区域场景一站台层烟气温度分布状态

③ 烟气能见度分布状态。

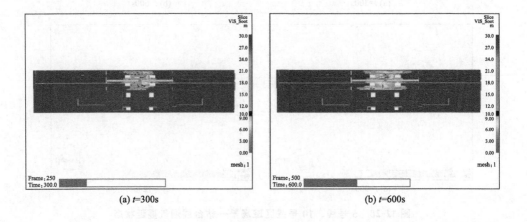

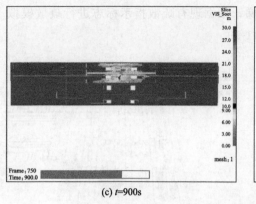 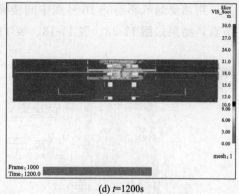

(c) $t=900s$ (d) $t=1200s$

图 11-30　5 号线、10 号线区域场景一站台层烟气能见度分布状态

④ 站厅层能见度分布见图 11-31。

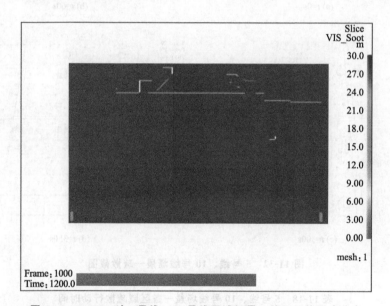

图 11-31　1200s 时 5 号线、10 号线区域场景一站厅层能见度分布

模拟计算结果表明：在 1200s 的计算时间内，由于楼梯口的补风方向以及站台轨顶排烟口的分散布置，烟气被控制在 4 个楼梯口所包围的区域内，没有蔓延至其它地方。另外，1200s 内站台地面以上 2.1m 处除了着火列车外，其它区域的温度始终小于 60℃；300～1200s 内站台地面以上 2.1m 处，4 个楼梯口所包围的区域内的烟气能见度已低于 10m。在 1200s 的计算时间内，站厅层地面以上 2.1m 处的烟气能见度始终接近 30m。站厅向站台的楼梯口风速在 3～4m/s。

封堵受烟气影响的 10 号线中间楼梯，依据现有疏散指示标志进行疏散模拟仿真，结果如图 11-32、表 11-18、表 11-19。

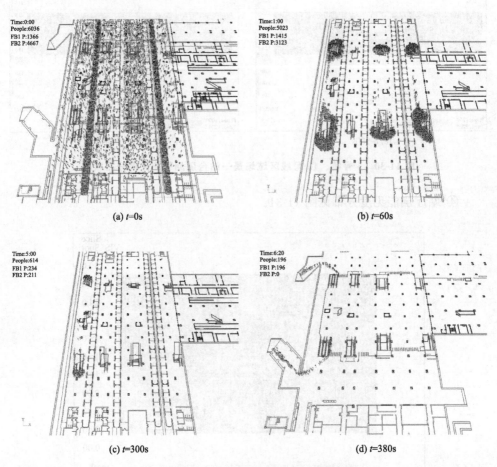

图 11-32 5 号线、10 号线场景一疏散截图

表 11-18 5 号线、10 号线场景一各区域疏散行动时间

区域	疏散行动时间/min
M10 北站台人员疏散到站厅	5.8
M10 南站台人员疏散到站厅	0.8
M5 北站台人员疏散到站厅	2.1
M5 南站台人员疏散到站厅	3.5
站厅内疏散	7.0

第11章 火灾下地铁站应急管理设计方案

表11-19 5号线、10号线区域场景一烟气模拟与人员疏散模拟结果对比

疏散场景	疏散开始时间/min	疏散行动时间/min	疏散时间余量/min	RSET/s	ASET/s	安全与否
M10北站台人员疏散到站厅	1.5	5.8	2.9	612	300	不安全

由模拟结果可知，该疏散策略无法满足安全疏散要求。

依据烟气模拟结果可知，疏散的重点部位在10号线北部区域，因从300s后，站台地面以上2.1m处，4个楼梯口所包围的区域内的烟气能见度已低于10m，在火灾发生后应立即封堵中间楼梯，迅速通过智能疏散指示标志引导乘客通过东西两侧的疏散楼梯疏散至站厅层。通过疏散模拟可以看到，10号线南部区域候车乘客不多，人员疏散用时较短，因此，火灾列车应开启双侧车门，方便乘客借用南侧站台疏散楼梯。除此之外，为保障10号线轨2列车乘客的安全疏散，事故列车两侧的东西疏散楼梯口处安排疏散指挥人员，通过声音引导乘客出车厢后向两侧撤离，为乘客明确疏散方向，并且在楼梯口人员聚集处做好密度控制，疏导人员有序沿疏散楼梯撤离，避免因火灾烟气蔓延引起的场面混乱。疏散指引策略见图11-33。

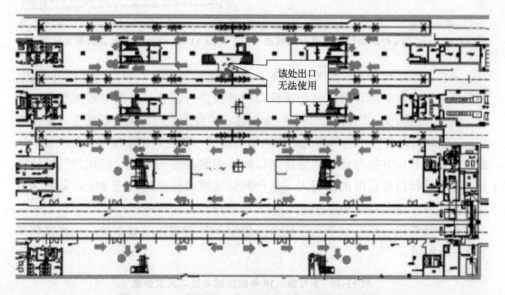

图11-33 5号线、10号线区域场景一疏散指引策略

对改进后的疏散策略下人员疏散进行模拟，分析300s及380s时的烟气能见度分布状态及人员疏散状态，见图11-34～图11-37。

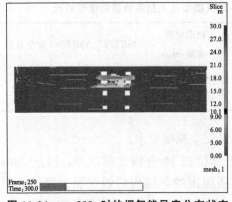
图 11-34　$t=300s$ 时的烟气能见度分布状态

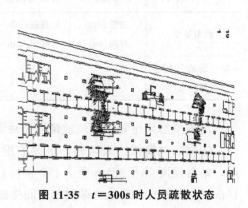
图 11-35　$t=300s$ 时人员疏散状态

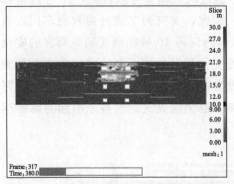
图 11-36　$t=380s$ 时的烟气能见度分布状态

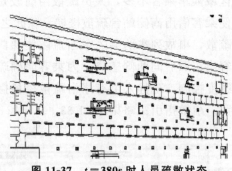
图 11-37　$t=380s$ 时人员疏散状态

从模拟结果可看出：列车火灾时，着火列车所有的车厢门均是打开状态，烟气从车厢门排出后，很容易与楼梯口的补风进行混合，从而导致烟气温度降低、烟气下沉较快，因此，300s 及 380s 时，站台上中间区域的能见度已经低于 10m。但此时乘客已快速聚集到东西两侧的楼梯口附近，由于楼梯口处的补风风速较大，且补风方向与两侧隧道排烟口的排烟路径方向一致，因此烟气始终蓄积在 4 个楼梯口所包围的范围内，站台其它区域的能见度接近 30m，从而为人员疏散提供相对安全的环境。

（2）场景二　疏散场景二对应火灾位于 5 号线北侧站台东部。火灾参数如表 11-20 所示。

表 11-20　5 号线、10 号线区域场景二火灾参数

火灾区域	场景描述	火灾规模/MW	火灾类型	烟控方案
站台火灾	火源位于 5 号线北侧站台东部	2	快速火	轨顶机械排烟 120m^3/s

考虑在不利情况下，5号线终点站一列满载列车进站，车上人员全部从站台下车，同时10号线各个站台和5号线南站台上还有高峰时期的候车人员以及工作人员。疏散时考虑所有站台人员同时通过楼梯或者自动扶梯向站厅层疏散。站台火灾位置附近的楼梯出口考虑受到火灾烟气的影响而无法用于疏散，如图11-38所示。

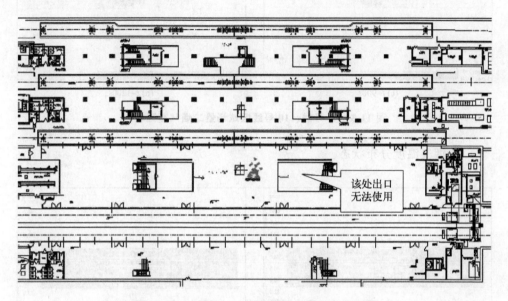

图11-38 5号线、10号线区域场景二火灾位置

首先对该场景在火灾工况下距离车站站台地面2.1m高度处的烟气蔓延状态，温度、能见度分布状态进行模拟，模拟图分别如图11-39～图11-41。

① 烟气蔓延状态。

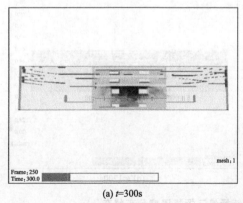

(a) $t=300s$ (b) $t=600s$

图11-39

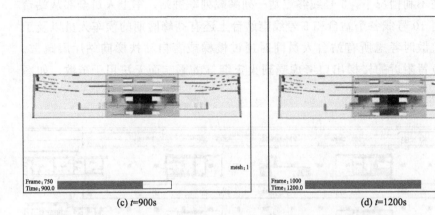

(c) $t=900s$ (d) $t=1200s$

图 11-39　5 号线、10 号线区域场景二烟气蔓延状态

② 烟气温度分布状态。

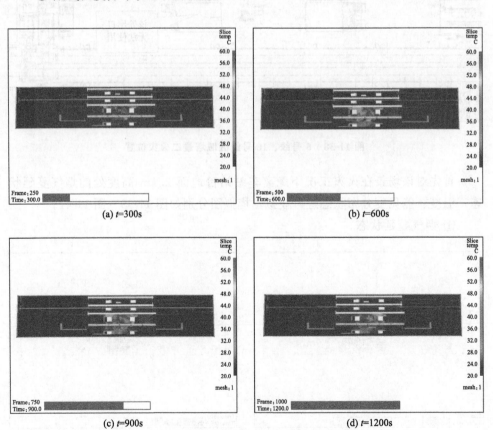

图 11-40　5 号线、10 号线区域场景二烟气温度分布状态

③ 烟气能见度分布状态。

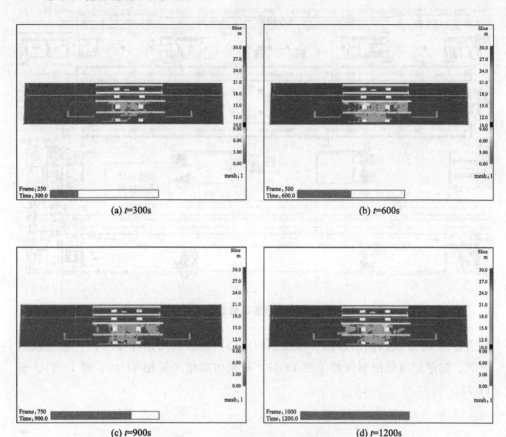

图 11-41　5 号线、10 号线区域场景二烟气能见度分布状态

模拟计算结果表明：在 1200s 的计算时间内，站台地面以上 2.1m 处除了着火区域外，其它区域的温度始终小于 60℃；600～1200s 内站台地面以上 2.1m 处，部分烟气能见度低于 10m。依据烟气模拟结果，制定疏散策略，封堵 5 号线站台东侧受烟气影响的疏散楼梯，在站台西侧楼梯处设置疏散引导人员，通过声音引导乘客利用站台西侧疏散楼梯疏散至站厅层。其它站台区域可设置动态引导者，通过自身引导速度调节楼梯口瓶颈区域密度，保障疏散有序进行。站台层疏散指引策略见图 11-42。

因受火灾影响封堵了 5 号线北站台东侧楼梯，5 号线北站台候车乘客仅通过西侧楼梯疏散至站厅层，致使 5 号线站厅乘客分布极不均匀，而 5 号线 10 号线共用站厅层疏散出口呈对称分布。考虑到此情况，在 5 号线西侧两组楼梯出口处设置疏散引导人员，利用动态引导方式，将由站台层疏散上来的部分乘客疏

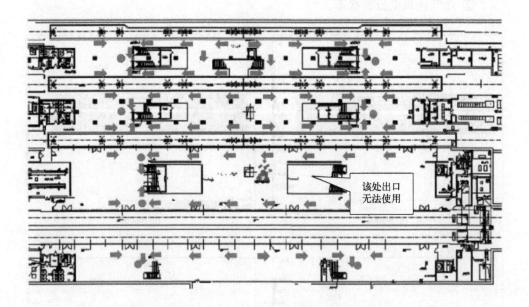

图 11-42　5 号线、10 号线区域场景二疏散指引策略

散引导至 10 号线西侧出口和 5 号线东侧出口，合理利用站厅层出口，缩短疏散时间。站厅层疏散指引策略见图 11-43，疏散仿真结果见图 11-44、表 11-21、表 11-22。

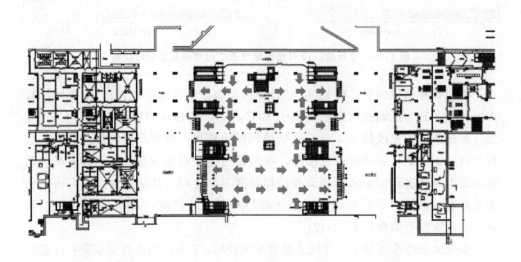

图 11-43　5 号线、10 号线区域场景二站厅疏散指引策略

第11章 火灾下地铁站应急管理设计方案

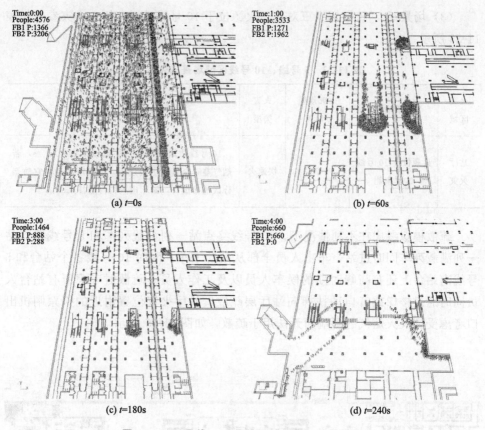

图 11-44　5 号线、10 号线区域场景二疏散模拟

表 11-21　5 号线、10 号线区域场景二疏散时间

区域	疏散时间/min
M10 北站台人员疏散到站厅	1.0
M10 南站台人员疏散到站厅	0.8
M5 北站台人员疏散到站厅	3.5
M5 南站台人员疏散到站厅	3.5
站厅内疏散	5.0

表 11-22　5 号线、10 号线区域场景二人员疏散模拟与烟气模拟结果对比

疏散场景	疏散开始时间/min	疏散行动时间/min	疏散时间余量/min	RSET/s	ASET/s	安全与否
M10 北站台人员疏散到站厅	1.5	3.5	1.8	408	1200	安全

(3)场景三 疏散场景三对应于火源位于 10 号线站厅东侧。火灾参数如表 11-23 所示。

表 11-23 5 号线、10 号线区域场景三火灾参数

火灾区域	场景描述	火灾规模/MW	火灾类型	烟控方案
站厅火灾	火源位于 10 号线站厅东侧	2	快速火	10 号线防烟分区 2 站厅机械排烟 $60m^3/s$,若烟气蔓延至其它防烟分区,则联动启动其它防烟分区的排烟口,站厅出入口自然补风

疏散模拟考虑在不利情况下,10 号线终点站一列满载列车和 5 号线终点站一列满载列车同时进站,车上人员全部从站台下车,同时 10 号线各个站台和 5 号线南站台上还有高峰时期的候车人员以及工作人员。疏散时考虑所有站台人员同时通过楼梯或者自动扶梯向站厅层疏散。站厅火灾位置附近的检票闸机出口考虑受到火灾烟气的影响而无法用于疏散,如图 11-45 所示。

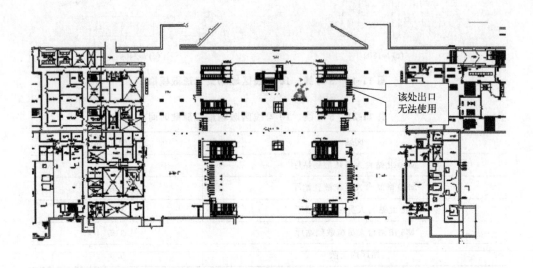

图 11-45 5 号线、10 号线区域场景三火灾位置

首先对该场景在火灾工况下距离车站站台地面 2.1m 高度处的烟气蔓延状态、温度、能见度分布状态进行模拟,模拟图分别如图 11-46~图 11-48 所示。

① 烟气蔓延状态。

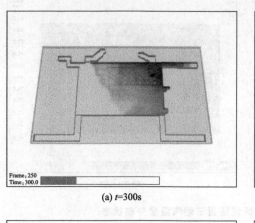
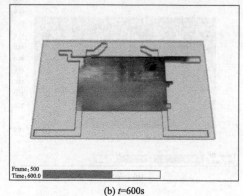

(a) $t=300s$ (b) $t=600s$

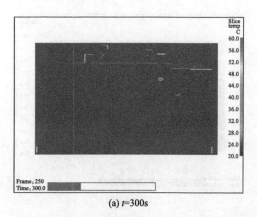
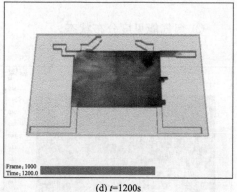

(c) $t=900s$ (d) $t=1200s$

图 11-46　5 号线、10 号线区域场景三烟气蔓延状态

② 烟气温度分布状态。

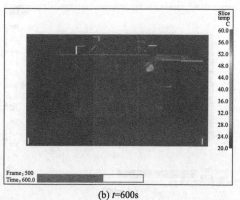

(a) $t=300s$ (b) $t=600s$

图 11-47

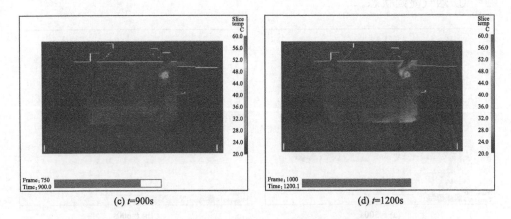

图 11-47　5 号线、10 号线区域场景三烟气温度分布状态

③ 烟气能见度分布状态。

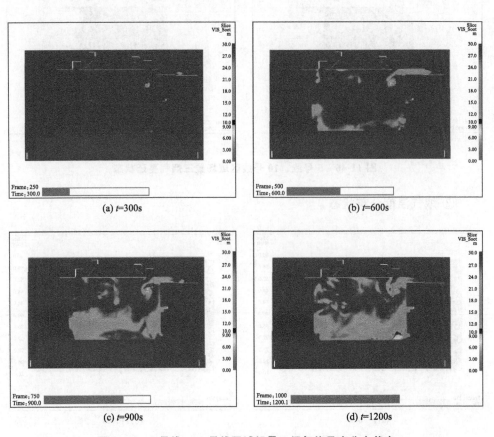

图 11-48　5 号线、10 号线区域场景三烟气能见度分布状态

模拟计算结果表明：在1200s的计算时间内，站厅地面以上2.1m处的温度始终小于60℃；1200s时站厅地面以上2.1m处部分区域的能见度低于10m。

疏散仿真结果见图11-49、表11-24、表11-25。

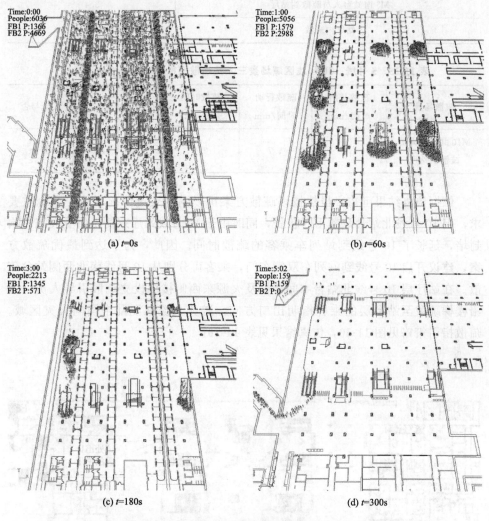

图11-49 5号线、10号线区域场景三疏散模拟

表11-24 5号线、10号线区域场景三疏散行动时间

区域	疏散行动时间/min
M10北站台人员疏散到站厅	4.3
M10南站台人员疏散到站厅	0.8

续表

区域	疏散行动时间/min
M5 北站台人员疏散到站厅	2.1
M5 南站台人员疏散到站厅	3.4
站厅内疏散	5.7

表 11-25　5 号线、10 号线区域场景三人员疏散模拟与烟气模拟结果对比

疏散场景	疏散开始时间/min	疏散行动时间/min	疏散时间余量/min	RSET/s	ASET/s	安全与否
M10 北站台人员疏散到站厅	1.5	5.7	2.9	606	1200	安全

依据仿真结果可知，虽然按该疏散方案可以满足火灾情况下的安全疏散要求，但 10 号线北站台疏散用时较长，同时由于 10 号线站厅东侧出口受火灾影响封堵，延长了 10 号线到站列车乘客的疏散时间。因此，为了达到最优疏散方案，建议开启 10 号线到站列车双侧车门，乘客可分别从 10 号线南北两侧站台疏散。在站厅层 10 号线北站台中间楼梯及火源东西侧楼梯设立疏散引导人员，为沿楼梯疏散至站台层的乘客指明出口方向，避免人流在混乱中涌向火灾区域。疏散指引策略见图 11-50，仿真结果见表 11-26。

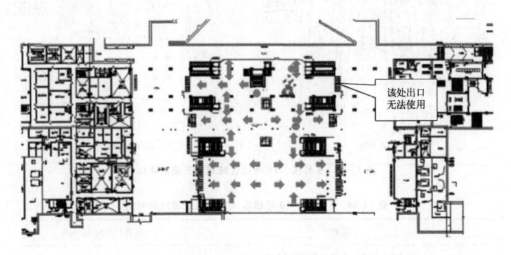

图 11-50　站厅层疏散指引策略

第11章　火灾下地铁站应急管理设计方案

表 11-26　5 号线、10 号线场景三疏散行动时间

区域	站台疏散行动时间/min
M10 北站台人员疏散到站厅	2.4
M10 南站台人员疏散到站厅	3.1
M5 北站台人员疏散到站厅	2.1
M5 南站台人员疏散到站厅	3.4
站厅内疏散	4.8

本章结合先前章节中对于突发状况下人员特殊行为及心理的分析，以及应急环境下疏散引导人员和智能疏散指示标志的研究结论，首先利用 FDS 模拟软件对各线路在不同火灾工况下的烟气状况进行仿真，得出该线路在特定火灾工况下的危险区域及危险来临时间。基于计算机行人仿真手段对宋家庄地铁站在不同火灾工况下的疏散场景进行分析及模拟。由于亦庄站是端头站，当站台发生火灾时，疏散总人数考虑了两列满载列车及根据换乘量计算得到的候车人数，与一般仅考虑一台满载列车的情况相比，疏散策略设计标准有所提高。根据烟气计算结果，在考虑了 1.5 倍安全系数的前提下，针对个别疏散楼梯有可能被烟气围堵的情况，结合不同线路特点、火源位置、火灾发展情况及客流分布提出了一整套疏散引导优化设计方案，使乘客在应急部门的管理控制下能在安全时间内沿安全区域进行快速疏散，避免了局部过度拥堵和经由火场区域逃生的危险情况发生。突发状况下综合疏散策略总结如下：

① 为减少不同线路之间的火灾相互影响，地铁站内发生火灾时应启动亦庄线与 5 号线站台、站厅之间的防火卷帘，以及关闭 5 号线与 10 号线站台之间的防火屏蔽门，人员沿各自站台和站厅的出口向外疏散。

② 10 号线列车发生火灾时，建议列车停在本站站台后打开左右两侧全部车门，使从列车上下来的人员能够利用左右两侧站台进行疏散，从而提高人员疏散速度，缩短站台疏散时间，如图 11-51 所示。

③ 亦庄线中部上车站台和两侧下车站台上北侧通向站厅的部分楼梯距离站台列车停车区和候车区位置较远，建议亦庄线站台疏散时组织人流尽量向北侧移动，使人流能够均匀利用站台所有楼梯向上疏散，以提高站台的疏散速度，如图 11-52 所示。

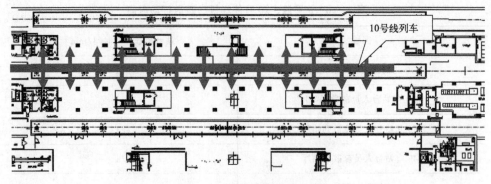

图 11-51　列车两侧疏散方式

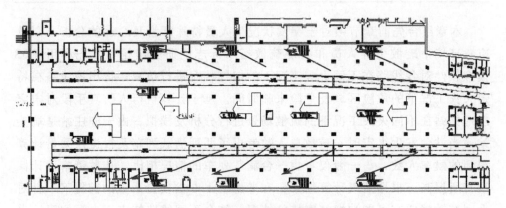

图 11-52　亦庄线站台疏散组织方向

11.4　突发事件下城市轨道-地面公交应急协同接运组织

在突发事件发生的情况下,轨道线路会由于突发事件而中断,其自身的疏运能力会受到损害,导致轨道线路列车的组织效能逐步下降。为了保证轨道交通运行安全和提高其服务水平,在应急处置阶段需通过对轨道线网进行合理调配来保障城市公共交通的有序运转。随着突发事件的进展,轨道交通网络逐渐陷入停滞,仅依赖轨道线网的疏运功能已经不能确保轨道交通的稳定运作。为保证轨道交通系统的运行效率和安全性,必须及时对应急情况下可能出现的各种交通需求进行响应。在这种情况下,我们需要与地面公交系统合作,共同组织接运活动,共同分担轨道交通的客流压力。这不仅可以帮助乘客更顺利地出行,还能助力轨道交通恢复其疏运功能,确保线路和整个路网的正常运作。

11.4.1 地面公交应急协同接运组织的核心职责与功能

在城市轨道交通遭遇重大突发事件的情况下，鉴于这些事件对轨道交通线路的巨大影响，其可能会导致严重的交通中断。这种突发中断有可能触发一系列不良后果，包括但不限于列车到站的延迟、相邻车站的候车乘客滞留，甚至可能触发大规模客流事件；导致了车站或线路运营的短暂中断；也导致了相邻线路乃至整个路网的运营受阻。因此，有必要与地面公交部门合作，以启动公交紧急协同运输计划。在这种情况下，当列车在突发的中断区段或站点停止运行时，需要引导那些滞留在车站的乘客离开，并采用其他紧急出行策略使乘客完成剩下的行程。

应急公交协同接运的主要任务与功能是在突发中断事件较为严重的情境下，协同轨道交通的行车策略，通过公交协同接运的方式，为轨道站点内的滞留乘客提供有效的疏散组织和换乘疏导，从而为轨道交通方式提供必要的补充运能。根据三种不同组织情形，应急公交协同接运的功能可以进一步细化如下。

(1) 基于交通小区开行的应急公交协同接运

主要任务：在突发事件影响较为集中的区域，通过划分交通小区，组织开行应急公交，以满足该区域内乘客的出行需求。

功能：有效利用城市公交运能，减少成本，实现与轨道交通的协同接运，确保受影响区域的交通组织有序进行。

(2) 替代突发中断区段开行的应急公交协同接运

主要任务：在线路区段突发中断时，迅速组织公交车辆替代中断区段的疏运功能，实现滞留乘客的快速疏散。

功能：保证轨道交通网络其他部分的正常通行与稳定性，提高乘客出行效率，维持整体路网的畅通性。

(3) 替代轨道交通线路开行的应急公交协同接运

主要任务：在高等级突发事件导致整条轨道交通线路无法正常运营时，采取应急公交协同接运的方式，全面替代轨道交通线路的运营功能。

功能：通过合理的站点设置和线路规划，实现应急公交与轨道交通的无缝衔接，减少换乘时间，方便乘客出行，避免突发事件给轨道运营带来的效率损失，保障城市客运系统的秩序与稳定。

综上所述，应急公交协同接运在应对城市轨道交通突发事件时具有多种功能和任务，可以根据实际情况灵活选择和应用不同的组织情形，以最大程度地减少突发事件对乘客出行的影响，保障城市公共交通的正常运行。

11.4.2 地面公交协同接运组织的主要步骤

在轨道交通系统遭遇重大突发状况时，轨道交通的正常运作会被打断，众多的乘客会从车站迅速撤离到地面，存在较大安全隐患，一旦突发大量客流，还可能造成社会秩序混乱和重大经济损失。由于城市公共交通具有运量小、时间短等特点，因此，为了确保轨道交通的稳定运行，我们需要在现有的列车行车组织基础上，结合地面公交的协同接运方式。当客流需求减少并恢复了线路疏运功能后，再考虑使用应急行车组织策略来处理大量的客流。本章提出了一种轨道交通-地面公共交通应急协同接运方法。在紧急情况下，协同接运公交的合作运营显得尤其关键。该方法可以确保轨道运营具有其固有的优势，并通过高可达性和连通性的公交运营来实现应急交通的有效组织。其核心步骤涵盖以下内容。

(1) 对应急公交的协作接运环境进行深入分析 分析突发事件所处区段的运营环境，以下是对所述内容的详细分析。

① 换乘客流需求分析：

a. 分析突发事件发生区域的客流特性，包括日常换乘客流的时间分布、空间分布以及出行目的等。

b. 预测突发事件发生后，可能产生的额外换乘客流规模及流向，特别是在与地铁、轻轨等其他交通方式衔接的换乘站点。

c. 通过历史数据和模型预测，评估换乘客流对应急公交协同接运的需求，为后续运力配置和线路规划提供依据。

② 运营中断影响分析：

a. 分析突发事件对公交线路运营的具体影响，如道路封闭、站点关闭、车辆损坏等。

b. 评估运营中断对乘客出行时间、出行成本以及公交服务质量的影响，量化分析运营中断损失。

c. 识别运营中断可能引发的连锁反应，如客流拥堵、服务延误等，并评估其对整个公交网络的影响。

③ 协同接运线路环境分析：

a. 考察应急公交协同接运线路的道路条件、交通设施以及周边环境，确保线路的安全性和可行性。

b. 分析线路与其他交通方式的衔接情况，包括与常规公交、地铁、出租车等的换乘便利性。

c. 评估线路沿线的客流吸引力，包括沿线居民区、商业区、学校等客流集散点的分布情况。

④ 协同接运公交资源分析:

a. 统计和分析现有公交车辆的数量、类型、性能等,评估其满足应急协同接运需求的能力。

b. 分析公交驾驶员的数量和技能水平,确保在应急情况下有足够的人力资源进行调度。

c. 考察公交场站、调度中心等基础设施的容量和布局,为应急协同接运提供必要的物质保障。

以上四个方面的分析,可以为应急协同接运方案的制定提供全面的数据支持和事实依据。在实际操作中,还需要根据具体突发事件的性质和规模,灵活调整分析内容和重点,确保应急协同接运方案的有效性和针对性。

此外,环境分析不仅是为了制定应急方案,更重要的是为之后协同接运组织的优化与策略决策提供持续的事实依据。通过对数据的持续收集、分析和反馈,可以不断优化协同接运方案,提高应急响应能力,更好地服务公众出行。环境分析可以为应急协同接运方案的实施提供数据基础,并为之后协同接运组织的优化与策略决策提供事实依据。

(2) 轨道交通应急行车组织调整　　轨道交通应急行车组织调整是应对突发事件,确保轨道交通系统安全、有序运行的重要措施。以下是对应急行车组织调整的分析和步骤详解。

① 分析与统计基本情况。

在轨道突发中断区段及其邻近线路,首先需要全面分析与统计以下基本情况:

a. 站点平均客流量:通过历史数据或实时监控系统,了解各站点的日常客流量,以及高峰时段的客流特点。

b. 滞留乘客数量:在突发事件发生后,迅速统计各站点滞留乘客的数量,特别是中断区段及其邻近站点。

c. 站点折返设施条件:评估各站点是否具备列车折返条件,包括轨道布局、信号系统、站台长度等因素。

② 应急行车交路优化。

基于上述基本情况,进行应急行车交路的优化:

a. 选择折返站点:在有折返条件的中间站点和区段的端头站之间,选择合适的折返站点,确保列车能够高效地进行折返,提高运输效率。

b. 制定应急列车组织方案:根据滞留乘客数量和站点折返设施条件,制定应急列车组织方案,包括增加列车发车量、缩短发车间隔等措施。

c. 客流疏散组织：通过优化后的行车交路，加快滞留乘客的疏散速度，减少乘客等待时间，确保乘客安全有序地离开中断区段。

d. 动态调节列车运营：根据客流变化和实际情况，对列车运营进行动态调节，确保行车交路的优化效果得以持续发挥。

③ 应急最优线路调整。

在现有应急行车交路开行条件下，进行应急最优线路的调整：

a. 分析客流出行路径变化：突发事件可能导致乘客出行路径发生变化，需要通过客流数据实时监测和分析，掌握这些变化。

b. 提供最优客流路径集：基于客流出行路径变化，为乘客提供最优客流路径集，包括换乘方案、线路选择等，以引导乘客合理分流。

c. 应对不同等级突发中断事件：

a) 低等级突发中断事件：通过应急行车组织调整，如增加临时班次、调整列车运行图等，即可满足客流疏散需求。

b) 高等级突发中断事件：当低等级调整措施无法满足客流疏散需求时，需要引入后续的协同接运组织步骤，如公交接驳、出租车服务等，以协同完成客流疏散组织工作。

在整个应急行车组织调整过程中，需要确保信息畅通、决策迅速、执行有力，同时加强与相关部门和乘客的沟通协作，共同应对突发事件带来的挑战。

(3) 地面公交协同接运最优客流路径生成　在城市轨道交通与地面公交协同接运的过程中，最优客流路径的生成是关键环节，它直接关系到疏散效率和乘客满意度。以下是针对该问题的详细分析和步骤说明：

① 应急公交协同接运站点与线路的设置。

a. 分析与统计基本情况。

a) 站点平均客流量：评估轨道突发中断区段及其邻近站点的日常客流量，以了解乘客需求基础。

b) 滞留乘客数量：统计突发事件后各站点的滞留乘客数，这是确定公交接运规模的重要依据。

c) 站点折返设施条件：考察站点是否具备公交车辆折返的条件，这对于线路设置至关重要。

b. 确定协同接运轨道站点。

a) 选择客流量大、滞留乘客多的站点作为主要的协同接运站点。

b) 考虑站点周边的交通状况、道路条件等因素，确保公交车辆能够顺利到达和离开。

c. 设置应急换乘公交线路。

a）根据滞留乘客的分布和出行需求，规划合理的公交线路，确保能够覆盖主要的出行目的地。

b）考虑与现有公交线路的衔接和配合，避免资源浪费和竞争。

② 最优客流路径生成与合并。

a. 构建新的网络。

a）将未受突发事件影响的轨道交通线路和地面公交线路纳入新的网络。

b）考虑线路的连通性、运行时间等因素，确保网络的完整性和有效性。

b. 采用复杂网络优化方法。

a）利用图论、网络流等复杂网络优化方法，分析新网络的拓扑结构和客流分布。

b）根据分析结果，生成应急疏散组织下的综合交通路线集合。

c. 生成与合并最优客流路径。

a）在综合交通路线集合中，根据乘客的出行需求和偏好，生成多个最优客流路径。

b）考虑换乘次数、出行时间等因素，对生成的路径进行优化和合并，形成最终的最优客流路径集。

d. 提供乘客参考与选择。

a）将最优客流路径集通过媒体、APP 等方式实时发布给乘客。

b）提供换乘指引、实时车况等信息，帮助乘客做出合理的出行选择。

通过以上步骤，可以有效实现城市轨道交通与地面公交的协同接运，提高应急疏散效率，提升乘客的出行体验。同时，还需要根据实际情况对站点和线路进行动态调整和优化，确保协同接运工作的顺利进行。

第 12 章

基于协同机制的轨道交通应急管理研究

依据前述的研究成果，我们对网络化运营环境下的城市轨道交通突发事件应急辅助决策技术的关键问题进行了深入研究。考虑到轨道交通应急管理的实际生产需求，引入了分布式协同理论，对现有的轨道交通应急组织和处理流程进行了优化和重组。这样做的目的是确保轨道交通运营企业在面对突发事件时能够实现及时响应、正确处理、多点联动和协同作业的目标，从而为解决网络化运营条件下的城市轨道交通安全管理和应急处置问题提供有力的支持。

在美国、日本、德国等国家，应急管理的协调和联动工作的启动时间明显早于中国。西方发达国家在经历了"9·11"恐怖袭击、"卡特里娜"飓风灾害和"3·11"地震福岛核泄漏事故等一系列知名突发事件的实战训练后，普遍认识到，只有科学地整合全社会的应急救援资源，才能及时和准确地采取有效的应对措施。因此，这些国家逐渐将协调联动的理论和经验应用于政府应急管理和突发事件处置的各个层面和领域，形成了相对完善的协调联动体制和机制，并建立了能够有效实施协调联动机制的体系。蒋海斌提到，西方国家广泛采用的整合式危机管理体系（Integrated Emergency Management System，简称IEMS），能够充分整合全社会各类应急资源，形成协调联动，有效增强应对突发事件的能力，具有深入分析和学习借鉴的价值。

在轨道交通应急管理中，协同机制的建立是至关重要的。王兴鹏等人认为，应急协作可以基于知识协作，实现跨区域协作。李春娟等以知识协调为基础，指出突发事件发生时，应及时展开救援，并对救援活动加以管理。李纲等根据组织、保障以及运动等机制，分析协同应急救援的模式，制定应急情报体系。王晓峰等提出需要将应急处理信息进行整合，并制定信息服务体系，详细解释信息资源与服务标准。高杨拓展多个系统理论，对应急管理的对策进行分析，并提出有效的系统决策。赵林度制定了应急决策模式，为从应激、应急到应变的转变有针对性地提出从学习、应急到协同的模式，并且提出城市群众应急方案与对策。上述学者的研究针对的是宏观和定性描述的对策建议，尽管部分学者已经根据知识协调展开应急协同体系的研究，但还是缺乏更加微观的解决对策的探讨，对于应急协调救援来说，细微的决策都会对后续救援构成影响，需要有更加详尽的系统来实现各部门的资源共享与协同合作。

12.1 协同理论应用在应急决策中的必要性

应急协同在一般定义中解释为"应急管理机构中的核心部分"，是突发事件应急管理体系中重要的运行原理，也是互动协作的主要结构，对于社会安全保障有重要的作用，是决定社会利益的核心机制。突发事件应急管理机制是由决策程序标准、组织结构、信息共享以及补救干预体系构成的。部门之间都需要进行协调合作，共同应对突发事件。研究应急协同机制，首先需要了解其出发点与依据，并且熟悉应急与协同的机制特征。

协同理论可以提高应急决策的效率和准确性。在轨道交通应急管理中，决策涉及多个部门的协同配合，如消防部门、救援部门、交通部门、公安部门等。各部门独立进行决策和行动容易造成信息交流不畅、资源浪费、应对不及时等问题。而协同机制可以通过信息共享、任务分工和资源调配等方式，充分发挥各部门的优势，协同参与应急决策，使决策更加高效和准确。

协同理论可以增强应急决策的协调性和一致性。由于轨道交通应急管理涉及多个部门和层级，各部门之间存在着信息不对称、权责不清等问题，导致决策难以协调和一致。而协同机制可以建立跨部门的合作机制和协调机制，通过信息共享、合作协商等方式，促进各部门间的理解和配合，使决策更具协调性和一致性。

协同机制还可以提升应急管理的应对能力和创新性。在应急决策中，常常面临各种复杂的情况和变化，传统的单一部门决策难以应对多元化和动态化的问题。而协同机制可以通过多方参与、多方合作的方式，充分发挥各部门的智慧和创新力，提高应急决策的灵活性和适应性，增强应对能力。

协同理论应用在现阶段的学术研究领域中已经获得了一部分的成就，但是，微观层面的应急处理信息资源建设尚未进行研究。应急处理信息资源管理体系是比较开放的体系，复杂且多元，在外部力量的影响下，在应急系统统领的部门和系统之间既存在互相协调也存在彼此竞争的关系。在处理突发事件的过程中，多方需要同心协力，并且互相配合，发挥各自主体的作用，避免行动单一。通过协同的方式实现组织的效能与资源配置，无论是宏观还是微观，都能够有效地干预和救援，以减少人员在突发事件中受到的伤害，从而使应急处置更有效率。

12.2 应急处置分布式协同作业

基于当下城市轨道交通的发展现状提出将分布式协同理论应用到应急处置体系。城市轨道交通应急处置的特点决定了分布式协同工作环境中应急处置业务过程应具备空间分布协同性、时间同步协同性、业务流程有序性等特点。

（1）空间分布协同性　由于城市轨道交通系统的复杂性和广泛性，应急处置需要各个部门、站点之间的协同合作。不同地点的人员和资源需要在空间上进行有效协调，以实现协同应对。空间分布协同性主要体现了业务过程在地理空间上的分布特征。它包括以下两个方面：一是应急处置执行位置的分布性，这意味着应急处置活动在不同的地理位置进行，可能涉及多个站点、区域或设施。每个位置都可能有特定的任务和责任，需要协同工作以确保整体的应急处置效果。二是应急处置作业成员所处岗位的分布性，指的是参与应急处置的作业成员分布在不同的岗位上。这些岗位可能分布在不同的部门、层级或地点，他们需要通过有效的沟通和协作来共同完成应急任务。

要在城市轨道交通应急处置中实现有效的空间分布协同性，可以考虑以下几个方面的措施：

① 建立完善的通信系统：确保各个应急处置位置和岗位之间能够实时、准确地进行信息交流。这可以通过无线通信设备、网络平台或专门的应急通信系统来实现。

② 制定明确的职责和任务分配：每个位置和岗位的人员都应该清楚自己在应急处置中的职责和任务，避免工作重复或遗漏。

③ 进行定期的培训和演练：提高应急处置人员的协同能力和应对突发情况的能力，使他们能够熟练地在不同位置和岗位之间协作。

④ 利用先进的技术手段：如地理信息系统（GIS）、实时监控系统等，实时掌握各个位置的情况，为协同决策提供支持。

⑤ 建立统一的指挥中心：负责协调各个位置和岗位的行动，确保整体应急处置工作的有序进行。

⑥ 加强与外部机构的协调：与消防、医疗等相关部门建立良好的协作关系，共同应对突发事件。

⑦ 持续优化应急预案：根据实际情况和经验教训，不断完善应急预案，提高其针对性和可操作性。

⑧ 强化公众教育和宣传：提高公众对轨道交通应急处置的认识和应对能力，减少不必要的恐慌和混乱。

以上措施的综合实施，可以提高城市轨道交通应急处置中的空间分布协同性，保障乘客的安全和轨道交通的正常运行。

（2）时间同步协同性　强调了协作方式和时间上的协同特点。在应急处置作业中，每个成员都需要在同一时间内完成自己的任务，通过协同工作，共同努力实现工作组的统一业务目标。这意味着各个成员之间需要有高度的默契和协调。他们需要清晰地了解整个工作组的目标和任务，以及自己在其中的角色和职责。同时，有效的沟通和信息共享是至关重要的，以便成员们能够及时了解彼此的工作进展和需求，并做出相应的调整。

为了实现时间同步协同性，工作组可以采取一系列措施。首先，制定详细的工作计划和时间表，明确每个成员的任务和时间节点。这有助于大家协调行动，确保各项任务能够按时完成。其次，建立有效的沟通机制，例如定期的会议、即时通信工具或共享平台，让成员们能够实时交流和协调。此外，培训和演练也是提高时间同步协同性的重要手段。通过模拟应急情况，成员们可以熟悉协作流程和应对策略，增强彼此之间的配合能力。同时，及时总结经验教训，不断优化协作方式和流程，以提高工作效率和效果。时间同步协同性的实现需要成员们的密切配合和团队精神。只有大家共同努力，才能在紧急情况下迅速响应，高效完成应急处置任务，确保公众的安全和利益。

（3）业务流程有序性 体现了应急处置流程运作的合理性和科学性。在任务空间中，各项任务在完成自身子目标的同时，通过有序的协同工作，共同实现总体业务目标。

这一特点要求应急处置流程具有明确的阶段和步骤，每个任务都能按照预定的顺序和时间节点进行。这样可以避免任务的混乱和冲突，提高工作效率和效果。为了确保业务流程的有序性，首先需要制定详细的应急预案和操作指南。这些预案和指南应该明确规定各个任务的执行顺序、责任人和相关要求。同时，建立有效的指挥和协调机制，确保各项任务之间的衔接和协同。另外，实时监控和评估也是保障业务流程有序性的关键。实时监测任务的执行情况，可以及时发现问题并进行调整，确保流程的顺畅进行。定期的评估和总结可以帮助改进流程，发现潜在的问题和不足，进一步优化业务流程。

业务流程有序性的实现可以提高应急处置的效率和准确性，减少混乱和失误的发生。它有助于更好地协调各方资源，快速响应和处理突发事件，保障公众的生命财产安全。

12.3 应急管理协同实现的条件

随着计算机和信息技术的普及，从中央政府到各级地方政府都建立了紧急指挥系统，这使得应急组织单元之间能够共享信息，从而为实现合作创造了有利条件。协同是指多个不同组织通过一定方式相互协作，以达到某种特定目标的过程。在突发事件发生之后，如果通信设备出现损坏或完全失效，那么应急指挥者主要依赖自己的感知和认知来做出明智的决策，这种情况下，协同指挥的实施将会面临很大的制约。因此，在现代社会中，要想提高应急处置能力，必须加强对应急指挥协同问题的研究与探索。在信息化和网络化的背景下，协同效应的表现会更为突出。因此，本节将主要围绕如何更好地发挥应急指挥协同的作用这个问题展开论述。更具体地说，实现应急指挥协同需要满足几个关键条件，如下。

(1) 信息共享　信息共享对应急指挥协同具有重要意义，是共享感知得以实现的先决条件。信息共享的形式可多样化。在两个或者更多协作单元地理位置十分相近的情况下，可以通过语音进行面对面的信息交流，或者使用肢体语言进行信息交流。如在特殊的情况下用视觉手段予以补救，就需预先制订规则。在实体单元相距较远情况下，共享信息需采用一定的技术，如使用电话、电子邮件、数据链和其他终端。

因此，城市轨道交通车站应急管理属于信息集聚过程，要求各个城市应急管理主体通力协作，集合各个参与方智慧，形成协同式群体决策机制以构建多层次多主体应急指挥决策模型，并尽可能克服决策者非完全理性约束。

(2) 知识共享　知识共享构成了各个应急合作单位决策过程的核心基础。在处理城市轨道交通车站的应急管理问题时，如何高效地获取、传递、应用和分享知识成为了增强应急决策能力的核心要素。在协同工作的实施过程中，各个协作单位都在一定程度上实现了知识的共享，这种知识共享有助于使紧急响应更为迅速、各部门之间的协作更为高效、信息传播更为透明，以及决策过程更加科学合理。因此，有必要建立和优化城市轨道交通车站的应急指挥决策机制，以便在最合适的时间和方式下，将最合适的信息和知识传达给应急指挥决策者，从而实现城市轨道交通车站应急决策知识的最大程度共享。

伴随着我国经济的飞速增长和通信网络的持续完善，各个单位间的互动变得越来越紧密。为了弥补单一单位在应急决策知识上的局限性，有必要构建一个应急决策知识管理系统。因此，在城市轨道交通车站的应急管理体系中，利用城市应急决策知识管理系统可以使不同单位间的应急决策信息沟通更加流畅。这使得突发事件发生后，周边区域能够更多地了解到灾害等级、通信损失、交通状况、医疗条件和应急资源储备等信息，从而实现城市应急指挥中心之间的有效协同。城市应急决策知识管理系统为应急指挥决策者提供了宝贵的决策资源，使他们能够更加高效地做出决策，发布紧急指挥指令，并与其他部门合作完成紧急救援任务。

(3) 态势共享　各个应急组织在理解同步和协同需求的基础上，如果各个应急协作单元能建立类似的感知机制，那么就能实现态势的共享。在此基础上，可以根据各自的能力来确定是否进行实时合作。知识的共享和信息共享的执行水平都是决定态势共享成功与否的关键要素。在实际中，应急预案缺乏完整性往往导致应急计划缺失或遗漏。在紧急救援行动计划缺乏完整性和详细性的情况下，实现各方态势的共享成为同步行动的关键先决条件。在分析了多智能体系统中状态转移规则与决策过程的基础上，提出一种面向任务和事件的态势共享模型。态势共享的度量方法相当复杂，通常不能直接进行度量，此时可以通过观察可测行为和对主体的直接询问来进行间接的度量。

简而言之，我们认为实现信息共享可以最大化地利用信息的核心价值，这也意味着信息共享将不可避免地扩展到态势共享领域。在认知领域的延伸中，信息共享呈现出更为丰富的内涵。从形式角度看，信息共享已经从听觉层面扩展到了多感官的层面。在认知领域，共享信息的传递不仅仅是简单的信息交流，更是对知识和理解的传承与拓展。在内容方面，信息共享已经从纯粹的信息领域扩展到了认知领域；在这种发展趋势下，共享信息已经不再局限于简单的技术层面，而是逐渐深入到文化认知的层面。从技术层面看，信息共享已经从技术层面扩展到了更深的文化层面。

12.4 基于协同机制的双层规划应急决策模型

在处理突发灾害时，应急救援活动是多阶段决策过程，并且都有与各阶段相对应的应急救援处置状态，选择不同的应急方案，会使下一个阶段出现不同的形态，而在本阶段中选择最佳的方式，可以帮助下一救援阶段形成良好的状态。

12.4.1 双层规划应急决策优化方案

由于所构建的组织层次结构日趋复杂，每个层级的决策者需要应对更加复杂的问题，而此时，需要凭借自己的经验与实际情况做出最佳的决策。组织系统规模越大，决策者就越需要考虑整体战略，然后做出决策，层级高的决策者可以管控下一级的决策者，并以此类推，在这样的管理框架下，决策者在管理范围内实施决策权。在组织多层决策问题的研究中，常常以双层决策问题作为切入点，可将任何多层组织决策系统视为由一系列双层决策系统复合构成。最早的双层规划数学模型是在 1973 年由 Bracken 和 McGill 提出的，而双层规划和多层规划的概念是 Candler 和 Norton 于 1977 年正式提出的。经过几十年的发展和研究，双层规划的理论与方法已广泛地在社会经济、企业管理、工程技术及军事指挥等具有层次递进关系的系统研究中运用，如社会经济中企业间的供应与销售之间存在的关系、大型企业组织结构中的总部与子公司之间关系、军事作战指挥中的兵力部署与指挥关系、企业组织管理中的部门上下层级关系、工程设计中的控制变量和状态变量的关系等。

双层规划模型是根据应急决策与管理而建立的数学模型，让应急决策与管理发挥出最大的作用。双层规划模型的建立是为了优化双层决策体系问题，能够对双层递进结构体系进行优化。双层规划模型的问题解决思路是制定各层级决策者的约束机制和目标函数,上层决策者需要提供决策变量,让下层决策者有参量的依据,在其管理范围内对约束机制和目标函数求出最优值,并对上层决策者进行反馈,上层决策者根据最优决策来为组织谋求最优的决策方案。

12.4.2 建立双层规划应急决策优化模型

双层规划模型的理论和方法是研究应急管理协同理论的基础之一。但是应急指挥组织所面临的外部环境是具体的、复杂多变的。所以,应用双层规划理论与方法解决应急指挥组织决策优化问题时,对其约束条件的分析要根据具体环境来进行。

应急指挥组织中包含决策机构,而决策机构中的子系统主要分为横向和纵向层次,子系统之间的决策行为是互相关联的,对最终决策产生较大的影响。如果应急指挥组织中,全部决策节点都具有独立的目标函数和决策变量,那么上层决策者以此为依据管控下层决策者,下层决策者在独立决策目标后,会对上下层乃至其他平层决策者都造成一定的影响,那么,这个应急指挥组织管理体系表现出的问题就是非线性优化组织协同问题。

假设在应急组织中,协同的上层为 x,下层为 y,则可建立如式(12-1)所示的双层规划模型。

$$\begin{cases} \max\limits_{x,y} F(x, y) \\ \text{s. t.} \begin{cases} G(x, y) \leqslant 0 (y \text{ 是对每个 } x \text{ 取值,下层规划的最优解}) \\ \max\limits_{x,y} f(x, y) \\ \text{s. t.} g(x, y) \leqslant 0 \end{cases} \end{cases} \quad (12\text{-}1)$$

其中,$x \in \mathbf{R}^{n_1}$ 为上层决策变量,$y \in \mathbf{R}^{n_2}$ 为下层决策变量;$F: \mathbf{R}^{n_1+n_2} \to \mathbf{R}^1$ 为上层的目标函数,$f: \mathbf{R}^{n_1+n_2} \to \mathbf{R}^2$ 为下层的目标函数;$G: \mathbf{R}^{n_1+n_2} \to \mathbf{R}^{m_1}$ 为上层的约束域,$g: \mathbf{R}^{n_1+n_2} \to \mathbf{R}^{m_2}$ 为下层的约束域,即在应急指挥行动中制定的一系列规则。这里 $x \in \mathbf{R}^{n_1}$ 和 $y = \{y_1, y_2, \cdots, y_i, \cdots, y_m\} \in \mathbf{R}^{n_2}$ 分别是上层决策和下层决策单元的向量。

多阶段、多主体的协同应急救援活动,如果使用动态规划寻求最优方案,需要事前明确主体偏好功能。为了解决协同决策问题,有必要定义特定场景中参与者的首选功能,如消防部门、交通部门和医疗部门等。各实体有自己的关注点或特别偏好性能。

(1) 交通管制的优先功能 交通管制服务旨在确保事故区域内的交通安全。因此,在拥挤时出于安全考虑,应确定交通管制部门在拥堵区域的措施。一个事故区域的救援车数量过多会影响整体系统的安全性。函数 $C_s(x)$ 为 x 区域的拥堵严重性：

$$C_s(x) = \theta[V(x) - c]^{[V(x)-c]} \tag{12-2}$$

其中，$V(x)$ 是扇区 x 中当前的车辆数量，变量 c 是扇区 x 的最大非拥堵车辆数量，如果函数 θ 输入值小于 0 则取 0。当区域内的车辆数量达到最大容纳量的 80% 即认定为拥堵。因此变量 c 可按如下计算：

$$c = \begin{cases} [N(x) \times 0.8], & dec > 0 \\ [N(x) \times 0.8] - 1, & 其他 \end{cases} \tag{12-3}$$

其中 $N(x)$ 是饱和容量，dec 表示容量达到 $N(x)$ 的 80%，赋值为

$$dec = N(x) \times 0.8 > [N(x) \times 0.8] \tag{12-4}$$

另外，交管部门需要采取适当的限制性措施，以更好地管理事故区域交通状况。例如，应用区域外限流措施减少进入事故区域车辆来缓解拥堵。但是，这项措施造成的救援延误会引发负面影响。以下两个函数表示进入事故区域的车辆，延误的计算表示为：

未出发车辆的延误时间计算方法：

$$d_{\text{Agh}}(a) = \theta(t - (\alpha(t_{\text{As}}(a), t_{\text{Aes}}(a)))) \tag{12-5}$$

已出发车辆的延误时间计算方法：

$$d_{\text{Agh}}(a) = \theta(t - (\alpha(t_{\text{Ac}}(a), t_{\text{Aec}}(a)))) \tag{12-6}$$

其中，t_{As} 是实际的出发时间，t_{Aes} 是最初估计出发时间，t_{Ac} 是实际到达时间，t_{Aec} 是最初估计的到达时间，a 是车辆数。函数 α 是出发或到达的估计时间。

扇区 x 中所有车辆的延迟由下式给出：

$$d_{\text{Ath}}(x) = \sum_{a \in x} (d_{\text{Agh}}(a) + d_{\text{Aah}}(a)) \tag{12-7}$$

（2）救援区域优先控制　因救援区域各路段承载能力有限，可以使用等式计算可用的路段数量和占用容量。公式给出了在任何给定时间 t 内可用的路段数量：

$$C_d(t) = I_p^i - (I_a(t) + I_d(t)) \tag{12-8}$$

I_p^i 是救援区域的路段数量，$I_a(t)$ 是给定时间 t 内可用于行驶的路段数量。

目前救援区域中可停靠区域占用容量为：

$$C_O = I_p^l - size(G_g^-) \tag{12-9}$$

I_p^l 是区域内可停靠车辆的数量，$size(G_g^-)$ 为区域内的时刻更新数量。

基于这些，救援区域在任何给定的时间 t 内的承载能力为：

$$C_a(t) = \min\{C_o, C_d(t)\} \tag{12-10}$$

12.5 多主体多阶段城市轨道交通车站应急协同决策方法

应急协同救援决策小组根据灾情特点聘请专家构成 N 组评价小组 $G = \{g_1, g_2, g_3, \cdots, g_n\}$，合理评估应急处理方案，并制定评估标准机制的四个救援指标，即风险（d_1）、社会稳定性（d_2）、有效性（d_3）、成本（d_4）。决策专家依据救援指标 $d_{j(j=1,2,3,4)}$ 进行评估。由于火灾事件自身的属性，本节采取的指标权重为风险 0.2，社会稳定性 0.3，有效性 0.4，成本 0.1，并利用区间直觉犹豫模糊矩阵 $\tilde{H}^k = (h_{ij}^k)_{4\times 4}$ 描述应急处置方案 $x_{i(i=1,2,3,4)}$ 在准则 $d_{j(j=1,2,3,4)}$ 下的得分值。

步骤1：各组专家分别对应急处置方案在一级指标 $d_{j(j=1,2,3,4)}$ 给出区间直觉犹豫模糊矩阵。将矩阵标准化后得到标准矩阵 $\tilde{E}^k = (\tilde{e}_{ij})_{4\times 4}$。应急协同救援决策小组给定专家主观权重 $[0.3, 0.3, 0.4]$，对专家的自信程度进行精准度函数描述，专家客观权重确定模型如下：

$$\omega_k^D = \frac{\delta_k \times \gamma_k^*}{\sum_1^q (\delta_k \times \gamma_k^*)} \tag{12-11}$$

与主观权重复合并标准化后，得专家权重为 $[0.33, 0.29, 0.38]$；用区间直觉犹豫模糊加权平均算子将矩阵 $\tilde{E}^k = (\tilde{e}_{ij})_{4\times 4}$ 聚合为 $\tilde{E}$。

步骤2：基于区间直觉犹豫模糊集的 VIKOR 拓展方法如下。

计算方案 $x_{i(i=1,2,\cdots,n)}$ 的群体效用：

$$J_i = v\frac{S_i - S^+}{S^- - S^+} + (1-v)\frac{R_i - R^+}{R^- - R^+} \tag{12-12}$$

其中，$S^+ = \min S_i$，$S^- = \max S_i$，$R^+ = \min R_i$，$R^- = \max R_i$，v 是最大化团队效用的权重。

以此为基础选择妥协解或者最优解，为了确保结果的稳定性与可接受优势，最优解需要符合两个条件：

① $Q(x^2) - Q(x^1) \geqslant \dfrac{1}{m-1}$，其中，$x^1$ 和 x^2 是排序中的第一位和第二位；

② x^1 也应该是 S_i 或 R_i 序列中的第一位。

步骤3：基于 VIKOR 方法，计算 S_i、R_i 和 J_i，把方案做好排序，然后确定协同应急救援的最优方案。

12.6 基于协同机制的轨道交通车站应急管理方法研究

12.6.1 基于协同机制的应急管理特征

以协同机制为基础的应急决策在应急管理中处于核心地位，决策方案制定得好坏将关系到应急救援过程能否顺利进行，并直接决定应急救援工作的成败。如何快速、准确地对城市轨道交通车站突发事件进行决策，是世界范围内应急管理理论与实践领域的研究重点。在决策过程方面，智慧技术在环境、专家与数据之间构建起广泛的关联，可以实时持续地协助应急决策。如何运用多方决策信息辅助决策主体进行及时、准确、理性的判断是应急决策领域研究中迫切需要解决的课题。相对于一般决策而言，以协同机制为核心的应急决策具有如下特征。

12.6.1.1 信息收集与共享

城市轨道交通车站突发事件具有变化快、不确定性大等特点，其有效信息很难及时传递到各决策部门中，进而造成突发事件发展过程中的认知偏差。城市轨道交通车站意外突发，决策良机转瞬即逝，现场情况发生突变，这些因素给决策者在快速反应、作战准备、情报控制、动员部署、应急救援等各方面的能力都带来严峻挑战。在突发事件中，决策多属应急临机决策范畴，面临着信息不完备等情况。面对城市轨道交通车站突发事件，如何在较短的时间内快速收集有效信息并确定可行方案至关重要，而信息模糊问题正是影响应急决策科学性、合理性的一个主要因素。因此，应做好城市轨道交通车站应急决策信息系统的早期预警建设工作，并运用智慧城市中信息通信技术对应急信息进行及时而广泛的收集与共享。

12.6.1.2 数据客观透明

客观透明意味着通过建立一个前后一致、科学合理的协同应急决策体系，为城市轨道交通车站的突发事件应急管理提供科学有效的决策方法、公开可见的决策过程和令人信服的方案。目前我国城市轨道交通车站应急决策支持系统存在着缺乏系统性、动态性和协调性等不足。在城市轨道交通车站的应急决策过程中，应以客观数据作为决策的核心，依赖科学的研究方法，并将实时数据与历史经验进行关联分析，以便为解决实际问题提供强有力的支持。本节基于"人-机-环"系统理论，结合当前国内外学者研究成果，探讨了城市轨道交通车站突发事件应急决策流程及各环节之间的关系。在数据采集的阶段，我们从实际环境中收集信息，为后续的信息分析和深度挖掘做足了准备；在分析的过程中，我们需要提取关键信息，将其与过去的情报联系起来，找出其中的规律和原因，并迅速传达给紧急决策机构，从而为实际问题的解决提供坚实的基础。在此过程中，需要综合运用多种分析方法，包括定性定量相结合的方法、大数据分析方法以及人工智能算法。城市轨道交通车站的应急决策依赖于分布式文件系统、数据库和批处理技术等先进技术。这些技术能够智能地分析数据与实际世界之间的关系，为决策提供实时连续的支持，并记录决策的路径，从而为分析当前难以预测的因素创造了条件。

12.6.1.3　自适应协同预置

在城市轨道交通车站的协同应急决策系统中，自适应协同预置涉及信息的关联性分析。以北京地铁为例，研究了该系统对突发事件进行快速判断和处理的过程，并提出基于事件树模型的多场景动态自适应预置算法。经过对大量数据的深入分析和预设条件的确定，系统在特定情境下会自动激活并迅速作出反应。同时，为应对突发情况提供辅助决策依据，从而提升应急管理能力。在传统的紧急决策过程中，由于信息的不足和渠道的堵塞，存在明显的延迟现象。针对上述问题，提出一种以智能感知为基础的多主体自适应协同预置策略，利用数据驱动进行事件建模与推理，构建出相应的预警分析模型。采用基于协同机制的技术处理手段，不仅扩大了信息的规模和更新频次，还降低了信息监控的成本，并成功避免了信息的失真。以北京地铁为例进行案例研究，构建了"云-端"式智能预警与辅助决策模式，实现多主体参与的数据采集、挖掘和应用。在智慧城市的大背景之下，我们可以利用现代科技手段对信息进行深入的分析，并通过社交媒体及舆论平台对各种信息渠道进行实时的评估和监控，从而预测未来的发展趋势并进一步完善决策模型。利用大数据等先进技术，建立北京市突发事件预警监测系统，实现实时发布预警信息及联动处置方案。采用基于协同机制的技术处理方式，我们改变了传统的决策流程，增强了前瞻性、规划能力和实用性，提升了数据分析和关联的效率。通过实时的更新、评估、修正和补充，以及自主预置和动态优化，我们推动了城市轨道交通车站应急决策的科学化。

12.6.1.4　多阶段动态变化

城市轨道交通车站的协同应急决策是一个多阶段的动态过程，决策者需要根据城市轨道交通车站突发事件的情景变化来调整处理方案。城市轨道交通车站的突发事件从发生到发展，再到演变，构成了一系列复杂的动态变化，这些变化具有明显的阶段性特征。城市轨道交通车站的应急决策团队需要根据灾害情况的持续变化和信息的逐步完善，适时地调整他们的应对策略。在灾害状况发生改变的情况下，负责管理的人员需要立即作出反应，迅速采取措施，并根据实际情况动态地调整应对方案。如果反应不及时，可能会失去面对灾难的最佳机会，从而使情况进一步恶化。城市轨道交通车站的应急决策组需要深入了解突发事件的动态变化特性，高度重视应急响应的速度和效率，并根据实际情况动态调整应急处理方案。

12.6.2　基于协同机制的应急管理方法

面对城市轨道交通车站发生火灾等突发事件，需要及时向各部门进行反映，并提出各自的应急措施，然后对救援行动进行综合评估。轨道交通车站突发事件的应急救援中，需要消防部门、救援部门、交通部门等相关单位协调合作、密切配合，在紧急情况下迅速响应、做出正确决策，以确保乘客和工作人员的安全。

一方面，轨道交通车站突发事件应急救援的目标是保障人员安全。当突发事件发生时，消防部门应立即进行灭火工作，确保火势不会蔓延，防止乘客和工作人员被困。同时，救援部门需要迅速赶到现场，安全地疏散乘客，包括提供必要的紧急救治和医疗服务。交通部门应确保现场交通秩序，提供必要的交通管制措施，以便救援人员能够快速进入现场。公安部门负责现场安保，维护秩序，保障人员的个人财产和生命安全。

另一方面，在协同合作过程中，信息共享和沟通的重要性不可忽视。各单位之间需要及时、准确地分享信息，包括事件的性质、规模和发展趋势等。这样可以提供更全面的情报，使各单位能够做出决策，采取适当的行动。为了实现信息共享，可以建立实时通信系统，包括无线电通信和互联网应急通信平台。这样，各单位可以随时随地获取最新的信息，以便做出灵活、有效的决策。

与此同时，协同合作还需要制定明确的责任分工和工作流程。不同单位的工作职责和行动方案应在事发前明确规划和协商，并定期进行演练和培训。消防部门应具备灭火、救援和应急处置的专业技能；救援部门应熟悉紧急救治和疏散的操作流程；交通部门应掌握应急交通管理的技术；公安部门应具备现场安保和秩序维护的能力。通过明确责任分工和工作流程，可以确保各单位在突发事件中做出协调一致的行动，提高应急管理效果。

评估和总结经验也是协同合作的重要环节。应急救援结束后，各单位可以组织事后评估和经验交流会议，汇总各方的观点和建议。总结经验教训，完善应急救援方案，提高应对突发事件的能力和效率。

城市轨道交通应急管理协同设计是提高应急管理效果的核心要素。在轨道交通车站突发事件应急救援中，各单位需要实现信息共享、明确责任分工和工作流程,并进行经验总结和评估,以提高应急响应能力和应对能力,确保乘客和工作人员的安全,并最大程度地减少人员伤亡和财产损失。可遵循以下应急管理协同方法:

① 监测与预警:构建一个全面的监测体系,涵盖视频监视和传感器等多个方面,以便能够及时识别出任何异常状况。各个部门之间进行信息共享,对可能出现的突发事件进行预警。

② 应急响应:一旦发生突发事件,立即启动应急预案。公安部门负责现场秩序维护和人员疏散;交通部门调整地铁运营,组织公交接驳;消防部门进行灭火和救援工作;救援部门提供医疗救助和其他紧急救援。

③ 指挥与协调:设立统一的指挥中心,协调各部门行动。确保信息畅通,及时调整应对策略。

④ 现场处置:公安部门封锁事故区域,确保人员安全;交通部门引导乘客疏散,提供替代交通方式;消防部门扑灭火灾,救援被困人员;救援部门进行伤员救治和转运。

⑤ 恢复与评估:在事件得到控制后,各部门共同进行现场清理和恢复工作。同时,对事件进行评估,总结经验教训,完善应急预案。

在实际操作中,各部门需要密切配合,相互支持,形成协同作战的合力。定期进行应急演练,提高应对突发事件的能力和效率。同时,加强公众宣传教育,提高乘客的安全意识和应急避险能力。

12.6.3 基于协同机制的应急管理信息保障

在轨道交通车站发生突发事件时,信息的及时传递对于多部门协同合作至关重要。及时传递信息可以让各部门迅速了解事件的规模、性质和发展趋势,从而快速做出响应。这有助于缩短救援时间,减少人员伤亡和财产损失。各部门需要根据实时信息来协调行动。例如,公安部门可以根据现场情况调整警力部署;消防部门可以根据火灾位置和火势选择最佳灭火方案;交通部门可以及时调整运营,疏散人群;救援部门可以根据伤员数量和伤势调配医疗资源。通过及时传递信息,各部门可以更好地了解彼此的工作进展和需求,避免重复投入资源或出现资源短缺的情况。这有助于提高救援效率,确保资源的合理利用。及时向公众传递准确的信息,如事故原因、救援进展、疏散指示等,可以避免公众恐慌,引导他们采取正确的避险措施,保障公众的生命安全。领导层需要及时掌握全面的信息,以便做出正确的决策。快速、准确的信息传递可以为决策提供有力支持,提高决策的科学性和有效性。及时记录和传递事件过程中的各类信息,有助于事后进行总结和评估,发现问题和不足,为今后的应急预案修订和改进提供依据。

为了实现信息的及时传递，需要建立高效的通信系统和信息共享平台，确保各部门之间能够实时沟通。同时，加强人员培训，提高信息传递和处理的能力也是非常重要的。只有确保信息的及时传递，才能使多部门协同合作更加顺畅，有效应对轨道交通车站的突发事件。可以从以下方面保障信息及时传递。

① 建立信息共享平台：各部门之间建立一个实时信息共享平台，确保信息的快速传递和共享。

② 强化通信联络：配备可靠的通信设备，确保现场与指挥中心、各部门之间的通信畅通。

③ 制定标准的信息传递流程：明确信息传递的流程和时间要求，确保信息及时、准确地传递。

④ 培训与演练：加强人员培训，提高其信息传递的意识和技能。定期进行演练，检验信息传递的效果。

⑤ 设立信息汇总点：在地铁站内设置专门的信息汇总点，收集和整理各方面的信息，及时传递给相关部门。

⑥ 实时更新与反馈：各部门及时将现场情况和工作进展反馈到信息共享平台，便于其他部门了解全局。

⑦ 应急广播系统：利用地铁站内的广播系统，及时向乘客发布相关信息和指示。

⑧ 公众信息渠道：通过地铁站内的显示屏、社交媒体等，向公众传递事件信息和应对措施。

通过以上措施，可以保障信息在公安部门、交通部门、消防部门和救援部门之间的及时传递，为协同管理提供有力支持。

12.6.4 建立系统化应急联动管理机制，加强应急协同能力

① 健全事故信息联动管理和发布体系。重点站区管委会应积极与相关公安部门、信息部门、消防部门、卫生部门展开合作，共同建立应急短信发送平台。如此一来，在突发事件发生时，我们就能在最短时间内了解事实真相，减少不必要的恐慌情绪。同时，这一平台还能发挥引导和疏散乘客的作用，有效避免衍生事故的发生。

为了更高效地发布突发事件信息，我们需要制定一系列标准和细则，明确信息发布的主题、途径和内容等重要方面。首先，信息发布的主题应具有针对性和准确性，能够清晰地传达事件的关键信息，如事件类型、发生地点、影响范围等。其次，信息发布的途径应多样化，包括短信、社交媒体、站内广播、

电子显示屏等，以确保信息能够及时、广泛地传递给乘客。最后，信息发布的内容应简洁明了，避免使用过于复杂的术语和语言，以便乘客能够快速理解并采取相应的行动。

通过以上措施的实施，我们可以进一步提高事故信息联动管理发布的效率和质量，为乘客的安全出行提供有力保障。同时，这也有助于提升各部门之间的协同作战能力，更好地应对各类突发事件，确保重点站区的安全有序运行。

② 完善安全应急联动管理的组织架构，推动应急联动管理机制的发展，形成"多方联动、逐级上报"的应急响应模式。从纵向看，建立"交通运输应急指挥机构-重点站区韧性枢纽-重点站区应急管理"的三级组织体系；从横向看，形成运营公司、建设单位、政府相关部门、辖区政府、公安机关、公交、电力、通信、医疗等单位的联动组织模式，从而加快信息传递、人员疏散、设施设备抢修等关键环节的响应速度，提高协同应对轨道交通车站突发事件的能力。

建立一个明确的组织架构，以确保各单位在应急管理中的职责明确、权责对等。在轨道交通应急管理中，涉及消防部门、救援部门、交通部门、公安部门等多个单位的协调合作，因此需要明确各单位的职责和权责，确保各单位在应急管理中能够形成合力。还需要建立一个统一的指挥部，以便在应急事件发生时能够迅速调动各单位的力量和资源，做出有效的应急决策。

推动应急联动管理机制的发展，需要加强各单位之间的信息共享和协同配合。当前，信息技术的快速发展为应急联动管理提供了新的机遇，我们可以利用信息化手段建立起一个统一的信息平台，实现各单位之间的信息共享和实时通信。通过信息平台，各单位可以及时获取到应急事件的最新情况和对应的应急资源，从而做出更加合理的应急决策。在信息平台的基础上可以建立起一套完善的指挥调度系统，实现对各单位的指挥调度，提高应急响应的效率。

另外，应建立健全的应急联动管理机制，形成"多方联动、逐级上报"的应急响应模式。在应急响应过程中，除了各单位之间的协同合作外，还需要建立一套有序的上报机制，以便在应急事件发生时，各单位能够按照一定的程序和时间节点进行上报，形成多级联动的应急响应模式。这样的上报机制可以有效提高应急决策的及时性和准确性，同时减少因信息不对称带来的误判和延误。

在完善轨道交通安全应急联动管理的组织架构中，还需要建立一套科学的培训体系和考核机制，确保各单位的应急管理人员具备足够的专业知识和技能，能够在应急事件发生时快速做出准确判断和有效应对。还需要建立一套完善的经验总结和教训吸取机制，通过吸取以往事件的经验和教训，不断提高应急管理的水平和效能。

完善轨道交通安全应急联动管理的组织架构，推动应急联动管理机制的发展，形成"多方联动、逐级上报"的应急响应模式，是提高城市轨道交通应急管理效能和应对能力的重要途径。通过明确各单位的职责和权责、推动信息共享和协同配合、建立健全的应急联动管理机制，我们可以提高应急决策的准确性和效率，保障城市轨道交通系统在突发事件中的安全和顺畅运行。

③ 完善应急联动预案管理体系。我们需要对轨道交通车站可能发生的各种突发事件进行全面的风险评估。这些突发事件可能包括火灾、爆炸、自然灾害、突发设备故障等。通过评估结果，我们可以对这些事件进行分类，为制定相应的预案提供基础。

针对每一类突发事件，我们需要制定具体、详细、可操作的应急预案。在预案中，明确各部门和单位的职责和任务，确保在紧急情况下能够迅速、有序地开展工作。同时，制定分类响应预案，明确不同级别的事故上报层级以及需要联动的部门和单位。这样可以构建起"一类一预案"的有针对性的应急联动预案管理体系，提高应对突发事件的效率和效果。

定期组织应急演练是非常重要的环节。通过演练，各部门和单位能够熟悉预案的执行流程，增强协同应对能力。演练可以模拟真实的突发情况，检验预案的可行性和有效性，发现可能存在的问题并及时进行改进。同时，演练也可以提高工作人员的应急意识和应对能力，确保他们在实际应对突发事件时能够更加从容和熟练。

此外，还应建立应急预案的更新机制，根据实际情况和经验教训，及时对预案进行修订和完善。定期对各部门和单位的应急准备工作进行检查和评估，确保预案的执行得到有效落实。加强与相关部门和单位的沟通与协作，形成良好的应急联动工作机制。

通过以上措施的不断完善和落实，我们可以建立起一个科学、完善的应急联动预案管理体系，提高轨道交通车站应对各类突发事件的能力，保障乘客的安全和轨道交通的正常运营。

协同机制能够促进各个部门之间的沟通与协作，确保信息的快速传递和共享。通过明确各部门的职责和角色，协同机制能够有效整合资源，提高应急响应的效率和效果。同时，协同机制还能够加强不同部门之间的协调与合作，避免工作重复和冲突，降低应急成本。因此，为了保障轨道交通的安全和顺畅运行，我们应该不断完善协同机制，提高应急管理的能力和水平。

参考文献

[1] 毛保华. 城市轨道交通规划与设计 [M]. 北京：人民交通出版社，2011.

[2] 陈菁菁. 城市轨道交通重大运营事故和灾害分析 [J]. 城市轨道交通研究，2010（05）：41-45.

[3] Ma J, Song W G, Lo S M, et al. New insights into turbulent pedestrian movement pattern incrowdquakes [J]. Journal of Statistical Mechanics：Theory and Experiment，2013（02）：02028.

[4] 李强，崔喜红，陈晋. 大型公共场所人员疏散过程及引导作用研究 [J]. 自然灾害学报，2006，15（4）：92-99.

[5] Fruin J J. Designing for Pedestrians：A level of service concept [R]. Washington：Transportation Research Board Business Office，1971，355：1-15.

[6] Daamen W, Bovy P L, Hoogendoom S P. Passenger route choice concerning level changes in railway stations [C]. Transportation Research Board Annual Meeting，2005：1-18. Washington DC：National Academy Press.

[7] Pauls J. The movement of people in buildings and design solutions for means of Egress [J]. Fire Technology，1984，20：27-47.

[8] Wu J R, Ma S. The division method of waiting area on island platform at metro station [J]. Journal of Transportation Engineering，2012，139（4），339-349.

[9] SalomaC, Perez G J, Tapang G, et al. Self-organized queuing and scale-free behavior in real escape panic [J]. PNAS，2003，100（21）：11947-11952.

[10] Couzin I D, Franks N R. Self-organized lane formation and optimized traffic flow in army ants. In：Biological Sciences [C]. London：Royal Society of London，2003，139-146.

[11] Bryan J L. Behavioral response of fire and smoke, SFPE Handbook of Fire Protection Engineering [M]. 2nd edition. Society of Fire Protection Engineers，1995.

[12] Bryan J L. Human Behaviour in Fire：The Development and Maturity of a Scholarly Study Area [J]. Fire and Materials，1999，23（6）：249-253.

[13] 段晓茵，董力耘，王甘资，等. 考虑内部布局和出口宽度的教室人群疏散实验 [J]. 上海大学学报（自然科学版），2013，19（6）：585-590.

[14] 朱孔金. 建筑内典型区域人员疏散特性及疏散策略研究 [D]. 合肥：中国科学技术大学，2013.

[15] 禹尔东，吴正，郭明. 双出口房间人群疏散的实验研究和数学建模 [J]. 物理学报，2014，63（9）：094501.

[16] Helbing D, JohanssonA, Al-Abideen H Z. Dynamics of crowd disasters：An empirical study [J]. Physical Review E，2007，75（4）：046-109.

[17] ProulxG, Fahy R F. Account Analysis of WTC survivors [J]. Proceedings of the 3rd International Symposium on Human Behaviour in Fire，Belfast，UK，2004：203-214.

[18] YangX, Wu Z L, Li Y C. Difference between real-life escape panic and mimic exercises in simulated situation with implications to the statistical physical models of emergency evacuation：The 2008 Wenchuan earthquake [J]. Physical A：Statistical Mechanics and its Applications，2011，390（12）：

2375-2380.

[19] Konnecke R, Schneider V. Risk Management at Major Events-Study of Behavioral Aspects and Implementation into the ASERI Microscopic Evacuation Model [J]. Pedestrian and Evacuation Dynamics, 2011: 735-738.

[20] Pauls J. Movement of people in buildings and design solutions for means of egress [J]. Fire Technology, 1984, 20 (1): 27-47.

[21] Pauls J. Calculating evacuation times for tall building [J]. Fire Safety Journal, 1987, 12 (3): 213-236.

[22] Pauls J. Personal perspective on research, consulting and codes/standards development in fire-related human behaviour, 1969-1999, with an emphasis on space and time factors [J]. Fire and Materials, 1999, 23 (6): 265-272.

[23] Proulx G. Evacuation time and movement in apartment buildings [J]. Fire Safety Journal, 1995, 24 (3): 229-246.

[24] Shields T J, Boyce K E. A study of evacuation from large retail stores [J]. Fire Safety Journal, 2000, 35 (1): 25-49.

[25] Proulx G. Occupant Response During a Residential Highrise Fire [J]. Fire and Materials, 1999, 23 (6): 317-323.

[26] Yung D T, Proulx G, Bénichou N. Comparison of model predictions and actual experience of occupant response and evacuation in two highrise apartment building fires [J]. In: The 2nd International Symposium on Human Behaviour in Fire, Boston, MA, U.S.A, 2001: 77-88.

[27] Ashe B, Shields T J. Analysis and Modelling of the Unannounced Evacuation of a Large Retail Store [J]. Fire and Materials, 1999, 23 (6): 333-336.

[28] 刘轩.基于图像处理的行人运动微观行为特征实验研究 [D]. 合肥：中国科学技术大学, 2009.

[29] Tian W, Song W G, Lv W, et al. Experiment and analysis on microscopic characteristics of pedestrian movement in building bottleneck [J]. SCIENCE CHINA Technological Sciences, 2011, 54 (7): 1730-1736.

[30] Tian W, Song W, Ma J, et al. Experimental study of pedestrian behaviors in a corridor based on digital image processing [J]. Fire Safety Journal, 2012, 47: 8-15.

[31] 史贺旺.基于社会力模型的穿越瓶颈行人流行为与策略研究 [D]. 呼和浩特：内蒙古大学, 2014.

[32] Lu C X. The Evacuation Training Problems of an Earthquake in China [J]. Pedestrian and Evacuation Dynamics, 2011: 121-127.

[33] Fang Z M, Song W Q, Li Z J, et al. Experimental study on evacuation process in a stairwell of a high-rise building [J]. Building and Environment, 2012, 47 (0): 316-321.

[34] Yang L Z, Rao P, Zhu K J, et al. Observation study of pedestrian flow on staircases with different dimensions under normal and emergency conditions [J]. Safety Science, 2012, 50 (5): 1173-1179.

[35] 周磊.群体性突发事件中群体行为演化机理研究 [D]. 合肥：中国科学技术大学, 2014.

[36] Ballerini M, Cabibbo N, Candelier R, et al. Interaction ruling animal collective behavior depends on topological rather than metric distance: Evidence from a field study [J]. Proceedings of the National

Academy of Sciences, 2008, 105 (4): 1232-1237.

[37] Ballerini M, Cabibbo N, Candelier R, et al. Empirical investigation of starling flocks: a benchmark study in collective animal behaviour [J]. Animal Behaviour, 2008, 76 (1): 201-215.

[38] Saloma C, Perez GJ, Tapang G, et al. Self-organized queuing and scale-free behavior in real escape panic [J]. Proceedings of the National Academy of Sciences, 2003, 100 (21): 11947.

[39] Saioma U, Perez G. Herding in real escape panic [J]. Pedestrian and Evacuation Dynamics, 2005: 471-479.

[40] Deneubourg J, Halloy J, Aine J M, et al. Self-organised choice based on inter-attraction: the example of gregarious animals [J]. Pedestrian and Evacuation Dynamics, 2005: 455-463.

[41] Helbing D, Molnar R. Self-organization phenomena in pedestrian crowds [M]. Arxiv preprint cond-mat/9806152, 1998.

[42] Johansson A. Data-driven modeling of pedestrian crowds [D]. Technische Universitat Dresden, 2009.

[43] Reynolds A M. Effective leadership in animal groups when no individual has pertinent information about resource locations: How interactions between leaders and followers can result in levy walk movement patterns [J]. Europhysics Letters, 2013, 102 (1): 18001.

[44] Zhou J, Wu X Q, Yu W W, et al. Flocking of multi-agent dynamical systems based on pseudo-leader mechanism [J]. Systems & Control Letters, 2012, 61 (1): 195-202.

[45] Reynolds C W. Flocks, Herds and Schools: A Distributed Behavioral Model [J]. ACM Siggraph Computer Graphics, 1987, 21 (4): 25-34.

[46] Vicsek T, Czirbk A, Ben-Jacob E, et al. Novel type of phase transition in a system of self-driven particles [J]. Physical Review Letters, 1995, 75 (6): 1226-1229.

[47] Guo W L, Lu J H, Chen S H, et al. Second-order tracking control for leader-follower mufti-agent flocking in directed graphs with switching topology [J]. Physica A: Statistical Mechanics and its Applications, 2011, 60 (12): 1051-1058.

[48] Cui R X, Sam Ge S, How B V E, et al. Leader-follower formation control of underactuated autonomous underwater vehicles [J]. Ocean Engineering, 2010, 37 (17-18): 1491-1502.

[49] Sun X J, Zhou R, Hou D L, et al. Consensus of leader-followers system of multi-missile with time-delays and switching topologies [J]. Optik-International Journal for Light and Electron Optics, 2014, 125 (3): 1202-1208.

[50] Tang Y, Gao H J, Zhang W B, et al. Leader-following consensus of a class of stochastic delayed multi-agent systems with partial mixed impulses [J]. Automatica, 2015, 53: 346-354.

[51] Li W Q, Xie L H, Zhang J F. Containment control of leader-following mufti-agent systems with markovian switching network topologies and measurement noises [J]. Automatica, 2015, 51: 263-267.

[52] Cai H, Huang J. The leader-following attitude control of multiple rigid spacecraft systems [J]. Automatica, 2014, 50 (4): 1109-1115.

[53] 蒋阳升, 胡路, 卢果. 基于排队论的地铁人行通道宽度取值方法 [J]. 交通运输工程学报, 2010, 10

(3): 67-71.

[54] Xu X, Liu J, Li H, et al. Analysis of subway station capacity with the use of queueing theory [J]. Transportation Research Part C: Emerging Technologies, 2014, 38: 28-43.

[55] 陈绍宽, 李思悦, 李雪, 等. 地铁车站内乘客疏散时间计算方法研究 [J]. 交通运输系统工程与信息, 2008, 8 (4): 101-107.

[56] MacGregor Smith J. Optimal routing in closed queuing networks with state dependent queues [J]. INFOR: Information Systems and Operational Research, 2011, 49 (1): 45-62.

[57] Weiss A, Williams L, MacGregor Smith J. Performance & Optimization of M/G/c/c Building Evacuation Networks [J]. Journal of Mathematical Modeling and Algorithms, 2012, 11 (4): 361-386.

[58] Xu X, Liu J, Li H, et al. Probabilistic model for remain passenger queues at subwaystation platform [J]. Journal of Central South University, 2013, 20: 837-844.

[59] MacGregor Smith J, Cruz F R B. M/G/c/c state dependent travel time models and properties [J]. Physica A: Statistical Mechanics and its Applications, 2014, 395: 560-579.

[60] Cruz F RB, Smith J M G, Queirozb D C. Service and Capacity Allocation in M/G/c/c State-dependent Queueing Networks [J]. Computers & Operations Research, 2005, 32 (6): 1545-1563.

[61] Cruz F R B, Smith J M G. Approximate Analysis of M/G/c/c State-dependent Queueing Networks [J]. Computers & Operations Research, 2007, 34 (8): 2332-2344.

[62] Osorio C, Bierlaire M. An Analytic Finite Capacity Queueing Network Model Capturing the Propagation of Congestion and Blocking [J]. European Journal of Operational Research, 2009 (196): 996-1007.

[63] 陈绍宽, 刘爽, 肖雄. 基于 M/G/c/c 模型的地铁车站楼梯通道疏散能力瓶颈分析 [J]. 铁道学报, 2012, 34 (1): 7-12.

[64] Cheung C Y, Lam W H K. A study of the bi-directional pedestrian flow characteristics in the Hong Kong Mass Transit Railway stations [J]. Journal of the Eastern Asia Society for Transportation Studies, 1997, 2 (5): 1607-1619.

[65] Cheung C Y, Lam W H K. Pedestrian route choices between escalator and stairway in MTR stations [J]. Journal of transportation engineering, 1998, 124 (3): 277-285.

[66] Lee J Y S, Lam W H K. Levels of service for stairway in Hong Kong underground stations [J]. Journal of transportation engineering, 2003, 129 (2): 196-202.

[67] Sourd F, Talotte C, Constans-Brugeais Y, et al. Modelling of pedestrian flows during dwelling: development of a simulator to evaluate rolling stock and platform flow performance [C]. Proceedings of 9th World Conference on Railway Research, Lille, 2011.

[68] Daniel J R. Customer behavior relative to gap between platform and train [R]. NJ, USA: New Jersey Institute of Technology, 2009.

[69] 史聪灵, 钟茂华, 刘智成, 等. 与体育场馆连接地铁车站大客流疏运能力计算模拟分析 [J]. 中国安全科学学报, 2011, 21 (3): 34-41.

[70] Gwynne S, Galea E R, Owen M, et al. A systematic comparison of building EXODUS predictions

with experimental data from the Stapelfeldt trials and the Milbum House evacuation [J]. Applied mathematical modelling, 2005, 29 (9): 818-851.

[71] Ma J, Liu S B, Wang W L, et al. Coupling Space Syntax with Network Equilibrium Model to Simulate Complex Pedestrian Flow in Transit Stations [C]. Transportation Research Board 92nd Annual Meeting, 2013: 13-3322.

[72] Moussaïd M, Helbing D, Theraulaz G, et al. How simple rules determine pedestrian behavior and crowd disasters [J]. Pnas Proceedings of the National Academy of Sciences of the United States of America, 2011, 108 (17): 6884-6888.

[73] Ma J, Lo S M, Song W G, et al. Modeling pedestrian space in complex building for efficient pedestrian traffic simulation [J]. Automation in Construction, 2013, 30: 25-36.

[74] Dai J C, LiX, Lin L. Simulation of pedestrian counter flow through bottlenecks by using an agent-based model [J]. Physica A, 2013, 392 (9): 2002-2211.

[75] Henderson L. The statistics of crowd fluids [J]. Nature, 1971, 229: 381-383.

[76] Hughes R L. The flow of large crowds of pedestrians [J]. Mathematics and Computers in Simulation, 2000, 53: 367-370.

[77] Hughes R L. A Continuum Theory for The Flow of Pedestrians [J]. Transportation Research Part B, 2002, 36: 507-535.

[78] Lee R C, Hughes R L. Exploring trampling and crushing in a crowd [J]. Journal of Transportation Engineering, 2005, 131 (8): 575-582.

[79] Domencich T, McFadden D. Urban Travel Demand: A Behavioural Analysis [M]. Amsterdam: North-Holland Publishing Co, 1975: 23-25.

[80] Coleman J, Katz E, Menzel H. The Diffusion of an Innovation Among Physicians [J]. Sociometry, 1957, 20 (4): 253-270.

[81] Olander E K, Eves F F. Elevator availability and its impact on stair use in a workplace [J]. Journal of Environmental Psychology, 2011, 31 (2): 200-206.

[82] Peacock R D, Hoskins B L, Kuligowski E D. Overall and local movement speeds during fire drill evacuations in buildings up to 31 stories [J]. Safety Science, 2012, 50 (8): 1655-1664.

[83] Hoskins B L. The effects of interactions and individual characteristics on egress down stairs [D]. University of Maryland, 2011.

[84] Hoskins B L, Milke J A. Differences in measurement methods for travel distance and area for estimates of occupant speed on stairs [J]. Fire Safety Journal, 2012, 48: 49-57.

[85] Lei W, Li A, Gao R, et al. Influences of exit and stair conditions on human evacuation in a dormitory [J]. Physica A: Statistical Mechanics and its Applications, 2012, 391 (24): 6279-6286.

[86] Ma J, Song W G, Tian W, et al. Experimental study on an ultra high-rise building evacuation in China [J]. Safety Science, 2012, 50 (8): 1665-1674.

[87] Burghardt S, Seyfried A, Klingsch W. Performance of stairs—Fundamental diagram and topographical measurements [J]. Transportation Research Part C: Emerging Technologies, 2013, 37: 268-278.

[88] Okada M, Ando T. Optimization of personal distribution for evacuation guidance based on vector field [C]. In: International Conference on Intelligent Robots and Systems. IEEE, 2011: 3673-3678.

[89] Lakoba T I, Kaup D J, Finkelstein N M. Modifications of the Helbing-Molnar-Farkas-Vicseksocial force model for pedestrian evolution [J]. Simulation, 2005, 81 (5): 339-352.

[90] Osaragi T. Modeling of pedestrian behavior and its applications to spatialevaluation [C]. Proceedings of the Third International Joint Conference on Autonomous Agents and Multiagent Systems-Volume 2. IEEE Computer Society, 2004: 836-843.

[91] Zheng X P, Cheng Y. Conflict game in evacuation process: A study combining cellular automata model [J]. Physica A: Statistical Mechanics and its Applications, 2011, 390 (6): 1042-1050.

[92] 姜子港, 霍非舟, 宋卫国, 等. 某地下商场紧急情况下人员疏散实验研究 [J]. 火灾科学, 2013, 22 (3): 140-146.

[93] 马新露, 孙惠芳. 信号控制人行横道格子气行人仿真模型 [J]. 交通运输系统工程与信息, 2014, 14 (4): 59-65.

[94] 郭细伟, 陈建桥, 魏俊红. 格子气模型在地铁站人群疏散运动中的应用 [J]. 武汉理工大学学报, 2014, 38 (3): 567-575.

[95] 隋杰, 万佳慧, 于华. 基于社会力的应急疏散仿真模型应用研究 [J]. 系统仿真学报, 2014, 26 (6): 1197-1201.

[96] 李珊珊, 钱大琳, 王九州. 考虑行人减速避让的改进社会力模型 [J]. 吉林大学学报, 2012, 42 (3): 623-628.

[97] 关宏志, 邵春福, 岳昊, 等. 基于元胞自动机的行人视线受影响的疏散流仿真研究 [J]. 物理学报, 2010, 59 (7): 4499-4507.

[98] 马剑. 相向行人流自组织行为机理研究 [D]. 合肥: 中国科学技术大学, 2010.

[99] 孙泽, 贾斌, 李新刚. 基于元胞自动机的行人和机动车相互干扰机理研究 [J]. 物理学报, 2012, 61 (10): 76-83.

[100] 任刚, 陆丽丽, 王炜. 基于元胞自动机和复杂网络理论的双向行人流建模 [J]. 物理学报, 2012, 61 (14): 144501.

[101] Guo R Y, Guo X. The excluded-volume effect in microscopic pedestrian simulations [J]. Chinese Physics B, 2012, 21 (1): 539-548.

[102] Wang Z Y, Ma J, Zhao H, et al. Effect of prediction on the self-organization ofpedestrian counter flow [J]. Journal of Physics A-Mathematical and Theoretical, 2012, 45 (30): 1358-1391.

[103] 永贵, 黄海军, 许岩. 菱形网格的行人疏散元胞自动机模型 [J]. 物理学报, 2013, 62 (1): 66-71.

[104] 魏超. 基于 Multi-Agent 的人群疏散仿真模型的研究 [D]. 长沙: 中南大学, 2011.

[105] Fridman N, Kaminka G A. Towards a cognitive model of crowd behavior based on social comparison theory [C]. Proceedings of the National Conference on Artificial Intelligence. Menlo Park, CA; Cambridge, MA; London: AAAI Press; MIT Press; 2007, 22 (1): 731-737.

[106] Fridman N, Kaminka G A. Towards a computational model of social comparison: Some implications for the cognitive architecture [J]. Cognitive Systems Research, 2011, 12: 186-197.

参考文献

[107] Moussaïd M, Guillot E G, Moreau M, et al. Traffic instabilities in self-organized pedestrian crowds [J]. Plos Computational Biology, 2012, 8 (3): 213.

[108] Xu Q, Mao B H, Liang X, et al. Simple cognitive heuristics applied to modelingpedestrian behavior dynamics [C]. Procedia-Social and Behavioral Sciences, 2012, 43: 571-578.

[109] Degond P, Appert-Rolland C, Moussaïd M, et al. A hierarchy of heuristic-based models of crowd dynamics [J]. Physics, 2013, 152 (6): 1033-1068.

[110] 胡凯. 地铁站智能应急照明疏散指示系统的研究 [D]. 西安: 西安建筑科技大学, 2013.

[111] Bryan J L. HumanBehaviour in Fire: The Development and Maturity of a Scholarly Study Area [J]. Fire and Materials, 1999, 23 (6): 249-253.

[112] 袁文超. 客运枢纽对城市交通拥堵的影响分析 [D]. 成都: 西南交通大学, 2014.

[113] 杨立中. 建筑内人员运动规律与疏散动力学 [M]. 北京: 科学出版社, 2012.

[114] Fruin J J. Pedestrian Planning and Design [M]. New York: Elevator World, 1971.

[115] 杨雪蕊. 铁路客运站旅客应急疏散时间建模与分析 [D]. 大连: 大连交通大学, 2014.

[116] 王富. 城市事故灾难道路交通应急组织理论与方法研究 [D]. 武汉: 华中科技大学, 2011.

[117] 夏菁. 城市轨道交通枢纽站客流组织优化与仿真 [D]. 兰州: 兰州交通大学, 2013.

[118] 金晶. 基于元胞自动机的公共场所人员疏散模型研究 [D]. 桂林: 广西师范大学, 2012.

[119] 王淑霞, 李月云. 运用群体心理效应创新地方院校学生社区思想政治教育模式 [J]. 现代交际, 2012, 2 (280): 79-80.

[120] Guo R Y, Huang H J, Wong S C. Route choice in pedestrian evacuation under conditions of good and zero visibility: Experimental and simulation results [J]. Transportation Research Part B: Methodological, 2012, 46 (6): 669-686.

[121] Teknomo K. Microscopic Pedestrian Flow Characteristics Development of an Image Processing Data Collection and Simulation Model [D]. Tohoku: Tohoku University, 2002.

[122] Lee D, Park J H, Kim H. Astudy on experiment of human behavior for evacuation simulation [J]. Ocean Engineering, 2004, 31 (8): 931-941.

[123] 许奇. 城市轨道交通站台乘客拥挤感知及行为动力学建模 [D]. 北京: 北京交通大学, 2014.

[124] Zheng X P, Sun J H, Cheng Y. Analysis of crowd jam in public buildings based on cusp-catastrophe theory [J]. Building and Environment, 2010, 45 (8): 1755-1761.

[125] Helbing D, Buzna L, Johansson A, et al. Self-organized pedestrian crowd dynamics: experiments, simulations, and design solutions [J]. Transportation Science, 2005, 39 (1): 1-24.

[126] Lei W J, Li A Q, Gao R, et al. Simulation of pedestrian crowds' evacuation in a huge transit terminal subway station [J]. Physica A: Statistical Mechanics and its Applications, 2012, 391 (22): 5355-5365.

[127] Liao W C, Zheng X P, Cheng L S, et al. Layout effects of multi-exit ticket-inspectors on pedestrian evacuation [J]. Safety Science, 2014, 70: 1-8.

[128] Qu L, Chow W K. Platform screen doors on emergency evacuation in underground railway stations [J]. Tunnelling and Underground Space Technology, 2012, 30: 1-9.

[129] Li Y F, Chen J M, Ji J, et al. Analysis of crowded degree of emergency evacuation at "bottleneck"

position in subway station based on stairway level of service [J]. Procedia Engineering, 2011, 11: 242-251.

[130] Jiang C S, Yuan F, Chow W K. Effect of varying two key parameters in simulating evacuation for subway stations in China [J]. Safety Science, 2010, 48 (4): 445-451.

[131] Church R L, Cova T J. Mapping evacuation risk on transportation networks using a spatial optimization model [J]. Transportation Research Part C: Emerging Technologies, 2000, 8 (1-6): 321-336.

[132] Cova T J, Johnson J P. A network flow model for lane-based evacuation routing [J]. Transportation Research Part A: Policy and Practice, 2003, 37 (7): 579-604.

[133] Hoogendoorn S P, Bovy P H L. Dynamic user-optimal assignment in continuous time and space [J]. Transportation Research Part B: Methodological, 2004, 38 (7): 571-592.

[134] Chen Y, Xiao D. Emergency evacuation model and algorithms [J]. Journal of Transportation System Engineering and InformationTechnolog, 2008, 8 (6): 96-100.

[135] Cruz F R B, Smith J M, Queiroz D C. Service and capacity allocation in M/G/c/c state-dependent queueing networks [J]. Computers & Operations Research, 2005, 32 (6): 1545-1563.

[136] Stepanov A, Smith J M. Multi-objective evacuation routing in transportation networks [J]. European Journal of Operational Research, 2009, 198 (2): 435-446.

[137] Chen P H, Feng F. A fast flow control algorithm for real-time emergency evacuation in large indoor areas [J]. Fire Safety Journal, 2013, 44 (5): 732-740.

[138] Liu H X, Ban J X, Ma W, et al. Model reference adaptive control framework for real time traffic management under emergency evacuation [J]. Journal of Urban Planning and Development, 2007, 133 (1): 43-50.

[139] 李进, 张江华. 基于路径的网络流控制应急疏散模型与算法 [J]. 自然灾害学报, 2012 (6): 9-18.

[140] Rakesh S G, Barhal P K, Sasoh A, et al. Presence of shock wave like structures in pedestrian motion [C]. Shock Waves: Proceedings of the 24th International Symposium on Shock Waves, Beijing, China, 2005: 1297-1301.

[141] Smith R A. Density, velocity and flow relationships for closely packed crowds [J]. Safety Science, 1995, 18: 321-327.

[142] Fang Z, Lo S M, Lu J A. On the relationship of crowd density and movement velocity [J]. Fire Safety Journal, 2003, 38: 271-283.

[143] Zhen W, Mao L, Yuan Z. Analysis of trample disaster and a case study-Mihong bridge fatality in China in 2004 [J]. Safety Science, 2008, 46: 1255-1270.

[144] Canetti E. Crowds and Power [M]. London: Phoenix Press, 2000.

[145] Liu M T, Zheng X P, Cheng Y. Determining the effective distance of emergency evacuation signs [J]. Fire Safety Journal, 2011, 46 (6): 364-369.

[146] Wang X L, Zheng X P, Cheng Y. Evacuation assistants: An extended model for determining effective locations and optimal numbers [J]. Physica A: Statistical Mechanics and its Applications, 2012, 391 (6): 2245-2260.

参考文献

[147] Nishinari K, Kirchner A, Namazi A, et al. Extended floor field CA model for evacuation dynamics [J]. Ieice Transactions on Information and Systems, 2004, 87 (3): 726-732.

[148] 王卉, 陈静. 智能应急疏散照明系统的应用 [J]. 智能建筑电气技术, 2012 (04): 16-19.

[149] Gardner M. Mathematical Games: the Fantastic Combinations of John Conway's New Solitaire Game "life" [J]. Scientific American, 1970, 223: 120-123.

[150] Wolfram S. Statistical Mechanics of Cellular Automata [J]. Reviews of Modern Physics, 1983, 55 (3): 601-644.

[151] Wolfram S. A New Kind of Science [M]. Wolfram Media, 2002.

[152] Kirchner A, Nishinari K, Schadschneider A. Friction effects and clogging in a cellular automaton model for pedestrian dynamics [J]. Physical Review E Statistical Nonlinear & Soft Matter PhysicsStatistical Nonlinear & Soft Matter Physics, 2003, 67 (2): 369-384.

[153] Kirchner A, Klüpfel H, Nishinari K, et al. Discretization effects and the influence of walking speed in cellular automata models for pedestrian dynamics [J]. Journal of Statistical Mechanics: Theory and Experiment, 2004 (10): 2126-2144.

[154] Burstedde C, Klauck K, Schadschneider A, et al. Simulation of pedestrian dynamics using a two-dimensional cellular automaton [J]. Physica A: Statistical Mechanics and its Applications, 2001, 295 (3): 507-525.

[155] Varas A, Comejo M D, Mainemer D, et al. Cellular automaton model for evacuation process with obstacles [J]. Physica A: Statistical Mechanics and its Applications, 2007, 382 (2): 631-642.

[156] Nishinari K, Sugawara K, Kazama T, et al. Modelling of self-driven particles: Foraging ants and pedestrians [J]. Physica A: Statistical Mechanics and its Applications, 2006, 372 (1): 132-141.

[157] Yanagisawa D, Nishinari K. Mean-field theory for pedestrian outflow through an exit [J]. Physical Review E Statistical Nonlinear & Soft Matter Physics, 2007, 76 (6): 75-80.

[158] Huang H J, Guo R Y. Static floor field and exit choice for pedestrian evacuation in rooms with internal obstacles and multiple exits [J]. Physical Review E Statistical Nonlinear & Soft Matter Physics, 2008, 78 (2): 1815-1824.

[159] Ezaki T, Yanagisawa D, Ohtsuka K, et al. Simulation of space acquisition process of pedestrians using Proxemic Floor Field Model [J]. Physica A: Statistical Mechanics and its Applications, 2012, 391 (1): 291-299.

[160] Kretz T. Computation Speed of the FAST Model [J]. Traffic & Granular Flow, 2009 (10): 712-715.

[161] 赵宜宾, 刘艳艳, 张梅东, 等.基于模糊元胞自动机的多出口人员疏散模型 [J]. 自然灾害学报, 2013 (02): 13-20.

[162] 张兴强, 汪滢, 胡庆华.交叉口混合交通流元胞自动机模型及仿真研究 [J]. 物理学报, 2014, 63 (01): 82-89.

[163] 胡俊, 游磊.三维空间行人疏散的元胞自动机模型 [J]. 物理学报, 2014, 63 (08): 65-74.

[164] 尹宇浩.基于蚁群算法和势能场的元胞自动机疏散模型研究 [D]. 武汉: 湖北工业大学, 2015.

[165] 张丽娟, 张艳芳, 赵宜宾, 等.基于元胞自动机的智能疏散模型的仿真研究 [J]. 系统工程理论与

实践，2015（01）：247-253.

[166] 向正涛. 基于元胞自动机的交通流建模及实施诱导策略研究 [D]. 上海：上海大学，2013.

[167] 李学伟，吴今培，李雪岩. 实用元胞自动机导论 [M]. 北京：北京交通大学出版社，2013.

[168] Leng B, Wang J Y, Zhao W Y, et al. An extended floor field model based on regular hexagonal cells for pedestrian simulation [J]. Physica A: Statistical Mechanics and its Applications, 2014, 402: 119-133.

[169] Guo R Y, Huang H J, Wong S C. Collection, spillback, and dissipation in pedestrian evacuation: a network-based method [J]. Transportation Research Part B: Methodological, 2011, 45 (3): 490-506.

[170] Wang L, Liu M, Meng B. Incorporating topography in a cellular automata model to simulate residents evacuation in a mountain area in China [J]. Physica A: Statistical Mechanics and its Applications, 2013, 392 (3): 520-528.

[171] Yue H, Guan H Z, Shao C F, et al. Simulation of pedestrian evacuation with asymmetrical exits layout [J]. Physica A: Statistical Mechanics and its Applications, 2011, 390 (2): 198-207.

[172] Tian H H, Dong L Y, Xue Y. Influence of the exits' configuration on evacuation process in a room without obstacle [J]. Physica A: Statistical Mechanics and its Applications, 2015, 420: 164-178.

[173] Ezaki T, Yanagisawa D, Nishinari K. Pedestrian flow through multiple bottlenecks [J]. Physical Review E Statistical Nonlinear & Soft Matter Physics, 2012, 86 (2): 3747-3762.

[174] Daamen W, Hoogendoom S. Experimental research of pedestrian walking behavior [J]. Transportation Research Record: Journal of the Transportation Research Board, 2003, 1828 (1): 20-30.

[175] Wei X Q, Song W G, Lv W, et al. Defining static floor field of evacuation model in large exit scenario [J]. Simulation Modelling Practice and Theory, 2014, 40: 122-131.

[176] Gwynne S M V, Kuligowski E D, Kratchman J, et al. Questioning the linear relationship between doorway width and achievable flow rate [J]. Fire Safety Journal, 2009, 44 (1): 80-87.

[177] Li S, Zhai C H, Xie LL. Occupant evacuation and casualty estimation in a building under earthquake using cellular automata [J]. Physica A: Statistical Mechanics and its Applications, 2015, 424: 152-167.

[178] Ma J, Lo S M, Song WG. Cellular automaton modeling approach for optimum ultra high-rise building evacuation design [J]. Fire Safety Journal, 2012, 54: 57-66.

[179] Ronchi E, Kuligowski E D, Peacock R D, et al. A probabilistic approach for the analysis of evacuation movement data [J]. Fire Safety Journal, 2014, 63: 69-78.

[180] Liao Y J, Liao G X, Lo S M. Influencing factor analysis of ultra-tall building elevator evacuation [J]. Procedia Engineering, 2014, 71: 583-590.

[181] Xu X, Song W G. Staircase evacuation modeling and its comparison with an egress drill [J]. Building and Environment, 2009, 44 (5): 1039-1046.

[182] Kuligowski E, Peacock R, Wiess E, et al. Stair evacuation of older adults and people with mobility impairments [J]. Fire Safety Journal, 2013, 62 (Part C): 230-237.

参考文献

[183] Tian W, Song W G, Ma J, et al. Experimental study of pedestrian behaviors in a corridor based on digital image processing [J]. Fire Safety Journal, 2012, 47: 8-15.

[184] Guo R Y, Tang T Q. A Simulation model for pedestrian flow through walkways withconers [J]. Simulation Modelling Practice and Theory, 2012, 21 (1): 103-113.

[185] Seitz M J, Koster G. Natural discretization of pedestrian movement in continuous space [J]. Physical Review E Statistical Nonlinear & Soft Matter Physics, 2012, 86 (4): 046108.

[186] Chraibi M, Seyfried A, Schadschneider A. Generalized centrifugal-force model for pedestrian dynamics [J]. Physical Review E, 2010, 82 (4): 565-590.

[187] Alizadeh R. A dynamic cellular automaton model for evacuation process with obstacles [J]. Safety Science, 2011, 49 (2): 315-323.

[188] Chen C K, Li J, Zhang D. Study on evacuation behaviors at a T-shaped intersection by a force-driving cellular automata model [J]. Physica A: Statistical Mechanics and its Applications, 2012, 391 (7): 2408-2420.

[189] Zheng Y, Jia B, Li X Q, et al. Evacuation dynamics with fire spreading based on cellular automaton [J]. Physica A: Statistical Mechanics and its Applications, 2011, 390 (18-19): 3147-3156.

[190] Yuan W F, Tan K H. A model for simulation of crowdbehaviour in the evacuation from a smoke-filled compartment [J]. Physica A: Statistical Mechanics and its Applications, 2011, 390 (23-24): 4210-4218.

[191] Fu L B, Song W G, Lv W, et al. Simulation of emotional contagion using modified SIR model: a cellular automation approach [J]. Physica A: Statistical Mechanics and its Applications, 2014, 405: 380-391.

[192] Yuan W F, Tan K H. An evacuation model using cellular automata [J]. Physica A: Statistical Mechanics and its Applications, 2007, 384 (2): 549-566.

[193] Hu J, Sun H J, Wei J, et al. Experiment and modeling of paired effect on evacuation from a three-dimensional space [J]. Physics Letters A, 2014, 378 (46): 3419-3425.

[194] Chen M, Han D F, Zhang H P. Research on a multi-grid model for passenger evacuation in ships [J]. Journal of Marine Science and Application, 2011, 10 (3): 340-346.

[195] Newman M E J. Complex systems: A survey [J]. American Journal of Physics, 2011, 79 (8): 800-810.

[196] Pan N K, Han C S, Dauber K, et al. A multi-agent based framework for the simulation of human and social behaviors during emergency evacuations, AI and Society [J]. The Journal of Human-Centred Systems, 2007, 22 (2): 113-132.

[197] Helbing D, Balietti S. How to do agent-based simulations in the future: From modeling social mechanisms to emergent phenomena and interactive systems design [R]. N M, USA: Santa Fe Institute, Santa Fe Working Paper, 2011, 11: 06-024.

[198] Galiza R, Ferreira L. A methodology for determining equivalent factors in heterogeneous pedestrian flows [J]. Computers, Environment and Urban Systems, 2012, 39: 162-171.

[199] Galiza R J, Ferreira L. Pedestrian diversity in design of facilities: Development of standard pedestrian

equivalent (SPE) factors [J]. Road and Transport Research, 2012, 21 (1): 53-63.

[200] 张磊, 岳昊, 李梅, 等. 拥堵疏散的行人拥挤力仿真研究 [J]. 物理学报, 2015, 64 (6): 060505.

[201] Peng Y C, Chou C I. Simulation of pedestrian flow through a " T" intersection A multi-floor field cellular automata approach [J]. Computer PhysicsCommunications, 2011, 182 (1): 205-208.

[202] Guo R Y, Huang H J. Route choice in pedestrian evacuation: formulated using a potential field [J]. Journal of Statistical Mechanics-Theory and Experiment, 2011, 4: 04-018.

[203] Emilio N M, Cirllo, Adrian M. Dynamics of pedestrians in regions with no visibility: a lattice model without exclusion [J]. Physica A: Statistical Mechanics and its Applications, 2013, 392 (17): 3578-3588.

[204] 三隅二不二, 佐古秀一. 在模拟紧急受灾情况下的领导者的指挥行为对集合成员追从行为的影响效果研究 [J]. 试验社会心理学研究, 1982, 22: 49-59.

[205] Yang L Z, Liu S B, Rao P, et al. Subconscious environmental information perceiving behavior and its attenuation in information-based evacuation experiment [J]. International Journal of Modern Physics C, 2012, 23 (7): 125004.

[206] Zhao J, Li B B, Feng L. An extended evacuation floor field cellular automata model with guide field strength [J]. Advanced Materials Research, 2014, 1049: 1713-1717.

[207] Hou L, Liu J G, Pan X, et al. A social force evacuation model with the leadership effect [J]. Physica A: Statistical Mechanics and its Applications, 2014, 400: 93-99.

[208] Yang X X, Dong H R, Wang Q L, et al. Guided crowd dynamics via modified social force model [J]. Physica A: Statistical Mechanics and its Applications, 2014, 411: 63-73.

[209] 任小娟. 基于元胞自动机的人员疏散模型设计与实验 [J]. 计算机应用与软件, 2013, 30 (7): 309-314.

[210] Kirchner A, Schadschneider A. Simulation of evacuation processes using a bionics-inspired cellular automaton model for pedestrian dynamics [J]. Physica A: Statistical Mechanics and Its Applications, 2002, 312 (1-2): 260-276.

[211] 代伟, 陈建宏. 群集应急疏散影响因素及时间模型研究 [D]. 长沙: 中南大学, 2012.

[212] Lakoba T I, Kaup D J. Modifications of thehelbing-molnar-farkas-vicsek social force model for pedestrian evolution [J]. SIMULATION, 2005, 81 (5): 339-352.

[213] Wang J H, Lo S M, Sun J H, et al. Qualitative simulation of the panic spread in large-scale evacuation [J]. Simulation: Transactions of the Society for Modeling and Simulation International, 2012, 88 (12): 1465-1474.

[214] Koo J, Kim B I, Kim B S. Estimating the effects of mental disorientation and physical fatigue in a semi-panic evacuation [J]. Expert Systems with Applications, 2014, 41 (5): 2379-2390.

[215] Kholshevnikov V V. The study of human flows and methodology of evacuation standardisation [M]. Moscow: MIFS, 1999.

[216] Hajibabai L, Delavar M R, Malek M R, et al. Agent-based simulation of spatial cognition and wayfinding in building fire emergency evacuation. In: Li J, Zlatanova S, Fabbri A G, Lecture Notes in Geoinformation and Cartography- Geomatics Solutions for Disaster Management [C]. Berlin:

Springer-Verlag, 2007, 255-270.

[217] Jeon G Y, Hong W H. An experimental study on how phosphorescent guidance equipment influences on evacuation in impaired visibility [J]. Journal of Loss Prevention in the Process Industries, 2009, 22 (6): 934-942.

[218] Okayama Y. A Primitive Study of a Fire Detection Method Controlled by Artificial Neural Net [J]. Applied Science and Technology, 2011, 38 (5): 40-45.

[219] 张键.基于神经网络算法的火灾探测系统的研究 [J].数字技术与应用, 2013, 10: 130-132.

[220] 李引擎, 刘文利, 李强, 等.新型智能应急疏散指示系统研究 [J].消防技术与产品信息, 2006, 09: 21-23.

[221] 向东.某地铁智能疏散系统设计研究 [J].建筑电气, 2007, 05: 36-39.

[222] 范平安.智能型火警显示及疏散指示系统的功能及适用性 [J].消防科学与技术, 2009, 03: 196-199.

[223] 李冰玉, 秦孝敏.城市轨道交通网络大客流拥堵传播机理研究 [J].中国安全科学学报, 2016 (1): 162-168.

[224] Nguyen M H, Ho T V, Zucker J D. Integration of smoke effect and blind evacuation strategy (SEBES) within fire evacuation simulation [J]. Simulation Modeling Practice and Theory, 2013, 36: 44-59.

[225] Rosenschein J S, Zlotkin G. Designing Conventions for Automated Negotiation [J]. AI Magazine, 1994, 15 (3): 29-46.

[226] Kraus S, Lehmann D. Designing and Building a Negotiating Automated Agent [J]. Computational Intelligence, 1995, 11 (1): 132-171.

[227] Smith R. Software agent technology [J]. British Telecommunications Engineering, 1996 (15): 59-65.

[228] Sandholm T W, Lesser V R. Coalitions among computationally bounded agents [J]. Artificial Intelligence, 1997, 94 (2): 99-137.

[229] Jennings N R. Controlling Cooperative Problem-Solving in Industrial Multiagent Systems Using Joint Intentions [J]. Artificial Intelligence, 1995, 75 (2): 195-240.

[230] Sycara K. Multi-agent infrastructure, agent discovery, middle agents for web services end interoperation [J]. Multi-Agent Systems and Applications, 2001: 17-49.

[231] 刘苏, 黄春辉.北京地铁西客站防排烟系统性能化分析 [J].消防技术与产品信息, 2010, 12: 28-31.

[232] 朱伟, 卢平, 廖光煊.地铁车站出入口火灾烟气特性的模拟研究 [J].中国工程科学, 2005, 7 (2): 92-96.

[233] 王兴鹏, 吕淑然.基于知识协同的跨区域突发事件应急协作体系研究 [J].科技管理研究, 2016, 36 (8): 216-221.

[234] 李春娟, 宋之杰.基于知识协同的突发事件应急管理对策研究 [J].情报杂志, 2011, 30 (5): 10-13, 5.

[235] 李纲, 李阳.智慧城市应急决策情报体系构建研究 [J].中国图书馆学报, 2016, 42 (3): 39-54.

[236] 王晓峰，程芳，毕于慧.应急处置信息资源服务系统标准体系研究 [J]. 中国标准化，2015 (10)：121-125.

[237] 高杨.突发事件应急管理中的多核应急协同决策方法研究 [D]. 天津：天津大学，2012.

[238] 赵林度.城市群协同应急决策生成理论研究 [J]. 东南大学学报（哲学社会科学版），2009，11 (1)：49-55，124.

[239] Bracken J, McGill J. Mathematical programs with optimization problems in the constraints [J]. Operation Research, 1973 (21)：37-44.

[240] 孙钦莹，李向阳.基于随机 Petri 网的跨组织应急协同模型构建 [J]. 中国安全生产科学技术，2015 (9)：63-69.

[241] Goudarzi G, Azar A, Azizi F, et al. A Proposed framework for regional foresight as an interdisciplinary research field case study：Yazd Spatial planning Document [J]. Interdisciplinary Studies in the Humanities, 2016 (2).

[242] Cruciol L L, de Arruda Jr. A C, Li W, et al. Reward functions for learning to control in air traffic flow management [J]. Transportation Research Part C：Emerging Technologies, 2013, 35：141-155.

[243] Souza B B, Li W, Crespo A M F, et al. Flow balancing model for air traffc flow management [J]. in SEKE, 2008：417-421.

[244] Ribeiro V F, Li W. Collaborative decision making with game theory for slot allocation and departure sequencing in airports [J]. in 17th Air Transport Research Society (ATRS) World Conference, Bergamo, 2013.

[245] Arunraj N S, Mandal S, Maiti J. Modeling uncertainty in risk as-sessment：an integrated approach with fuzzy set theory and Monte Carlo simulation [J]. Accident Analysis and Prevention, 2013, 55 (3)：242-255.

[246] 岳清春.协同应急视阈下的应急管理机制研究 [J]. 消防科学与技术，2017，36 (7)：1013-1015.

[247] Chang F, Dean J, Ghemawat S, et al. Big table：A Distributed Storage System for Structured Data [J]. Acm Transactions on Computer Systems, 2008, 26 (2)：1-26.

[248] 蒋海滨.突发公共事件应急联动体系建设问题研究——以宁波市江北区为例 [D]. 宁波：宁波大学，2015.